신도시 목회
그 비전과 도전

이현수 목사 지음

곽선희 목사 | 박종구 목사 | 류호성 교수 추천

드림북

추천사

새로운 목회적 용기와 지혜를 얻는다

목회자가 빠지기 쉬운 함정이 있다고 생각합니다. 그 하나가 학문이 없는 목회이고 다른 하나가 목회 경험이 없는 학문입니다. 바른 신학은 언제나 현장 경험과 학문적 탐구 노력을 병행해야 한다고 봅니다.

현대는 걷잡을 수 없을 만큼 빨리 변하며 계속적으로 새로운 사건과 새로운 문제의 도전을 받고 있는 것이 목회의 현실입니다. 이 때문에 신학은 계속적으로 신학화 능력을 갖추어야 하며, 또 그 신학은 목회 현장에서 계속 구체화 능력을 발휘해야만 합니다.

여기에 소개하는 이현수 목사님은 계속 연구하며 신학하기를 힘쓰는 목회자이며 동시에 사물을 특별한 시각에서 관찰하는 시인이기도 합니다. 그가 공부하며 목회하고 목회하면서 공부한 바 신학의 지혜를 동역자 목회자들에게 알리며 소중한 은사를 함께 나누고자 문서화하고 있습니다. 이 같은 노력과 결실, 또 그 지혜는 모든 목회자에게 크나큰 귀감이 된다고 생각합니다.

이 생생한 경험과 깊은 신학적 이해가 모든 교역자에게 큰 유익이 될 것을 의심치 않습니다. 이 글을 읽으면서 새로운 목회적 용기와 지혜를 얻게 될 것을 믿으며 기쁜 마음으로 추천하는 바입니다.

소망교회 곽선희

추천사

도시 목회의 매뉴얼이다

사도 바울의 목회는 도시 중심이었습니다. 도시 문화를 통한 복음 확산의 선교전략이었습니다.

한국은 산업화 과정에서 인구의 도시 집중화로 도시문화가 급속하게 형성되었습니다. 이와 병행하여 한국교회의 설립과 성장이 폭발적으로 이루어졌습니다.

필자가 발행한 〈월간목회〉에서는 신도시 목회의 바른 모델에 주시했습니다. 성장과 성숙의 앙상블을 보여 주는 교회, 담임 목회자의 허세가 배제된 신실한 인품을 갖춘 영진교회 이현수 목사님께 목회현장 사례를 청탁했습니다. 독자들의 반응은 매우 고무적이었습니다. 연재 내용을 단행본으로 묶었습니다.

이현수 목사님의 〈신도시 목회-그 비전과 도전〉은 몇 갈래 특징이 있습니다.

첫째, 바른 목회의 정체성을 보여 줍니다. 성서의 바탕 위에서 그리스도 중심의 투명한 목회철학과 그 기본에 충실한 사역 현장 보고서입니다.

둘째, 도시 문화를 선도하는 목회 매뉴얼입니다. 저자는 도시인을 접근하기 위한 리서치를 통하여 환경의 보편성과 특수성, 그리고 주민의 성향을 분석하고 거부감 없는 전도와 지역사회 섬김의 프로그램을 적용합니다. 다양한 부문의 디테일한 지침들을 이 책에 갈무리했습니다.

셋째, 정도 목회의 간증입니다. 저자는 특화된 교회 이미지나 자극적이고 과시적인 홍보를 경계하고 불필요한 권위 의식을 경원시하는 목회자입니다. 교회에 생명력을 불어넣는 말씀 증거, 그리스도의 사랑을 실천하는 코이노니아 공동체 세움, 주민들과 서민적 친숙함 유지로 지역사회와 함께 가는 문화창조로 정도 목회의 현장을 보여 주는 진솔한 목회 간증입니다.

오늘의 한국사회는 지역과 상관없이 도시문화권입니다. 오늘의 목회 역시 도시 목회 패러다임입니다. 이 책은 도시문화권의 바른 목회를 위한 기본적인 매뉴얼입니다.

박 종 구(월간목회 / 크로스웨이 대표)

추천사

부르심을 받아 신대원에서 2년 혹은 3년을 공부하고 나간 전도사님들은, 하나님께 쓰임 받기를 소망하며 자신의 사역에서 승리하길 원한다. 이를 위해서는 좋은 멘토를 만나 목회자의 품성은 물론 목회적 지식을 습득해야 한다. 『신도시 목회』는 이를 위한 좋은 길라잡이가 될 것이다. 이 책은 분당이라는 신도시에서 개척교회를 세워 "선한 싸움을 싸우고 달려갈 길을 마치고 믿음을 지킨"(딤후 4:7) 영진교회 이현수 원로 목사님의 승리의 보고서이다. 말하자면 목사님의 사역 현장 체험일지이다. 이 체험일지를 통해 목사님은 목회에 첫발을 디디고 결승점에 들어오길 소망하는 사역자들에게 다음과 같은 점들을 강조하신다.

첫째는 목회자의 영성에 관한 것이다. 목회자의 영성중에서 가장 중요한 것은 하나님 앞으로 나아가 기도하는 것이다. 그래서 기도가 목회이고, 목회가 기도가 되어야 한다는 것이다. 이 원리는 모든 목회자가 다 알고 있지만, 정작 목회현장에서 지속해서 실천하는 목회자는 그리 많지가 않다. 더불어 목회자는 하나님의 말씀인 성경을 늘 가까이하면서, 하나님의 말씀과 깊은 교감을 가져야 함을 무엇보다 강조하신다.

둘째는 예배에 관한 것이다. 목회자는 온전한 예배를 드리기 위해 힘써 노력해야 한다는 것이다. 이를 위해는 목회자의 설교뿐만 아니라 예배 전체의 흐름이 아름답게 흘러가도록 구상하고 계획해야 한다는 것이다. 그래서 이 책에서는 주일예배는 물론, 입당 및 절기 예배 등등 여러 예배와 관련된 사례들이 자세히 소개되고 있다.

셋째는 목회자의 도덕적 자질에 관한 것이다. 교인들과의 관계에서는 이기지도 지지도 말 것을 강조하며, 권위 구조에서는 수직적인 권위가 주어지지만 여기에서 머물면 안 되고 수평적 권위를 형성하기 위해 노력해야 한다고 강조하신다. 이를 위해서는 목회자의 표정이나 말투가 중요하다고 말씀하시면서, 이런 토대 위에서 심방을 효과적으로 하는 것에 대해서도 자세히 일러 주신다.

넷째는 목회자의 수용 능력에 관한 것이다. 신도시의 특색 중 하나는 변화의 특색이 강하다는 것이다. 이에 목회자도 이런 변화의 흐름에 동조하면서, 복음의 말씀을 잘 전달하기 위해 노력해야 한다는 것이다. 이를 위해서는 설교는 분명한 메시지에 짧게 하는 것이 효과적이라고 말씀하신다. 이것은 자신이 목회하고 있는 지역적 특성을 파악하고, 그 지역적 특색에 맞게 목회 계획을 세워야 한다는 것이다.

다섯째는 목회자의 사회적 연대이다. 이를 위해서 중요한 것은 지역 주민들과 마찰을 일으키지 않아야 하며 또한 지역 사회의 여러 활동에 교회가 적극적으로 참여하고 도와야 한다는 것이다. 그리고 지역 교회와 관공

서와 연합활동은 목회의 연장이라 생각하고 적극적으로 참여하는 것이 좋다고 말씀하신다.

여섯째는 목회자의 달란트에 관한 것이다. 목사님은 시인이시다. 그래서 예배나 말씀을 전하실 때 '시'를 사용하신다. 시적 표현은 함축적이지만, 거기에는 많은 은유와 상징이 담겨 있기에 정서적으로 메말라가는 현대의 신도시 성도들에게는 감성이나 지성을 자극하는 엄청난 효과가 있다. 이렇듯 목회자가 자신의 달란트를 목회에 적용하면, 교회 공동체를 아름답고 풍성하게 만들어 가는 데 도움이 된다.

앞서 언급하였듯이 이 책은 목회에 첫발을 들여놓거나, 개척교회를 시작하거나 또는 말씀으로 풍요로운 교회를 꿈을 꾸는 사역자들에게 큰 도움을 줄 것이다. 이 책이 널리 읽히어 많은 사역자에게 도움이 되어, 한국 교회가 뜨거운 부흥의 물결이 다시 파도치길 소망한다.

서울장신대 류호성 교수(신약학 전공)

머리말

신도시 목회자들에게 작은 불빛이라도 되었으면

지극히 평범한 목회자의 한 사람이라는 약점을 갖고 신도시 목회를 하게 되었을 때 기대만큼이나 큰 부담을 안아야 했습니다. 그럼에도 불구하고 가장 현대적인 도시로 알려진 분당에서 목회를 하게 되었다는 것은 보다 새로운 길을 열어가는 일이라는 점에서 감사한 마음이 넘쳐났습니다.

이러한 마음에서 신도시 목회를 시작한 이래 그 시작과 그 과정에서의 실상들을 '신도시 목회의 중간보고'라는 주제로 〈월간목회〉에 기고한 바 있습니다. 처음에는 몇 개월만 써 볼 생각으로 펜을 들었지만 2년 동안이나 연재하게 되었습니다. 이렇게 연재하게 된 것을 한 권의 책으로 펴내게 된 것입니다. 연재의 글을 쓸 때도 그랬던 것처럼 한 권의 책으로 나오게 되니 기쁨보다는 수줍은 마음이 앞섭니다. 학문과 지혜가 높으신 많은 목회자들이 계신데 이 빈약한 경험과 글을 내놓게 된 것에 대해서 넓으신 아량을 기대해 봅니다.

그러면서 제가 신도시의 목회를 어떻게 시작했고 어떻게 진행하고 있는지에 대해 보고드린 글들이 여타 신도시 목회의 새로운 터를 닦고 도전하시며 목회적 비전을 갖는 목회자들에게 작은 불빛이라도 되었으면 좋겠습니다.

평소 존경하는 소망교회 곽선희 목사님께서 현대목회의 큰길을 가시면서도 과분한 무게의 추천사로 격려해 주심에 대하여 깊은 심정의 감사를 드립니다.

앞으로 더욱 분발하여 보다 나은 신도시 목회를 통해 주님께 영광을 돌리려는 마음가짐으로 더욱 노력할 것을 다짐하는 바입니다.

감사합니다.

분당 영진교회 이현수

-개정판에 들어가면서-

신 도시목회의 길이
매우 낯설은 길었기에
대단한 각오가 필요하였다

그러므로
나의 목회에 있어서
신 도시목회란
모험과도 같은 것이었다

그러나
주님께서 주신 소원과
믿음을 따라서
신 도시 목회의
비전을 갖게 되었고
그 비전으로 두려움 없이
도전할 수 있었다

그리고
신 도시 목회의 실상을
월간목회에 연재하게 되었고
1998년 4월의 1쇄와

1998년 5월의 2쇄에 이르렀다
그 후에 가려져 있었으나
증보를 담아서
GPT시대에 걸맞는 새 얼굴을
보이게 되었으니 감사하다

지금까지의 과정을
소중하게 여기면서도
시대의 트랜드를 읽고
신 도시목회의 비전을 품으며
도전하려는 목회자들에게
변화에 대한
시그널이 될 것으로 믿는다

따라서 그 변화를 두드리는
드림북이
'신 도시목회
그 비전과 도전'을 새롭게
펼치니 기대와 갈채로 응원하며
주님께 영광을 돌린다
할렐루야♡♡♡

2023년 6월 일
분당영진교회 원로목사 이현수

차례

완전한 목회, 그 교과서는 있는가?

자신을 객관화하고 진실을 진실만큼 쓴다는 것은 당연한 일이다. 그런데도 어렵게 느껴진다. 나 자신이 큰 목회를 하는 큰 목회자여서 이렇다 할 업적들이 있다면 그 업적만큼만 보여줘도 높은 평가를 받기에 충분할 것이다. 그러나 나같이 작은 목회자의 경우에는 내보일 것이 변변치 않다. 이런 이유 때문에 실상을 실상보다 크게 과장하고 싶은 유혹이 내면에 든다.

작은 목회자의 한 사람으로서 맘껏 늘려 쓴다 하여도 별스럽지 않을 것이 뻔하다. 내가 한 일들 모두가 주님의 은혜 안에서 이루어진 것들임에도 불구하고 나 자신의 모자람 때문에 평범하다. 그런데도 있는 그대로를 쓰면 좋겠다는 언질을 주면서 평범한 목회도 목회의 한 분야이니까 평범을 쓰면 된다는 권유를 사양하지 못한 것이다.

만일 목회의 신학적 이론이나 성공을 쓰라고 한다면 쓸만한 것도 쓸만한 자격도 없기 때문에 사양할 수밖에 없다. 목회의 신학적 이론이야 학문적인 전문성을 가지고 연구하는 학자들의 몫이다. 그리고 목회의 성공 역시 지금은 말할 수 없다. 왜냐하면 지금 평가받을 일이 아니라 종말론적인 평가를 목표로 하기 때문이다. 여러 목회자들이 각자 섬기는 교회가 있는 것처럼 각 목사님들의 목회적 현실과 목회의 형태도 다양할 것이다. 때문에 이런 다양성을 인정하고 다양한 목회의 분야를 존중하는 마음을 갖는다. 그리고 순수의 마음에서 지금까지의 목회를 점검하고, 보다 나은 목회를 지향하면서 신도시에서 하고 있는 작은 목회의 중간보고를 쓰려 한다. 우리 교회가 지금까지 걸어온 것을 근거로 신도시 분당의 현재를 진술하게 써 보이는 것이다.

서초동에서 분당으로

1. 일의 시작

안성에서 목회를 하다가 서초동에 영진교회라는 이름으로 개척한 지 10여 년이 지났다. 그래서 새 도약을 목표로 기도하기 시작했다. 그러던 어느 날 한 여집사님이 목회자실로 찾아왔다. 그는 평소 조용하고 경건하게 신앙생활을 하면서 자신을 드러내지 않는 집사님이었다. 나는 그에게 찾아온 이유를 물었다. 그러자 그 여집사님은 좀 망설이는 눈치를 보이다가 말을 꺼냈다.

"저, 목사님, 분당에 상가가 하나 있거든요. 우리 영진교회를 그리로 옮기면 안 될까요? 위치는 참 좋은데 작은 것이 흠이에요."

그러나 당시의 내 마음엔 내키지 않는 일이었다. 왜냐하면 상가에서 상가로 옮기는 것과 서울에서 분당으로 옮기는 것이 바람직하지 않다는 판단을 했기 때문이다. 그러나 딱 잡아서 싫다고는 못하고 좀 더 기도하면서 생각할 기회를 갖기로 하였다.

그 후 한 달이 지났다. 처음 제안을 했던 여집사님이 다시 찾아와서 분당에 한번 가보자고 말했다. 한번 가보는 것이야 나쁠 것 없다는 생각으로 현장을 보게 되었다. 이때부터 나의 생각은 달라지기 시작했다. 우리가 찾던 그 교회의 장소가 바로 이곳이라는 생각이 들었다. 상가 건물이기는 하지만 예배당 건물처럼 생겼고, 여러 아파트가 모여 있는 곳에 있었다. 그래서 내심으로 결정하였다. 그리고 그 여집사님에게는 완전한 결정이 내려지기까지는 입 밖에 내지 않는 것이 좋겠다는 언질을 주었다.

2. 분당으로 이전하는 과정에서

문제는 이전의 과정이다. 주님께서 옮기게 하시는 것이라면 이전도 축제의 분위기 속에서 이루어져야 한다는 생각을 가졌다. 당회를 열어 만장일치로 가결하고 그다음에는 제직회를 소집하였다. 무슨 말을 어떻게 해야 공감을 일으킬 수 있을지를 염두에 두고 이렇게 말했다.

"에- 저, 먼저 주님께 감사를 드립니다. 우리가 기도하던 제목이 이루어졌습니다. 우리가 찾던 곳에는 없었지만 주님께서 마련하신 곳에다 성전을 허락해 주셨습니다."

목사의 이 말을 들은 제직들은 무슨 소리인가 싶어 의아해하는 표정들이었다. 그때 미리 준비한 사진을 꺼냈다. 건물을 여러 각도에서 찍어 확대한 것이다. 그리고는 "이것이 주님께서 허락하신 성전입니다"라고 하였다. 그러나 제직들은 나의 말을 실감하는 듯했다. 그런데 제직 중 한 사람이 나서며 건물이 있는 곳이 어디쯤 되느냐고 물었다. 나는 말하려던 참이었기에 얼른 말을 이었다.

"이곳에서 거리는 약 12킬로미터 정도이고 승용차로 가면 15분 정도 걸리는 분당 초입에 있습니다."

제직들은 대다수가 그 정도 거리라면 별것 아니라는 반응이었다. 이러한 반응을 읽은 나는 "우리 모두 감사하는 마음으로 결정의 박수를 치면서 가결합시다."라고 하자 기다렸다는 듯이 우레와 같은 박수가 터져 나왔다. 모든 것을 신속하게 결정한 다음 건물과 목사관을 매입하였다. 그때 나의 가슴은 담아야 할 감격에 비하여 너무나 작았다. '아! 감사해라! 주님, 정말 감사합니다.'

3. 인테리어

신도시의 교회당은 어떻게 꾸며야 하는가. 가장 현대적이면서도 멋과 실용성을 기본으로 해야 한다. 따라서 경건하고 편안한 분위기가 조성되어야 한다. 이러한 인테리어를 하려면 최고의 수준에서 시공할수 있는 인테리어 전문가를 만나야 했다. 하나님께서는 예능교회 집사 한 분을 만나게 해 주셨다. 그에게 모든 것을 맡기고 목사의 취지를 설명해 주었다. 그 결과 기대한 것보다 더 좋게 꾸며졌다. 인테리어를 한 집사도 만족스러운 작품이라는 말을 감추지 않았다. 돈은 일반 인테리어보다 더 들었지만 효과는 돈에 비할 바가 아니었다. 공사를 해낸 시공업자는 이런 말을 했다.

"목사님, 좀 말씀드려도 될까요? 이런 작품이 나온 것은 목사님과 교회가 전적으로 맡겨 주었기 때문입니다. 교회 공사를 해 보면 자주 설계를 변경하게 되는데 그 이유는 말이 많은 데 있습니다."

나는 참으로 믿을 만한 사람에게 전적으로 맡긴 것이 얼마나 잘한 일이었나를 실감하게 되었다.

4. 목회철학

사실 굉장한 목회도 아닌데 무슨 목회철학이냐는 생각에 쑥스러움이 있다. 그럼에도 불구하고 철학이라는 말을 하든 하지 않든 간에 모든 목회자는 그 나름대로의 철학이 있다고 생각한다. 내가 말하는 목회철학이란 지금까지 경험하고 생각해 온 것들을 기초로 한다.

내가 서초동에 올 때는 이런 생각을 했다. 서울에서도 시골스러운 목회를 해야겠다, 나 자신 그대로의 모습으로 목회를 해야겠다는 생각을 하였다. 내가 이렇게 생각한 것은 도시 사람들의 마음이 시골을 그리워할 것이라는 판단 때문이었다. 그러나 서초동 목회를 통해서 그렇게 해서는 안 된다는 것을 터득하였다. 그런데도 특별한 계기가 생기기 전에는 그 생각을 손쉽게 교정할 수 없었다. 도시 목회는 도시에 맞게, 시골 목회는 시골에 맞게 하는 것이 순리라는 것을 깨닫게 되었다. 그리고는 내 나름대로의 목회 철학을 세웠다.

첫째, 언제나 새로운 것을 생각하고, 새로운 것을 받아들이며, 필요에 응용하고 평가하기를 게을리하지 말아야 한다는 것이다.

지금 이 시대는 시시각각 변하는 게 아니라 초 단위로 변하고 있다. 이러한 변화는 새로운 것을 생각하는 사람들에 의해서 주도된다고 해도 과언이 아니다. 정보가 많은 것을 선호하던 시대에서 초로 계산되는 광속정보 시대를 맞고 있다. 말하자면 가장 빠른 정보를 쳐주는 시대를 맞고 있다는 말이다. 그렇다면 좀 덜 우수한 머리를 가졌더라도 끊임없이 새로운 것을 생각하는 노력은 주님의 뜻이라고 믿는다.

목회에 대한 완전한 교과서는 있지도 않고, 있을 수도 없다. 그러나 목회를 위해 새 시대에 적응하는 것은 물론 새 시대를 이끌기 위해 새로운 생각들이 필요하다. 그래야만 구태의연한 관념에서 벗어나며 맑고 깨끗한 영감을 얻을 수 있다.

내가 생각하지 못했고 알지 못했던 것들을 다른 목회자들에게서 발견했거나 삶의 현장에서 참고할 일이 있다면 언제나 귀히 여기고 받아들여야 한다. 아무리 위대한 생각을 가진 사람이라 하더라도 혼자만의 생각에는 한계가 있고 자기 본위의 독선에서 벗어날 수 없기 때문이다. 이러한 수용성을 실제적인 필요에 응용하려고 노력한다. 그리고 그 결과를 평가해 본다. 긍정적인 것은 더욱 발전시키고 부정적인 것은 수정하든지 버리든지 한다.

둘째, 이기지도 말고 지지도 말자.

목회의 경험에 비추어 볼 때 목회에서 이긴다든가 진다든가 하는 논리는 적절하지 않다고 생각한다. 이기는 일이 있다면 자신을 이기는 것이요, 신자를 이기는 것이 아니다. 만일 교인을 이긴다면 그것은 비목회적인 일이 될 것이다. 다른 목회자들의 경우처럼 나 역시 감정을 자극하고 자존심이나 권위를 손상시키는 교인들을 만난 적이 많다. 그때마다 속에서 치밀어 오르는 감정을 극복하는 일이 힘들었지만 이겨내야 했다. 이때 자기감정을 극복하면 신자에게는 지는 것처럼 되고 자신의 감정에 대해서는 이기는 것이 된다. 자기의 감정에는 지지 말고, 신자에게는 이기지 말아야 한다.

내가 안성에서 목회를 시작했을 때는 새파란 전도사였다. 부임하자마자 교인 심방을 하게 되었는데, 한 할머니가 자기 집에도 심방을 해

달라고 한다. 그래서 무심코 몇 사람의 집사님들과 함께 그 할머니를 따라 들어갔다. 그리고 예배를 드리려고 방바닥에다가 성경을 펴 놓고 기도하려는 순간 방문이 활짝 열린다. 그러더니 그 할머니의 아들인 듯한 사람이 들어서면서 호통을 친다.

"누가 우리 집에서 예배를 보라고 했소? 예배는 절대 안 되오!"

나는 그 순간 북받쳐 오르는 감정을 억누를 길이 없었다. 얼굴은 감정의 불길에 싸여 붉게 타는 것 같았다. 그래서 성경을 '탁' 덮으면서 그를 쏘아보았다. 그리고 그에게 말했다.

"좋소! 예배는 하나님께 드리는 것이니까 반대하는 거 억지로 하지는 않겠소. 그러나 얘기는 하나 해야겠소. 내가 여러 사람을 만나봤지만 당신 같은 사람을 만난 것은 처음이요. 이 가정이 제대로 된 가정이라면 당신의 어린 아들이나 딸이 친구를 데려와서 소꿉장난해도 이렇게 할 수는 없는 것이오. 그런데 어머니가 좋아하는 전도사가 와서 예배를 드리는데 어찌 이럴 수가 있소? 설령 싫더라도 이럴 수는 없소. 이제부터는 예배드리자고 해도 안 드리겠소. 나 갑니다. 할머니 죄송합니다!"라고 말한 뒤 휭하고 나와 버렸다.

그때는 이기는 것같이 속이 후련하였다. 그러나 이기는 것이 아니었다. 이겨야 할 감정을 이기지 못했기 때문이다. 그때 참았더라면, 그리고 좀 더 지혜로웠더라면 그를 부드럽게 설득할 수도 있었을 것이다. 그 결과 할머니를 더 난처하게 했고 그 아들을 더 완강하게 했다. 감정을 이겼더라면 지지도 않고 이기지도 않은 상태에서 적어도 평시성은 갖게 되었을 것이다.

셋째, 멈추지도 말고 서두르지도 말라는 것이다.

흔히 목회는 마라톤이라고 한다. 그러나 내 경우에 목회란 마라톤이 아니다. 그저 오랫동안 먼 길을 걷는 것이다. 걷는 목회만이 지치지 않는다. 누가 알아주든지 알아주지 않든지 구애받지 않고 걸어가는 것이라고 생각한다. 그래야만 오래 할 수 있다. 일시적인 부진함에서 오는 열등감을 갖지 않게 되고, 일시적인 성취에 대해 자만하지 않게 된다.

목회자는 목회의 평가를 사람에게서 받으려 하면 진실성을 상실하게 된다. 주님의 평가를 목표해야 한다. 서두르다 보면 여유가 없어지고 잘될 일도 되지 않는다. 서둘러도 잘되는 목회라면 서둘지 않고 착실하게 해나갈 때 더 좋은 기회를 만나게 된다고 확신한다. 그리고 목회의 과정에서 미미하기만 하고 별다른 일이 없을 때도 멈추어서는 안 된다. 목사는 멈출 시간이 없다. 다만 생산적인 시간이 있을 뿐이다.

넷째, 앞에서 지고 뒤에서 이기면 순간에 지는 것 같지만 오래 이기게 된다.

사람들과의 관계에서 즉흥성은 대단히 위험하다. 그런데도 불구하고 공격적인 사람에 대해서는 같이 맞서고 싶어진다. 이때 맞서 싸워 이긴다면 뒤에서 지게 된다. 그 시간이 지난 후에 승복하지 않는다.

이것만은 참을 수 없다는 경우를 만날 수 있다. 그때 주님의 인내를 본받으면 그 순간에는 지는 것 같지만 오래 이긴다. 순간에서 져야 할 때 이기거나, 앞에서 져야 할 때 이기면 결국 사과를 해야 한다. 그러면 차라리 진 것만 못한 결과를 초래한다. 그래서 어떤 경우에도 사과할 일은 하지 않는다는 것을 가슴에 새기고 있다.

분당의 목회환경과 교회의 시작

분당은 정부의 다량 주택공급 정책에 따라 급조된 도시이다. 이러한 도시환경을 이해한다는 것은 곧 목회를 위한 목회환경을 이해하는 것이기도 하다. 목회하는 목사의 한 사람으로서 어떤 목회를 어떻게 해야 하는가의 문제를 결정짓는 데는 목회환경에 대한 이해가 무엇보다도 선행되어야 할 일이다. 목회환경에 대한 올바른 이해는 무모함이나 시행착오의 위험을 최소화하며, 보다 긍정적인 목표를 세우는 데 필수적이다.

분당의 목회환경

그럼 목회환경이란 무엇을 뜻하는 것인가. 그것은 '목회의 사회학적 여건이다'라고 할 수 있다. 이런 점을 전제할 때 나와 유사한 여건 아래에서 목회하고자 하는 분들에게 약간의 힌트가 되었으면 좋겠다는 마음이다.

1. 지리적 위치와 환경

분당은 경기도 성남시 분당구로 되어 있다. 도로망은 사통팔달로 되어 있어서 동서남북 어디로나 열려 있으며, 두 개의 도시 고속화도로와 분당 수서간 전철 노선이 연결돼 있고 경부고속도로와 판교 구리간 고속도로가 걸쳐져 있다. 분당의 남북으로는 서울의 한강으로 이어지는 탄천이 흐르고 있고, 도시의 주변은 오르기에 적합한 산들이 둘러 있으며, 중앙공원을 중심으로 조성된 소규모의 공원들이 300여개에 이른다. 따라서 맑은 공기 때문에 아침 산책을 즐기는 사람들이 많으며, 오염된 공기로 인해 발생된 경미한 호흡기 질환 정도는 자연적인 치료가 가능하다. 실제로 그런 효력을 본 분들이 많다.

2. 분당의 교통수단

대중교통 수단으로는 시내버스, 좌석버스, 전철 등이 있다. 그리고 운전을 할 줄 아는 대부분 세대는 승용차를 갖추고 있다. 한 세대에 2대 이상 소유한 승용차 대수를 감안한다면 거의 100%에 가까운 세대가 승용차를 보유하고 있는 셈이다. 출퇴근 시간대에는 급작스러운 이동현상 때문에 일시적인 혼잡이 있지만 그 이후에는 소통이 잘되고 평시적인 혼잡은 거의 없다.

3. 예산 및 주택과 인구

성남시 전체 세입예산 5171억 8천 3백만 원 중에서 분당에서의 세입예산은 1,155억 2천 6백만 원으로서 총예산액의 22.3%가 된다. 세출부문에 있어서는 성남시의 총예산 5,171억 8천 3백만 원 중에서 분당에 배정된 예산은 1,428억 5천 2백만 원으로 전체 세출예산의 27.6%이다.

분당의 입주 인구는 도시의 급조성과 함께 급증하고 있는데, 1995년 11월 10일 현재까지 32만 5564명이고 외국인이 1,013명에 이른다. 영진교회가 분당에 들어온 1992년 11월까지 입주한 인구가 고작 10만여 명이었던 것을 감안하면 급증의 속도를 실감케 된다. 앞으로 20여 만 명이 더 입주할 것을 예상할 때 총 입주 인구는 50만 명이 훨씬 넘을 전망이다.

분당의 주택현황을 허가기준에서 볼 때 아파트 97,500세대, 연립주택 6,418세대, 단독주택 3,200세대인데 1995년 10월 31일 현재로 준공된 세대는 아파트 70,980세대, 연립주택 4,210세대, 단독주택 915세대로서 입주자 주택 보급률이 90%에 이른다고 한다.

4. 교육 문화

분당은 큰 규모에 비해서 대학이 한 곳도 없는 점이 이상할 정도이다. 그러나 넓게 보면 경기도 성남시의 한 구로 편성되어 있기 때문에 그런 것이라고 보인다. 그러나 분당에 입주되는 인구에 비례하여 초.중.고등학교들은 여러 개가 있는데 학교와 학생의 현황은 다음과 같다.

초등학교가 27개에 34,383명, 중학교가 16개에 18,307명, 고등학교가 15개에 18,609명의 학생들이 있다. 체육시설은 골프장 1개, 골프연습장 6개, 종합체육시설 2개, 볼링장 6개, 체육도장 23개, 기타 주민체육시설 9개로 총 47개에 달한다. 그리고 생활체육 동호단체가 62개

정도라고 한다. 병원은 1995년 11월 30일 현재로 49개인데 앞으로 대규모의 대학병원 및 종합병원이 들어서게 된다. 그리되면 인구 100명당 7.4병상이 갖추어져 세계에서 가장 좋은 의료서비스를 받는 도시가 된다. 각종 금융기관은 24개이다.

종교현황은 가장 파악하기 어려운 문제이지만 지금까지 파악된 것을 근거해서 본다면 기독교인이 4만여 명으로 가장 많다. 이어서 천주교인 2만 5천여 명, 불교인이 약 6천여 명, 기타 종교인이 천여 명이다. 그렇지만 실제는 더 많은 종교인구가 있는 것으로 추정되며, 현재까지 분당에 들어와 있는 교회수는 156개 정도이다.

5. 소외계층

분당에는 외형상 잘사는 사람들만 있는 것같이 보인다. 그러나 이곳에도 소외계층이 있어 관심의 대상이 되고 있다. 다른 지역들에 비하면 그 수가 많지 않을 것 같지만 실제는 적은 것도 아니다. 소외계층을 분류해 보면 1종 생활보호대상자 4,641명, 2종 생활보호대상자 3,230명이다. 또한 소년.소녀 가장이 48명, 모자세대가 1,371명이나 되기 때문이다.

6. 입주자들의 성향

분당의 입주자들 전체를 연구의 대상으로 삼아 그 성향들을 알아내려 한다면 그것은 불가능한 문제일 것이다. 그러므로 현장에서 보고듣고 경험한 것들을 통해 느낀 것을 가지고 말할 수밖에 없다.

첫째, 신세대적인 성향이다.

신세대를 정보세대라고도 하는데, 신도시의 젊은 연령층일수록 정보에 민감하며 남녀의 평등관계를 역할 분담의 차원에서가 아니라 역할 공유라는 차원에서 생활화하고 있는 것 같다.

둘째, 개인주의적인 성향이다.

신세대적인 성향에 이어지는 개인주의적인 성향은 개인의 권리에 대한 주장이 강한 반면에 이웃에 대한 무관심으로 나타나기도 한다. 이웃에게 피해를 주지도 않고 이웃에게 피해를 입지도 않으면 그만이라는 입장을 갖는 이들이 많다.

이웃과의 거리가 아파트 벽 하나 사이인데도 마음의 거리를 멀리한 세대들이 많은 것 같다. 이와 같은 현상은 개인 생활의 보완을 중시하기 때문이라 하겠다. 그러나 신도시 입주자 모두가 그렇다는 것은 아니다. 다만 그런 성향이 기존의 도시들에 비해 두드러진다는 것을 말하는 것뿐이다.

셋째, 집단적 성향이다.

개인의 이익과 관련된 공통의 문제를 해결할 때 집단성을 발휘한다. 각 아파트에 연결된 단지 내 방송을 통해 광고하면 정한 시간에 정해진 장소에서 집단행사를 서슴지 않는다. 물론 이 가운데는 정당한 요구사항의 관철을 위한 것들도 많다. 그러나 집단 이기주의에 해당하는 사항들도 적지 않다. 그것은 적법절차를 따라 시행하는 일에도 집단민원을 제기하는 일들이 있다는 것을 뜻한다. 이 와중에서 행정당국이 고심하게 되고 많은 개척교회는 1차적인 피해자들이 되고 있다.

넷째, 가족 중심의 성향이다.

가족 중심의 성향이란 부부와 직계자녀 중심의 생활을 즐긴다는 것이다. 그러다 보니 주말이 되면 가족과 함께 외식하거나 오락을 하거나 아니면 휴양지로 떠나는 세대들이 늘어나고 있다. 말하자면 점점 보편화되는 추세에 있다는 것이다.

다섯째, 서울 중심의 성향이다.

분당을 거대한 베드타운이라고 부른다. 이렇게 부르는 이유는 주 업무권이 서울이기 때문이다. 주 업무권이 서울로 된 것은 입주자의 80% 이상이 서울에서 온 사람들이고, 직장도 거의가 서울로 돼 있으며, 지리적으로도 가깝기 때문이다. 그러다 보니 분당에 살면서도 서울에 사는 것처럼 착각할 정도이다. 한 예를 들면 작년에 지방 자치단체장을 뽑는 선거 때에 분당의 유권자들이 가졌던 관심은 서울 시장이 누가 되느냐에 있었다. 반면 성남시장에 대한 관심은 소극적이었다는 점을 들 수 있다.

여섯째, 목회적 적응의 잣대

분당에서 목회적인 적응을 한다는 것은 쉽지 않은 일이다. 목회자들에 따라 각기 다른 적응의 잣대가 있을 것이다. 그러기에 다른 목회자들과 마찬가지로 내 나름대로 신도시 목회에 적응하는 잣대가 있다.

① 일치점을 찾아 적응하는 것이다. 일치점이란 보편적이고 일반적

인 현실에 역행하지 말고 보조를 같이할 수 있는 점을 말한다. 만일 이것을 무시하면 반목회적인 결과를 초래한다는 생각에서이다.

② 보충적인 자세로 적응하는 것이다. 보충적인 적응이란 결핍에 대해 도움을 주는 접근이다. 분당 같은 신도시에는 이곳이 고향인 사람이 전체 인구의 3% 정도밖에 안 된다. 그렇다면 그 외의 사람들은 외지에서 온 사람들이다. 그러다 보니 향수심이 높다. 콘크리트 구조 속에서 살다 보니 정서적으로 삭막한 경향이 있다. 이러한 현실을 감안하여 교회는 신도시인들의 고향처럼 되고 자연처럼 되었으면 하는 마음을 갖게 되었다. 그래서 쓰기 시작한 것이 주일마다 주보에 실리는 목회 시(詩)이다. 시의 상황은 계절, 절기, 자연과 그 현상, 목회의 현장에서 경험한 것들을 소재로 하되 성경적인 뿌리를 가지고 썼다. 그 중의 한편을 부분적으로 소개한다.

봄비와 함께 녹으면

봄을 기다리는
겨울이 싫은 곳에
봄을 부르는
봄비
촉촉히 내리면
겨울이 녹는다.

굳었던 나

봄비와 함께 녹으면

나 녹은 거기에서

은혜의 샘

맑게 솟아

목마른 영혼을

적실 수 있으리…

　이와 같은 시를 주일마다 쓴다는 것이 처음에는 어려웠지만 시간이 지나면서 즐거움으로 바뀌었다. 그것은 졸작임을 탓하지 않는 긍정적인 반응 때문이었다. 그 긍정적인 반응이란 매주일 주보를 기다린다는 사람들이 많은 것으로 나타났다. 이런 반응들이 점점 커지면서 처녀 시집까지 내게 되었고, 이제는 멈출 수 없는 단계에 와 있다.

　③ 문제에 대한 자연스러운 교정에 관심을 갖는 것이다. 문제를 파헤치고 공격하는 것만이 문제에 대한 해결책은 아니다. 현대 의술에서도 과제로 삼고 연구 노력하는 것 가운데 하나는 의사가 수술할 때 환자의 고통을 최소화하는 것이라고 한다.

　그렇다면 사람들의 영혼 문제, 삶의 문제, 습관의 문제를 교정하는데 있어서 아프지 않거나 덜 아프게 하면서 고칠 수 있다면 참으로 바람직한 일이라 생각한다. 말하자면 꼭 교정해야 할 것이 있더라도 그 교정을 공격이나 지적에서 출발하지 말고 이해와 사랑에서 시작하여 바로 잡히게 하는 것이다.

　시간을 잘 지키지 않는 사람들에게 일괄해서 문제시하기보다는 '이런이런 사정이 있어서 시간을 못 지키는 분들이 있을 것입니다. 교회에 늦게 온다고 해서 일부러 늦게 올 분이야 있겠습니까? 혹 그런 습관이 있는 분들이 계시더라도 과히 탓하지 맙시다. 오늘부터 고치면 되지 않겠습니까?' 이런 내용이 담긴 설교를 하고 난 다음 주일부터 시간을 지키는 분들이 현저하게 늘어났다.

이러한 잣대는 목회의 여러 방면에서 생각해야 할 일이라고 믿는다. 문제에 대한 성급한 대응의 자세는 감정적이기 쉽다. 그러나 이때의 감정에 대해 인내하는 것이 이해와 사랑의 순서라고 생각한다.

분당에서의 시작은 이렇게

예배당의 인테리어가 시작되었을 때부터 매주일 플래카드를 내걸었다. 서초동의 영진교회가 언제부터 어디로 이전하여 첫 예배를 드린다는 내용을 알리기 위해서였다. 그러자 의외로 많은 분이 전화문의를 해오는가 하면, 하루라도 빨리 왔으면 좋겠다는 제안을 해왔다. 이때부터 기분이 들뜨기 시작했다. 그래서 임시 예배처소를 마련하여 예배를 드릴까 하는 생각까지도 하였다.

그러나 그렇게 하지 않았다. 왜냐하면 기대하는 관객은 기다리기 때문이라는 생각과, 똑같은 배우라도 무대 위에 섰을 때와 무대 밖에 섰을 때의 이미지는 완전히 다르다는 생각 때문이었다. 그리고 예배당을 신령한 무대로 볼 때 완비된 무대에서 말씀을 전하는 것이 은혜와 권위를 나타내는 데 유익하다고 판단했기 때문이다. 지난 후에 생각하니 적중하였다.

입당예배 준비

분당이라는 신도시에서 영진교회를 새출발한다는 것은 감격적인 일이요, 기대와 우려가 섞여 있는 일이기도 하다. 대대적인 청사진을 내걸고 홍보를 하는 것보다는 보편적이고 정상적인 교회 중의 하나라는 것을 알려야겠다는 생각을 했다. 이렇게 생각한 것은 우리 교회의 입장을 분명히 드러내어 건전성에 대한 의심이 없어야 한다는 판단에서였다.

그러나 나같이 무명한 목회자의 처지에서는 이것 역시 쉽지 않았다. 그래서 궁리하던 중 입당예배를 통해서 알리면 되겠다고 마음을 먹었다. 그리하려면 입당예배 때 누가 설교를 하느냐가 대단히 중요한 일이었다. 나는 평소 존경하는 곽선희 목사님에게 설교를 부탁하기로 작정하였다. 소망교회 곽 목사님은 그 명성이 널리 알려진 분이니까 곽 목사님이 설교한 교회라면 건전성에 대한 의심의 여지가 없을 것이기 때문이다.

그러나 자신이 서지 않았다. 그래도 용기를 내어 목사님을 찾아뵙게 되었다. 목사님께 사정을 말씀드린 후에 목사님의 시간에 맞춰 일정을 잡겠다는 전제조건으로 설교를 부탁하였다. 그러자 목사님은 수첩을 꺼내시더니 1992년 11월 22일 오후 4시로 일정을 잡아주시면서 설교해 주시겠다고 약속하였다.

이때의 마음은 날아갈 듯이 기뻤다. 그리고는 즉시 초청의 글을 써서 이 사실을 주민들에게 알리기로 했다. 그 내용을 소개하면 이렇다.

여기 맑은 샘이 솟는 영진교회가 서 있습니다. 이 은혜의 샘에

서 여러분을 모시고 입당예배를 드리고자 합니다. 이 축제의
자리에 오셔서 행복의 기회를 갖기 바랍니다. 여러분의 삶에
밝고 따뜻함이 영원하기를 기원합니다.

때 : 1992년 11월 22일(주일) 오후 4시

곳 : 영진교회당(이매촌 성지 아파트 701동 옆)

설교 : 소망교회 곽선희 목사

이런 초청의 글이 실린 주보를 2만 장가량 찍어서 각 일간지를 통해
온 지역에 전달하였다. 그리고 그날을 준비하였다.

입당예배와 목회실현 과정

입당예배

입당예배를 드리는 일 자체는 복잡할 이유가 없다. 그렇지만 입당예배의 목적에서 본다면 대단히 중요한 시작이며 결코 소홀히 해서는 안 된다는 사실이 자명해진다.

1. 입당예배의 목적
입당예배를 어떻게 드리느냐보다는 어떤 목적으로 드리느냐를 우선순위에 두었다.

1) 영진교회를 세우시고 이곳으로 인도하시어 도약하게 하시는 주님께 영광을 돌리는 것이다.

2) 영진교회가 언제 어디에서 새롭게 출범한다는 것을 공식적으로 알리는 것이다. 교회의 가견성은 공개적일 수 있어야만 투명성과 공신력을 높일 수 있게 된다. 이것은 영진교회가 분당에서 시작되는 과정과 함께 중요한 것이기도 하다.

3) 영진교회의 평범성과 건전성을 알리는 것이다. 잠시의 생각은 다

른 교회들에 비하여 무엇이 특별한가를 내세우고 싶은 것이었지만 그리할 수 없었다. 그 이유는 '우리 교회가 다른 교회들에 비해서 특별한가'라는 자문을 했지만 특별하다는 자답을 못했기 때문이다. 만일 특별하지 않으면서 특별하다는 식으로 알린다면 두 가지의 과오를 범하게 된다.

첫째, 영진교회에 찾아오는 성도들에게 거짓을 말하는 것이 된다.

둘째, 다른 교회들에 대해서 불필요한 거리감을 조성하게 된다. 그리되면 선교의 공동 어장인 이 도시의 분위기를 흐리게 하는 장본인이 될 것이 뻔하다.

그러므로 영진교회가 특별하다고 알리는 것보다 주님께서 세우신 여러 교회처럼 평범하고 건전한 교회라고 알리는 것이 바람직하게 느껴졌다. 교회의 평범성은 포용성의 크기라고 한다면 교회의 건전성은 교회다움을 의미하기 때문이다.

4) 신도시의 성향에 부합하는 교회임을 알리는 것이다. 신도시인들의 경향 중 하나는 군더더기를 싫어하고 고정된 형태의 의례성을 외면하는 것이다. 그러기에 입당예배를 드릴 때 특별히 거창해야 되겠다는 마음을 갖지 않았다. 오히려 예배순서를 단순화하고 널널한 순서들을 생략하였다. 그랬더니 짧은 시간에 의미 있는 예배를 드릴 수 있었다.

2. 입당예배의 설교

앞서 언급했던 바와 같이 누가 설교를 하느냐가 중요하다. 그러나 이 문제는 걱정할 필요가 없게 되었다. 그것은 곽선희 목사님께서 설교하시기로 되었기 때문이다. 하지만 어떤 설교를 하실 것인가에 대한 궁금증은 여전히 남아 있었다. 그러나 목사님께서 주신 성경 본문과 설교 제목을 받고 나서 궁금증은 만족감으로 바뀌었다. 너무나 우리 교회에 적절한 것이라는 판단에서이다. 입당예배에서 목사님이 하신 설교는 잔잔하였다. 그런데도 큰 감동과 깊은 은혜로 이어지면서 좌중의 분위기는 물을 끼얹은 듯하였고 표정들은 붉게 타는 듯하였다.

곽 목사님의 설교를 요약하면 다음과 같다. 성경은 사도행전 2장 43-47절이고, 제목은 '날마다 부흥하는 교회'였다.

이 새로운 지역에서 새롭게 창조적으로 시작한 영진교회를 축하하면서 하나님께 영광을 돌립니다. 저는 가끔 이런 질문을 받습니다. 어떻게 하면 교회가 부흥될 수 있나요? 이 질문에 대해 '교회를 교회 되게만 하세요. 그리하면 교회는 부흥하게 됩니다'라고 대답합니다. 교회를 교회 되게 함이 교회의 본질이요, 가장 중요한 것입니다. 오늘 본문 말씀에 보면 주님께서 구원받는 자들을 날마다 더하게 하셨다고 합니다. 이 말씀은 초대교회의 위상을 보여줌과 동시에 교회다움의 표본을 말해주기도 합니다. 만일 교회가 부흥하지 못한다면 그것은 교회 됨의 본질에 문제가 있는 것입니다. 교회의 본질은 부흥하는 것을 특정으로 합니다.

주님께서 사람들에게 찾아오셨습니다. 그것은 사람이 하나님께 나아가는 길을 여신 것을 뜻합니다. 그러므로 사람들이 주님의 몸 되신 교회에 와서 주님을 만나야 합니다. 사람들이 교회에 와서 주님의 음성을 듣고 주님을 만나는 데에 진정한 부흥이 있습니다. 그럼에도 불구하고 사람들이 교회에 나왔으나 주님의 음성을 듣지 못하고 만나지 못하는 이유는 무엇입니까?

그것은 교회 안에 비교회적인 장애요인이 많이 있기 때문입니다. 그러다 보니 교회의 참된 모습도, 주님을 만나는 체험도 상실되게 합니다. 그러나 이 교회는 그리스도의 생명이 약동하고 주의 음성을 들으며 주님을 만나게 하는 교회가 되어야 합니다. 그렇게만 되면 날마다 부흥하는 교회가 됩니다. 다시 말해서 순수한 교회를 이루어 가게 됩니다. 교회의 순수성은 복음전도에 대한 바른 관심을 갖게 하고 성도들의 신앙생활을 행복하게 합니다.

초대교회는 순수한 교회였습니다. 그럼에도 불구하고 사람들은 교회를 두려워했습니다. 이것은 하나님 앞에서 하나님의 존재를 의식할 때 갖는 두려움입니다. 교회는 이런 두려움이 있어야 합니다. 또한 초대교회는 '유무상통' 하였습니다. 교회에서 내 것을 챙기려고 하면 안 됩니다. 이기적인 욕심을 버려야 합니다. 그리고는 날마다 떡을 떼면서 교제했습니다.

이와 같이하여 구원의 역사를 이루고 사랑의 나눔이 이루어진 초대교회야말로 교회의 참다운 성격과 상징을 말해줍니다.

마지막으로 초대교회는 하나님을 찬미했다고 합니다. 이것은 하나님께 영광을 돌린 것을 말합니다. 이 영진교회가 초대교회와 같이 교회다운 교회 됨을 통해 날마다 부흥하기를 바랍니다.

설교를 들은 당시의 감동 그대로를 옮겨 놓을 수는 없지만 나 자신의 목회적 결의를 새롭게 하는 데 넉넉하였다.

신도시 목회의 구상과 실현과정

서초동에서 했던 목회의 경험은 신도시 목회의 전 단계였다는 점에서 의미 있는 것이다. 실수하고 잘못한 경우를 통해서는 값진 교훈을 얻었고, 긍정적인 측면의 목회경험에서는 더 나은 구상의 지혜를 얻게 되었다.

1. 주보를 어떻게 만들 것인가?

주보는 교회의 얼굴이라는 말을 많이 들어왔다. 그래서 교회마다 주보를 만드는 데에 많은 정성을 쏟고 있다. 따라서 주보는 교회들의 수만큼이나 다양해졌다. 그러나 주보 문제를 너무 무겁게 생각하거나 복잡하게 생각하고 싶지 않았다. 특별하거나 꽉찬 주보를 만들기보다는 평범하고 간결한 주보를 만들어야겠다는 방침을 정했다.

1) 간결한 주보

간결한 주보는 단순하면서도 친근감이 드는 주보를 뜻한다. 그래서 주보는 6면으로 하되 세 번 접으면 성경이나 찬송가 속에 쏙 들어갈 수 있게 하였다. 그리고 주보의 내용은 5분 정도의 시간이면 주보의 앞·뒷면을 다 읽을 수 있도록 하였다.

2) 주보의 표지와 색깔

많은 교회가 주보의 표지에 관심의 무게를 두는 것 같다. 그래서 멋진 디자인에 화려한 색깔을 곁들이는 추세에 있다. 이러한 경향은 보편적이면서도, 개교회적인 입장에서 본다면 특별하게 보이고자 하는 노력의 일환이기도 하다. 그런 경향을 따르는 것도 좋겠지만 남이 한다고 해서 다 따라 할 것이 아니라 우리 교회의 성격대로 하는 것이 바람직하다고 생각했다. 그래서 주보의 표지에는 영진교회당의 전경을 그려 넣었고 색상은 1도의 하늘색으로 하되 명암의 차이를 두었다.

3) 주보의 구조

주보를 만들다 보면 많은 칸이 필요하다. 그러나 시간 및 봉사자들에 대한 안내를 위해 한 개의 박스만 넣었다. 그리고는 모든 칸을 없앴다. 주보에서 칸을 없애야겠다는 생각은 구조적 속박감을 갖지 않고 미미한 자유감이라도 갖게 하면 좋겠다는 마음에서였다. 이런 마음을 갖게 된 것은 아파트 생활이 편리하면서도 속박감을 줄 때가 있고, 그럴 때마다 자유롭고 싶은 욕망이 생기기 때문이다. 그러므로 주보 한 장에서라도 편안함과 자유감을 느낄 수 있게 함이 바람직하다고 여겨진 것이다.

주보의 배열은 다른 교회의 주보와 크게 다를 바가 없지만 매주일 목양시를 써서 싣고 새 등록교우에 대한 환영사를 넣는 것이 색다른 점이라 하겠다. 목양시는 목회적 정서에서 나온 것이기 때문에 성도들과의 교감에도 도움이 되며, 감정이 메마르기 쉬운 이들에게 이슬과 같은 역할을 할 수 있었으면 하는 바람을 담고 있다.

그런데 실제로 그러한 현상들이 나타났다. "주보에 실린 시를 읽다가 보면 목사님의 마음을 읽는 것 같아요. 그리고 저희들의 마음이 순화돼요."라는 반응이 적지 않았기 때문이다.

목회시는 잘 쓰고 못 쓰고를 떠나서 목사만이 쓸 수 있는 장르라는 점에 의미를 두었다. 주보에 실린 목양시의 일면을 소개하면 이렇다.

내 영혼의 장막

내 영혼의 장막이
아픔에 녹아
눈물 되어 흘러
온몸과 온 영혼을
적시고 적십니다.
눈물이 진해져
뜨거워지면
주님을 아프시게 한
그 아픔을 생각하며
통회하고 참회합니다.

그리고 주보의 뒷면에는 새 등록교우에 대한 환영란을 두었다. 매주일 등록하는 새 등록교우들에 대한 환영의 글을 실어 교우들의 마음을 나타낸다. 그 내용 중에 세 가지만 소개하면 아래와 같다.

① 주님의 빛을 입고, 주님의 사랑을 따라 등록하신 새 가족 여러분을 환영합니다.

② 주님과 함께하는 행복이 가득한 곳, 영진교회의 가족이 되신 여러분을 따뜻한 마음 열고 환영합니다.

③ 주님의 음성이 생생하게 들리는 은혜의 자리에서 주님의 부르심에 응답하고 등록하심을 환영합니다.

2. 예배의 진행은 어떻게 하는가?

예배의 시작을 정시에 하고, 낮예배는 60분을 넘지 않고, 저녁예배나 삼일기도회는 40분을 넘지 않으며, 새벽기도회는 30분을 넘지 않게 하였다. 그러다 보니 교인들의 시간관념이 정착되고, 시간 문제에서 갖게 되는 불필요한 장애를 제거하는 효과를 가져올 수 있었다.

1) 예배의 기원

예배의 순서는 다른 교회에 비해서 특이한 것이 없다. 왜냐하면 보편 타당함이 오해를 불식시킬 수 있기 때문이다. 그러나 예배진행 과정에서 약간 색다른 면을 도입하였다. 그것은 예배의 서두에 기원문을 써서 낭송하는 것이다. 예를 들면 이렇게 한다.

주여,
기도로 열리는 새날의
새아침을 주시고
숲을 이루는
푸른 생각들을 가슴에 담아
주님께 바치며
신령과 진정의 예배를
드리게 하시오니
감사합니다.
저희들의 영혼이
주님의 이슬에 젖게 하시고
저희들의 삶이

주님의 광채를 입기 원합니다.

복의 근원 되시는

주님의 이름으로

기원합니다. 아멘.

2) 설교 후의 기도(설교제목 : 너그러운 마음만큼)

설교 후에는 미리 준비한 대로 설교의 내용이 녹아 있는 기도문으로 기도한다. 처음에는 어색한 감이 있었지만 몇 주일 지나면서 기도의 깊이가 더해지는 것을 느낄 수 있었다. 따라서 신자들의 반응도 긍정적으로 나타났다. 그것은 목사가 드리는 기도와 자신들이 드리고자 하는 기도가 일치되는 친근감을 갖는다는 반응이었다.

〈설교 후의 기도문〉

주님의 품 넓은 곳에서 주님의 은총에 실린 음성을 듣게 하시고 좁았던 마음을 넓게 하사 은혜의 그릇이 되게 하심을 감사합니다.

저희들의 마음은 주님께서 성결케 하신 만큼 깨끗해질 수 있으며 주님의 마음을 갖는 만큼 너그럽게 됨을 믿습니다. 저희들이 주님을 믿는다 하면서도 조금만 이해하면 될 일에도 오해하고, 조금만 사랑하면 용서할 수 있는 일에 대해서 용서하지 못하고 원한을 품으려 했습니다. 그리고 내게 잘못한 형제의 허물에 대해서는 줄줄이 기억하면서도, 내가 잘못한 일들은 망각하고 나를 아프게 한 그 아픔만을 구실 삼아 몇 배의 아픔을 주려 했습니다.

그러나 이제는 주께서 넓혀 주신 마음만큼 이해하며 용서하는 삶을 살게 하시고, 주님께 받은 위로에서 위로받아야 할 형제들을 위로하게 하옵소서.

저희들을 너그럽게 하시는 예수 그리스도의 이름으로 기도하옵나이다. 아멘.

3. 초청과 환영

교회소식을 알리고 난 다음에 초청과 환영의 시간을 갖는다. 초청의 시간에는 목사가 이렇게 말한다.

"오늘 이 자리에 계신 분들 가운데 새로 등록하고자 하시는 분은 성령의 인도하심 안에서 자유롭고 편안한 마음으로 하시기 바랍니다. 등록카드는 맨 뒷좌석이나 주보대에 준비되어 있습니다."

그리고 이어지는 환영의 순서에서는 호명하여 기립하게 하되 일어서지 않는 경우에는 강요하지 않는다. 그리고 위하여 기도한 다음에 "하나님께 영광 돌리는 환영의 박수를 치시기 바랍니다."라고 말한다.

이렇게 한 결과 등록교인 대다수가 자의적 결정을 하게 되었고 책임적인 신앙생활을 하게 하는 계기를 만들었다. 그러다 보니 이 교회에서 저 교회로 쉽게 옮겨다니는 일은 거의 없을 만큼의 안정적 효과를 가져왔다.

너무나 평범한 일이지만 나는 이 평범 속에 담겨 있는 소중한 가치를 존중하면서 다른 교회들과의 관계를 생각한다.

어떤 교회로 어떻게 알려야 할까?

진리의 숨결

주님을 목말라 하는 영혼엔
목마름이 없고
영생의 샘물
넘쳐납니다.

주님을 소망하는 영혼엔
밤이 없고
밤이 밤 되지 못하게 하는
은혜의 빛
찬란합니다.

주님을 사랑하는 영혼엔
거짓이 없고
진리의 숨결
생생합니다.

이래서 이 교회에 나옵니다.

하나님께서 하시는 일은 예상을 넘는 것으로 나에게, 우리 교회에게 다가오고 있었다. 그러기에 영진교회가 분당에 세워진 지 얼마 안 되었을 때 벅찬 부흥의 징후들이 보이기 시작한 것이다. 오라고 하지 않아도 많은 사람이 모여들었고 매주일 등록교인이 늘어갔다. 그러다 보니 왜 영진교회에 나오게 되었는가에 대해서 여러 가지로 말하는 것을 듣게 되었고, 지금도 듣고 있다.

1. 은혜를 받았기 때문에
"목사님, 저는 영진교회에 다녀오는 사람들마다 하두 좋다고 하길래 어떤가 해서 나오게 되었어요. 그런데 4부 예배에 참석해서 그런지는 몰라도 뭐 그리 특별하다는 느낌이 들지 않았어요. 그래서 3부 예배 때 다시 와서 예배를 드리는 중에 은혜를 받았어요. 그리고 말씀을 들으면 들을수록 은혜가 되기에 등록했어요. 너무나 감사해요."

2. 문턱이 낮기 때문에
"저는요, 몇몇 교회를 다녀 봤어요. 그런데 어떤 교회는 한 번 가면 다시 가기가 어려웠어요. 왜냐하면 너무나 붙들고, 등록을 강요하니까요. 그런데 영진교회는 드나들기가 편안했어요. 목사님이 붙들지 않고 부담을 주지 않으시더군요. 그것이 영진교회의 문턱을 낮추는 일이었다고 생각해요. 그래야만 와보고 또 와보면서 마음을 정할 수 있잖아요."

3. 들어야 할 말씀 때문에

"저는 영진교회에 나오면서 교회에 나오는 시간이 기다려져요. 기다림 끝에 와서 예배를 드리고 말씀을 듣는데 목사님의 설교가 너무나 짧았어요. 그래서 늘 아쉽게 생각했어요. 그런데 중요한 것은 그 짧은 설교에도 제가 들어야 할 말씀이 다 들어 있다는 것을 발견하게 되었어요. 그래서 부분적인 공복감을 가지고 갈망하게 되나봐요."

4. 조용하기 때문에

"교회에 나와 보니까 뜨겁게 느껴지면서도 조용해요. 그리고 예배를 드릴 때 그 조용함 속에 젖어 들게 되면서 말씀에 이끌려 그 속으로 들어가는 것 같아요. 그래서 마음을 정한 거에요."

5. 교만이 녹아지기 때문에

"저는 미국에서 공부할 때부터 믿기 시작했어요. 그런데 교회에 다녀도 별다른 감동을 받지 못했어요. 이러한 제가 영진교회에 나온 후부터는 많이 달라졌어요. 목사님께서 하시는 설교 말씀 하나하나가 꼭 저에게 주시는 것 같았어요. 그때마다 제 속에 있는 교만이 녹는 것 같아요. 아무래도 제가 생각하기에는 이것이 변화가 아닌가 싶어요. 그리고 목사님께서 주보에 시를 써서 발표하시는데 너무나 순수한 감동을 받았어요. 그래서 주일마다 몇 장씩 더 가지고 가서 동료 교수들에게 나눠주고, 우리 교회 목사님께서 쓰신 것인데 한번 읽어 보라고 권합니다."

6. 평안해지기 때문에

"저는 약간의 정신 불안 증세가 있어요. 그런데 이 교회에 와서 예배를 드리고 나면 마음이 편안해지고 말씀에서 위로와 힘을 얻게 돼요. 그래서 영진교회의 교인이 된 것을 감사해요."

7. 주님의 인도하심 때문에

"저는 이곳에 이사 와서 영진교회를 만나게 된 것이 너무나 감사해요. 저희 남편이 믿지 않는데 영진교회를 통해서 믿게 될 것이라는 믿음이 생겼어요. 주님께서 인도하신 것이 분명해요. 등록을 하고 나서 우리 교회에 대해 자랑할 것이 너무나 많아 만나는 사람들에게 교회 자랑을 하지요. 어떻게 보면 쑥스러울 정도예요. 그래도 자랑하지 않고는 못 배기겠는걸요."

8. 주보에 실린 시(詩)와 말씀 때문에

"저는 대학에서 국문학을 전공했어요. 그리고 기자 생활을 하다가 적성에 맞지 않아 그만두고 지금은 학교에서 국어 선생을 하고 있어요. 제가 대학 다닐 때는 시라면 닥치는 대로 읽었어요. 그런데 매주일 주보에 실리는 목사님의 시는 목사님만이 쓰실 수 있는 것이기에 독특한 맛과 은혜가 있어요. 그래서 저만 읽기가 아까운 생각이 들어서 저희 반 학생들에게 읽어 주기도 하고 제가 느낀 대로 해석도 해 줘요. 이것뿐이 아니에요. 주일마다 듣게 되는 말씀은 제 영혼의 잠을 깨워 주고 새롭게 하는 힘이 있어요."

9. 기쁨이기 때문에

"저는 이곳에 이사 오게 된 것이 너무나 감사해요. 왜 그런지 아세요? 영진교회를 만났기 때문이에요. 영진교회를 만난 것이 이곳에 와서 사는 큰 보람이며 기쁨이에요."

10. 약한 것 같으나 강해서

"저희 남편은 군목들로부터 강한 설교를 많이 들었어요. 그런데 영진교회에 와서 말씀을 들어보니 목사님께서 설교를 가만가만하시기 때문에 약하다는 생각을 했대요. 그러나 들으면 들을수록 상당히 강한 말씀으로 깨닫게 되었대요. 그래서 계속 나오면서 은혜받게 되었어요."

이러한 신자들의 말을 나열하자면 너무나 많다. 나는 이 모든 말들을 '영진교회는 오고 싶은 교회다'라는 반응으로 이해하고 있다.

다른 신도시들과 마찬가지로 이곳 분당 역시 주거 환경의 밀집성과 인구의 급증을 특징으로 하고 있다. 이런 곳에서 목회를 시작하는 목회자들 대부분이 어떻게 하면 한 사람이라도 더 오게 하고, 내가 목회하는 교회에 정착시킬 수 있는가에 관심을 두게 된다. 이것은 자연스러운 것임과 동시에 당연한 것이기도 하다. 그러나 그 관심의 내면을 들여다볼 수 있다면 대교회에 대한 꿈과 외적 성장에 대한 강박관념의 측면도 없지 않을 것이다.

한 사람이라도 더, 그러나

나 역시 예외는 아니다. 그러나 주님의 권고하심을 따른 나의 선택은 어떻게 해서 얼마나 모이게 하느냐보다는, 어떤 교회를 어떻게 이루어야 하느냐에 비중을 두는 것이었다.

한 사람이라도 더 오게 하는 노력도 필요하다. 그렇지만 그것보다 더 중요한 것은 어떤 교회를 이루느냐에 있다. 어떤 교회를 어떻게 이루느냐에 마음을 쏟다 보면 바람직한 교회의 이미지로 인하여 지속적이고 바람직한 성장을 할 수 있게 될 것이 분명하기 때문이다.

1. 붉게 타오르는 목회의 현장

이곳에서 개교회들을 목회하는 목회자들의 목회적 노력과 거기에 따르는 교회적 열정은 어느 곳에 못지않을 만큼 붉게 타오르고 있다. 이러한 목회적 노력과 열정들은 교회성장의 긍정적인 용인이 되면서도 과열이라는 부정적인 측면을 내포하고 있다.

1) 홍보물들을 통한 손짓

어느 교회를 막론하고 자기 교회를 알리는 홍보가 필요하다. 그래서 이곳에 있는 대다수 교회가 많은 홍보물을 전도지 형태로 제작하여 배포하기 때문에 홍보물의 홍수를 이루고 있다. 그 내용을 보면 우리 교회는 이런 점이 특별하다는 것과 목회자의 경력을 소개하는 것으로 되어 있다. 효과는 미지수일지라도 그렇게 하지 않으면 불안하게 생각할 정도로 경쟁적인 면을 보이기도 한다.

2) 프로그램을 통한 손짓

교회마다 특별집회, 지역사회를 위한 봉사, 문화행사 등 여러 프로그램을 준비하고 사람들을 초대한다.

3) 차량 운행을 통한 손짓

다른 곳에서도 그렇겠지만 이곳 분당 지역에 있어서는 차량 운행이 가장 확실한 동원 수단 중의 하나로 인식되고 있는 실정이다. 교회의 차량운행은 대개 세 가지 목적을 갖는다.

첫째는 서울이나 성남을 비롯한 인근도시에서 이전해 온 교회들이 먼저 교회가 있던 곳의 신자들이나 이곳에 와 있는 신자들에게 편의를 제공하기 위한 것이다. 이런 경우에는 어쩔 수 없는 사정이 있다고 할 것이다.

둘째는 교회학교의 교육이나 교회활동을 목적으로 하는 차량운행이다.

셋째는 어떻게 하든지 보다 많은 사람을 내가 목회하는 교회로 데려오기 위한 목적이다.

그런데 실제로는 세 번째 목적의 비율이 지배적이라 할 수 있다. 그러다 보니 차량을 돌리는 것과 관련하여 교회 간의 갈등도 생기고 좋지 못한 인상을 주는 경우도 있다. 그 예를 들면 다음과 같다.

· A의 경우 - 교회 가는 사람이면 무조건 차에 태워 자기 교회로 데려가려는 경우이다. 이런 일도 있었다. 삼일기도회만 영진교회로 출석하는 서울 소재 다른 교회의 권사가 4시 30분에 드리는 1부 삼일기도회에 참석하려고 오고 있는 중이었다. 그런데 웬 버스 한 대가 곁에서 멈춰 섰다. 권사는 웬 버스가 서나 해서 보니까 교회 버스였다. 그

순간 차에서 전도사인 듯한 사람이 내리면서 반강제로 그 차를 타게 했다. 버스에 타자마자 기사에게 노발대발하면서 세울 것을 요구하여 겨우 내리게 됐다고 털어놓았다.

· B의 경우 - 주일이나 삼일기도회시 다른 교회 문 앞에 차를 대 놓고 싣고 갈 교인들을 기다리는 일들도 있다.

· C의 경우 - 일부 교회이기는 하지만 시간에 쫓겨 난폭운전이나 교통법규 위반을 통해서 역선교적인 모습을 보이는 일이다.

· 매주일 영진교회가 경험하는 일 - 우리 교회 위치는 여러 곳으로 순환되는 길목에 있다. 그렇기 때문에 주일이면 수십 대의 교회 버스들이 교회 앞을 지나간다. 그리고 어떤 교회에서는 영진교회 앞에 몇 시에 몇 호 차량이 서니깐 그리로 나오라는 안내문까지 주보에다 기재한다고 한다. 이것은 어쩔 수 없는 일이다. 유명무실한 듯한 교회가 그렇게라도 알려지는 것까지는 싫지 않기 때문이다. 그런데 한두 교회의 차량 중에 교회 앞에서 경음기를 울리는 일이 있어 안타깝다.

경음기를 울리는 이유는 첫째, 서 있는 사람이나 영진교회로 오고 있는 사람들, 다른 교회로 가고 있는 사람들에게도 타라는 신호를 보내기 위해서이다. 둘째, 교회 앞에 그려진 횡단보도를 건너는 사람들에게 비키라는 압력을 가하기 위해서이다. 그런데 그것은 별로 큰 문제가 되지 않는다. 다만 예배 시간에도 경음기를 울리므로 방해받는 경우가 생길까 봐 조마조마해질 때도 있다.

아무리 선한 명분을 가졌더라도 교회와 교회 간에 지켜야 할 예의는 지키는 것이 덕스럽고 공동의 유익을 지키는 길이기도 하다. 교회의 실정에 따라, 목회자들의 목회 방침에 따라 차량운행을 하는 것은 나

무랄 일이 아니며 바람직한 측면도 많다. 다만 지킬 것을 지켜가면서 운행하는 것이 선한 일에 대한 비방을 피하는 길이요, 교회를 빛내는 길이 될 것이다.

어쨌든 홍보물이나 프로그램이나 차량 운행을 통해서 보다 많은 사람이 교회로 나오게 하려는 열정이 붉게 타오르는 것은 성장의 긍정적인 요인임과 동시에 개선의 여지를 갖는다고 생각한다.

2. 고심 끝에 내린 결정

다른 목회자들과 마찬가지로 이 새로운 지역에서 이 지역의 정서와 구미에 맞는 목회를 위해 고심하게 되었다. 다른 교회들처럼 홍보를 어떻게 할 것이며, 특별 프로그램은 어떤 것을 어떻게 개발해야 하는가, 교회의 차량을 운행할 것인가 말 것인가, 운행한다면 어떤 지역으로 몇 대를 운행해야 하는가를 놓고 검토하다 보니 여간 복잡한 게 아니었다. 그러나 이러한 고심의 끝에서 매우 단순한 결정을 내렸다.

1) 많은 홍보물보다 주보를

매주일 나오는 주보를 반 연쯤 찍어서는 주일예배에 사용할 것만을 제외하고 2개 이상의 일간지에 삽입하여 토요일 오후와 주일 아침에 신문과 함께 받아 보도록 하였다. 그 결과 주보만 봐도 영진교회 주보라는 것을 알리는 효과를 가져왔고, 교회 안 나오는 사람이나 불교인 중에서 주보를 기다리는 사람들이 있어서 선교적 효과를 가져왔다. 특히 주보에서 관심을 두는 면은 설교 요약란과 초청의 시(詩)가 실려 있는 난인 것을 알게 되었다.

2) 특별 프로그램보다는 평상성을

경우에 따라서는 프로그램이 필요하다. 그러나 그것은 보편적인 것이 아니기 때문에 나 자신이 거기에 매달리다 보면 평상성을 잃거나 소홀히 할 우려가 있다. 그렇게 될 경우 특별 프로그램의 효과도 기대할 수 없게 된다. 그럼 우리 교회의 평상성이란 무엇인가? 예배, 기도회, 성경공부 등이다. 이것은 가장 일반적이면서도 어떻게 하느냐에 따라 특별한 은혜를 끼치게 된다고 확신하였다.

3) 스스로 오는 교회를

경쟁성을 갖는 지역에서의 차량운행은 보다 많은 사람을 오게 하는데 도움이 될 것이 자명하다. 그러나 경쟁성이 있는 지역이라는 이유 때문에 다른 교회들이 차를 돌린다고 해서 경쟁적으로 한다는 것은 선교적 동기의 순수성에 있어서 문제가 있다는 판단을 하게 되었다.

열 사람이 올 것을, 다섯 사람이 오더라도 스스로 오는 교회가 되게 해야겠다는 방침을 정했다. 데려오는 사람들보다는 스스로 오는 사람들이 많아질수록 교회가 견고해진다는 믿음에서였다. 그리고 교인들에게는 적절한 기회에 차량을 운행하지 않는 이유에 대해서 다음과 같이 설명해주었다.

"저희 교회는 교회 버스를 운행하지 않습니다. 그런데도 이렇게 많이 모일 수 있게 됨을 감사합니다. 저희 교회는 오게 해야 오는 교회이기보다는 사람들이 스스로 오는 교회를 지향합니다. 냉면집에 냉면 한 그릇 드시러 갈 때는 자기 차로 가면서 교회 올 때는 교회차로 와야 한다면 문제라고 생각합니다."

이와 같은 목사의 결정과 의도는 적중하였다. 그리하여 그것은 신자들의 자랑거리가 되었다. 그것은 '우리 교회는 차를 돌리지 않아도 많이 모이는 교회'라는 것이다.

4) 알려지는 교회를

홍보를 통해서 교회를 알리는 것은 한계가 있다. 그러나 교인들이 교회에 대한 자부와 긍지를 갖고 신앙생활을 하게 된다면 그것이 교회의 자랑거리로 등장한다. 우리 교회는 어떤 교회를 이루고 어떤 교회로 알려지느냐에 양적 성장의 무게가 실려야 한다고 생각되었다.

빛은 자기를 알리려고 소리치지 않지만 알려진다. 향기는 말하지 않지만 사람들을 유쾌하게 한다. 우리 교회가 그리스도의 빛과 향기로 알려지는 것이야말로 차량을 운행하는 것에 비할 수 없는 성장 요인이 된다는 사실은 너무나 분명했다. 그리하여 스스로 오는 신자들의 수는 계속 늘어갔고 지금도 늘고 있다.

5) 등록하고 싶도록

교회에 나온 사람들이 등록하게 하는 여러 방법이 있을 것이다. 그런데 나에게는 등록하게 하는 것보다 등록하고 싶은 마음을 갖도록 하는 것이 더욱 중요하였다. 등록하고 싶은 마음을 갖도록 한다는 것은 시간이 걸리는 일이기도 하다. 그러나 스스로 온 것에 이어서 등록하고 싶은 마음으로 등록하면 그 신자는 튼튼한 뿌리를 내릴 수 있을 것이다. 개가 교인들에게 늘 강조하는 말은 "남의 교회 교인 끌어올 생각을 하지 말라, 다른 교회에 대해서 이단 종파만 아니면 비판하지 말라."이다.

가끔 이런 말을 듣는다.

"저는 분당의 아무 교회에 나가는 집사입니다. 그런데 영진교회로 등록하고 싶습니다."

그러면 이렇게 말한다.

"집사님, 저희 교회는 이웃교회의 교인을 빼앗아 오는 일은 안 합니다. 무엇이 주님의 뜻인지를 잘 생각해 보십시오."

어느 주일이었다. 한 교육자의 가정이 등록카드를 써 가지고 목회실에 들어왔다. 그리고는 "이제부터 영진교회에 나오기로 하였습니다." 라고 하였다. 나는 그 가정이 몇 개월 동안 나왔기 때문에 그 가정에 대해서 어느 정도 알고 있었다. 그 가족 중 한 분은 먼저 나가던 교회의 권사였다. 그래서 나는 이렇게 말했다.

"다른 가족들은 그대로 받아들일 수 있습니다. 그러나 권사님은 목사님의 허락을 받고 오세요. 그 교회에 못 나가실 때에는 내 교회다 생각하고 나오세요."라고 했다.

그러자 그 권사는 다소 어리둥절한 표정으로 그렇게 하겠다는 약속을 하고 가족과 함께 돌아갔다. 그 후 1년이 지나서 서울에 있는 교회의 담임목사님에게 허락을 받아서 영진교회에 등록하였다.

"목사님, 이제는 등록을 해서 너무 기뻐요. 감사합니다."

이러한 일들이 교우들에게 알려지자 은혜로운 얘깃거리가 됐고, 우리 교회에 나오면서 등록하고자 하는 사람들이 이런 말을 듣고는 등록하고 싶은 마음이 더 생겼다는 반응도 있었다. 목사님의 허락을 받고 등록한 그 권사의 가정은 모범적인 신앙생활을 하고 있다.

오고 싶은 교회를 이루고 한 번 나오면 등록하고 싶은 마음이 열릴 수 있게만 한다면 그 이상 좋은 길이 어디에 있겠는가. 그런 교회를 꿈꾸고 그런 교회를 이루기 위해 오늘도 기도하며 지혜를 구한다.

탐색하는 교인들에게 호감을 주려면

기존의 교회를 신도시로 이전하거나 신도시에서 교회를 개척하는 경우에는 때와 장소가 맞아야 한다. 만일 이것을 도외시할 때는 그 교회가 갖게 될 기회들을 놓칠 수 있기 때문이다.

1. 주민들의 입주 후

신도시의 교회가 자리를 잡는 데는 주민들이 입주하기 시작하는 때부터 짧게는 6개월, 길게는 1년이 가장 중요하다. 그 이유는 이 기간에 가장 많은 사람이 등록하며 유력한 사람들이 등록하기 때문이다. 그리고 이 시기에 등록하는 사람들이 교회의 튼튼한 기초가 되고 교회의 교회다움을 알리는 데 있어 주도적인 역할을 한다.

2. 서둘지 않기로

나는 짧은 시간에 많은 사람이 몰려들 때 마음에 둔 것이 있다. 그것은 서둘지 말아야겠다는 것이다. 서둘면 서두르는 만큼 조급해지고, 조급해지는 만큼 가벼워지기 때문이다. 그렇게 되면 교회에 나오는 사람들이 목사와 교회를 얕잡아 보기 쉽다는 생각이 들었다. 사람들이 교회에 왔을 때 목사가 올려다보이고 교회가 귀하게 보여야만 은혜를 받게 되고 신앙의 바른 자리인 겸손하게 신앙생활을 하게 된다는 사실을 마음에 새기면서 신자가 신자다운 모습으로 커 가야 한다는 점을 중시했다.

3. 붙들고 싶더라도

주일마다 몰려오는 새 사람의 새 얼굴을 볼 때마다 붙들고 싶어진다. 하루라도 빨리 등록을 시켜서 우리 교인으로 만들고 싶은 마음이 뜨거워진다. 이때의 뜨거움을 식힐 필요가 있다. 왜냐하면 섣불리 붙들려고 하면 붙들리지도 않으면서 교회에 대한 그릇된 인상을 주기 때문이다. 교회에 대한 그릇된 인상이란 '등록하라고 강요하는 교회'로 인식되는 것을 말한다.

4. 소수의 기대와 불만에 대하여

은근히 붙들어 주기를 기대하는 이들도 있다고 한다. 그리고 그들은 그 기대가 빗나간 것에 대하여 불평하거나 못마땅한 반응을 보이기도 한다. 이런 사람들을 위해서는 주일 낮예배의 광고에 이어지는 초청의 시간을 통해 다음과 같이 말한다.

"등록하고자 하시는 분들 중에는 스스로 등록하는 것에 대해 쑥스러워하는 분들도 계실 겁니다. 저희 교회가 겉보기에는 붙들지 않는 것 같습니다. 그러나 마음으로는 뜨겁게 붙듭니다. 등록을 원하시는 분은 자유롭고 평안한 마음으로 성령의 인도하심에 따르시기 바랍니다."

5. 1년이 지난 후

바람 따라 번지는 향기처럼 교회의 소문이 번지고 사람들의 입에 오르내리면서 선교의 효과적인 분위기가 조성되었다. 내가 신기하고 감사하게 생각하는 은혜 중 하나는 대대적인 홍보를 한 것도 아닌데 어찌 그리 잘 알려지고 호평이 나게 되었는가 하는 점이다. 앞에서도 언급한 바 있지만 이렇게 되기까지가 교인을 얼마나 얻었느냐보다 중요하다. 그것은 신도시 교회의 하나로 자리를 잡고 뿌리를 내리는 데 있어서 어떤 영향을 어떻게 끼쳐서 어떤 교회로 보여 주었느냐와 유관하기 때문이다.

등록을 하기까지

자기가 몸담고 신앙생활을 하기 위해 교회를 선택하는 일은 대단한 무게를 갖는다. 그러기에 교회를 정하고 등록하는 일은 신중할 수밖에 없다. 이런 현실을 신속히 이해하는 일은 신도시 목회를 하는 데 있어서 바른 판단과 적응에 유익이 된다고 생각한다. 그러므로 교인들이 교회에 등록하기까지의 단계들을 내 나름대로 점검해본다. 물론 이것은 지극히 단편적인 것이어서 객관성이 결여될 수도 있다. 그러나 경험이란 그 경험한 사람에게 있어서는 주관적이라고 생각한다. 그럼에도 불구하고 나의 경험에서 얻어진 것들은 여러 목회자의 경험과 함께 약간의 정보가 된다고 믿는다.

1. 알아보는 단계

신도시는 인구의 급격한 증가와 그 증가에 따르는 밀집성에 걸맞게 많은 교회가 세워진다. 심지어는 그렇게 해서는 안 되는 줄 알면서도 일부 부도덕한 부동산업자들의 농간에 속아서, 한 건물에 2개 이상의 교회가 입당하는 경우도 있다. 그러므로 대다수 교인은 교회를 정하고자 할 때 그냥 정하지 않고 알아보는 과정을 갖는다.

1) 가까이에 있는 교회

내가 살고 있는 집 가까이에 어떤 교회들이 얼마나 있는가, 그리고 그 교회 중에서 내가 나갈 만한 교회가 어느 교회인가를 알아본다.

2) 널리 알려진 교회

어느 지역이든지 어떠어떠한 교회, 이래서 좋은 교회라는 식으로 널리 알려진 교회가 있기 마련이다. 이런 교회가 어느 교회이며 어디에 있는지를 알아본다.

3) 건물이 있는 교회

신도시의 많은 사람이 가장 선호하는 것 중의 하나가 건물이 있는 교회이다. 그렇기 때문에 어떤 오점만 드러내지 않는다면 건물이 있는 교회가 그렇지 못한 교회보다 몇 배나 유리한 처지에 있다고 하겠다.

4) 주보나 전도지에 소개된 교회

신도시에 있는 교회들은 너나 할 것 없이 자기 교회를 알리는 일을 위해 주보나 여러 종류의 전도지를 돌린다. 그렇기 때문에 그것이 교회를 알아보고자 하는 사람들에게는 기본적인 정보가 된다. 그리고 그 정보에 의해서 그 교회가 친분을 맺는 일도 많다. 우리 교회의 경우도 신문 사이에 끼어넣은 주보를 가지고 찾아오는 신자들도 적지 않왔다.

5) 건전한 교파의 교회

교파 관념이 전혀 없이 교회를 정하는 사람들도 있다. 그러나 신앙적인 건전성을 중시하는 많은 교인은 건전한 교파의 교회를 찾는다. 이것은 이단성 교회를 구별하는 측면과 자신의 영적 구미에 맞는 교회를 정해야 한다는 측면에서 긍정적인 일이다.

2. 개 교회에 대한 탐색의 단계

어떤 교회가 어디에 있는가를 알아본 다음에는 탐색하는 단계에 들어간다. 말하자면 구체적으로 알아보기 시작하는 것이다. 이 과정에서의 보편적인 선택은 전화로 알아보는 것과 예배에 참석해 보는 것이다.

1) 등록 전 전화 통화

탐색하는 과정에서의 전화가 걸려 올 때 그 전화를 어떻게 받느냐에 따라 마음을 열게도 할 수 있고 닫히게도 할 수 있다. 그런데도 이런 문제는 너무나 사소한 문제라 생각하고 대수롭지 않게 여긴다. 그러나 이런 문제에 대한 무관심이 가져오는 결과는 무관심만큼 무관하지 않다는 사실을 간과해서는 안 된다. 교회의 전화는 목회적으로 열려 있어야 한다. 그래서 교회에 전화를 걸면 특별한 일이 없는 한 통화가 잘 되어야 한다. 전화를 아무리 걸어도 받는 사람이 없으면 비어 있는 교회로 인식하거나 그 교회에 대한 거부감으로 작용한다. 전화를 어떻게 받아야 하는가에 대한 교과서는 없다. 그리고 이렇게 하는 것이 옳다는 특별한 기준이 있는 것도 아니다. 그렇지만 경험이라는 소득을 통해 말할 수 있는 몇 가지를 서술코자 한다.

① 부드러움 : 현대 문명의 상징처럼 된 것이 콘크리트로 된 구조물들이다. 특히 신도시의 주거 환경은 아파트라는 거대한 구조물이다. 그러기에 이러한 환경에 살고 있는 대부분 사람은 자연스러움과 부드러움을 그리워한다. 그런데 교회에 전화를 걸고 나서 자연스럽고 여성적인 부드러움을 느끼게 된다면 그 자체가 호감이며 목회적 유익이 될 것은 자명하다. 그 이유는 이런 작은 유익들이 성장의 길을 넓히기 때문이다.

② 정중함 : 다양한 계층의 사람들로부터 여러 형태의 전화가 걸려온다. 이러한 전화를 받을 때 유의해야 할 점은 정중함을 잃지 않는 것이다. 별스럽지 않은 전화라 해도 정중하고 예의 있게 받으면 그것은 그만큼 상대방을 존중하고 귀히 여긴다는 사인이 된다. 따라서 상대방을 귀히 여기는 것만큼 상대방을 얻게 된다.

우리 교회 여전도사 한 분이 있다. 그런데 여전도사와 통화를 했던 사람에게서 "영진교회 손 전도사님은 처음 전화를 걸었을 때 전화를 아주 교양 있게 받던데요. 아주 정중해요. 그러니까 호감이 가더군요."라는 말을 들었다.

③ 목소리 : 전화를 걸어왔을 때 전화를 받는 목소리는 말 이상의 의미를 준다. 그러기 때문에 어떤 목소리로 전화를 받느냐 하는 것은 어떤 감정을 갖게 하느냐에 있어서 대단히 중요하다. 그러나 사람의 음성은 각기 개성을 갖고 있기 때문에 꼭 이래야 된다고 하기는 곤란하다. 그럼에도 불구하고 밝고, 부드럽고, 따뜻하고, 친절한 목소리는 공통된다고 생각한다. 전화를 받을 때 물에 젖은 듯한 목소리, 밑바닥까

지 가라앉은 듯한 목소리로 받으면 잠자다가 받는 것처럼 어둡고 답답하게 느껴져서 그것이 교회의 이미지로 오해하게 할 우려가 있다.

등록 심방 중에 한 교인이 이런 말을 했다.

"목사님, 저는 영진교회에 등록하기 전에 전화를 드렸었는데요, 전화를 받는 목소리를 듣고는 마음에 큰 호감이 생겼어요."

④ 여운이 남도록 : 전화 통화에서의 여운은 좋은 감정을 갖게 하는 데 있어서 귀한 것이다. 말하자면 전화 통화를 할 때 빨리 끊고 싶은 것처럼 하지 말고 더 말하고 싶은 것 같은 여운을 남기는 것이 좋다.

불필요한 전화를 길게 끄는 경우에는 "서로의 시간이 넉넉하다면 오랫동안 통화했으면 좋겠네요. 그러나 오늘은 시간이 부족하네요. 다음에 또 통화할 수 있기를 바랍니다"라는 식의 말로 여운을 갖게 할 때 그 여운만큼 상대방을 잡아당기는 일이 될 것이다.

그리고 전화를 끊는 데도 전화를 걸어온 사람이 끊기 전에 먼저 끊지 말아야 한다. 상대방의 전화 끊는 소리가 철커덕 하고 난 다음에 수화기를 놓음으로써 전화 끊기는 소리를 듣지 않도록 하는 것도 여운을 갖게 하는 한 방법이라고 하겠다.

⑤ 성의 있게 : 전화를 성의 있게 받는다는 것은 내가 말하고자 하는 것을 말함이 아니다. 상대방이 말하고자 하는 것에 대하여 관심을 갖고 진지하게 들어 주는 것을 뜻한다. 내용상으로 볼 때 별것이 아니지만 그것을 진지하게 들어 준다면 그 자체가 목회의 수용성이요, 성의를 다하는 일에 포함된다.

2) 와 보는 교인들

전화로 교회를 파악한 교인들은 마음이 가는 우선순위를 따라 교회에 찾아오는 것이 일반적이다. 와서 주로 탐색하는 것은 강단으로부터 주어지는 메시지와 예배 분위기이다. 메시지는 교회에 나오는 사람들을 붙드는 가장 강력한 힘이다. 그다음이 예배 분위기이다. 한마디로 말해서 은혜로운 분위기를 찾는다. 신도시의 성향을 가진 사람들은 조용하고 평온하며 아늑함이 있는 은혜로운 분위기를 선호한다. 그래서 우리 교회에서는 예배를 시작할 때에 은혜로운 서정성에 젖어들도록 하기 위해 목사의 기원문을 낭송한다.

예배의 기원(예문)

은혜로운
주님의 눈빛에 담긴
저희들이 용서받아야 할
먹빛의 죄와
씻음받아야 할
숱한 허물을 가진 채로
진리의 성소에 나와서
허리를 굽히고 머리를 숙여
경배합니다.

깊고도 넓은
사랑의 품으로
저희들의 허물과 죄를

속죄의 피와

의의 맑은 물로

씻어 정결케 하시는 주님께

온전한 예배를

드리고 싶습니다.

홀로 높으신

주님께 드리는

이 예배를 받아 주시옵소서.

신령과 진정의 예배를 받으시는

주님의 이름으로

기원하옵나이다. 아멘.

어느 날 새로 등록한 교인의 가정을 심방하게 되었다. 예배를 드리고 다과를 나누면서 이야기하는 중에 새로 등록한 신자가 말한다.

"저희들은 영진교회에 등록하기 전에는 한 주일에 몇 탕씩 뛰었어요!"

이 말을 들은 나는 의아해하면서 "몇 탕씩 뛰었다구요? 뭘 하시는데요?"라고 의문을 표시하였다.

그러자 이렇게 대답했다.

"그게 아니구요. 여러 교회를 다녀 봤다구요."

그제야 감을 잡고서 "아, 그렇군요." 하면서 함께 웃었다. 그런 말을 하지 않아서 그렇지 대다수 신자는 여러 교회를 다녀 보고서 등록할 것으로 판단된다.

3) 탐색에서 호감으로

교인들이 와서 예배를 드린 후에 은혜를 받고 축복 된 분위기를 느끼면 가슴 깊이 녹아드는 감동에 젖게 된다. 이런 호감을 갖게 되었다는 증거는 연속해서 나오는 신자들에게서 포착할 수 있다. 이런 신자들은 결국 이 교회를 통해서 나를 부르고 계신다는 믿음을 갖게 된다.

4) 결심과 등록

이제는 더 이상 미루지 말고 이 교회에 등록해야겠다는 결심을 한다. 결심하고 나면 즉시 등록하는 사람들도 많지만 망설임 끝에 등록하는 사람들도 있다. 그래서 이때가 대단히 중요한 시기이다.

• 결심을 쉽게 : 등록카드를 복잡하게 만드는 일은 교회의 필요에 맞는 경우도 있을 것이다. 그러나 나의 경우에는 등록카드를 단순하게 만들었다. 단순한 것이 등록을 쉽게 하는 데 도움이 되기 때문이다. 이러한 생각에서 우리 교회의 카드에 최소한의 인적 사항과 주소, 전화번호만 적게 하고, 필요한 기도 제목을 기록할 수 있도록 하였다.

등록을 하고 나면

1. 주보에 기록하기 전에 생각을

등록카드에 기록해서 제출하면 그다음 주보에 그 명단을 올리게 된다. 이때 좀 더 생각할 점이 있다. 한꺼번에 많은 사람을 만나게 되니깐 누가 누구인지 분간하기가 어렵다. 그러므로 그 자체가 교인을 보호하는 데 있어서 허점일 수 있다. 교인의 이름과 주소와 전화번호까지 다 공개하면 그것은 신자에게 뜻하지 않은 피해를 줄 수 있다고 생각되기 때문이다.

그 피해란 주보에 기록된 전화번호를 보고 엉뚱한 사람이 그 전화를 이용해서 사기를 치거나 나쁜 짓을 할 수도 있기 때문이다. 그러니까 교회의 목사가 심방 가기 전에 목사를 사칭하여 방문하고 사기를 칠 수 있다는 우려를 불식하기 위해서이다. 실제로 이런 문제의 사례가 있다고 들었다. 또 하나의 경우는 이단자들에게 이용될 수 있다는 것이다. 그리고 더욱 중요한 것은 등록한 교인들 자신이 전화번호가 공개되는 것을 꺼린다는 점이다.

2. 주보에는 이렇게

등록자의 주소와 전화번호는 넣지 않는다. 그리고 등록 교인의 이름과 어느 아파트라는 것만을 기록한다. 그랬더니 의외로 좋은 반응을 보여 왔다.

3. 예외

주보에 등록 교인의 주소와 전화번호를 넣지 않는 것을 원칙으로 삼고 있다. 하지만 예외가 있다. 그것은 그 지역의 고객을 상대로 해서 사업을 하는 사람일 경우이다. 그때는 주보에 상호와 주소, 그리고 전화번호를 넣어 줌으로써 교인의 사업에 대한 관심을 표시한다.

4. 등록 교인에 대한 심방

교인들이 등록하면 심방을 언제 하느냐를 생각하게 된다.

1) 가족 중 혼자 등록했을 때

여전도사로 하여금 전화하게 하고 그 주간의 어느 날을 정하여 심방을 한다. 이때는 가급적 부목사와 전임 교역자들을 동행한다.

2) 가족 단위로 등록했을 때

이 경우에는 좀 힘들더라도 주일 오후 시간을 이용하여 심방한다. 그래야만 온 가족이 심방 예배에 참여하여 은혜를 나눌 수 있기 때문이다.

교인들이 교회를 정하기 위해 탐색하는 과정에서의 호감이 등록으로 이어져야 한다. 그러나 이것이 그리 쉬운 일은 아니다. 그렇다고 해서 어려운 것만도 아니다. 왜냐하면 그것은 하나님께서 목회자와 교회를 사용하시는 은혜이기 때문이다. 그러나 은혜가 은혜 되기 위해서는 성령의 감동 안에 있는 마음과 생각을 따라 지혜롭게 해야 한다고 믿는다.

나의 목회 과정에서 항상 느끼는 모자람이 많다는 것을 시인한다. 그것은 목회적 지혜의 가난이다. 그래서 늘 그것을 구하며 야고보서 1장 5절 말씀을 떠올린다. 새로워질 수 있는데도 현실에 안주하는 것은 주님의 뜻이 아니다. 호감을 갖게 하는 지혜는 은혜임과 동시에 우리가 택해야 할 목회적 은총이기도 하다.

목회의 수직적 권위는 왜 필요한가?

흔히들 "권위주의 시대는 지나갔다."라고 말한다. 그러나 '권위주의' 와'권위'를 혼동해서는 안 된다. 왜냐하면 지배 논리에 따라서 권위로 행세하려고 한다면 그것은 권위주의라 할 수 있기 때문이다. 그러나 진정한 권위는 어느 사회에서나 존중되어야 하고 바로 세워져야 한 다. 만일 존중되어야 할 권위마저도 무시되거나 바로 세워져야 할 권 위가 휘어지고 흔들린다면 그 사회나 그 집단은 존립의 위기를 맞게 될 것이다.

목회자의 권위를 어떻게 세울 것인가?

어느 목회자를 막론하고 목회자의 권위는 목회의 성패를 가를 만큼 중요한 문제이다. 인위적으로 만들 수는 없지만 목회자의 목회적 권 위가 인정되는 데서부터 목회다운 목회가 시작된다는 것은 자명한 일 이기도 하다.

특히 신도시의 성향은 다른 기존 도시들과는 달리 전통적 권위에 대 해서 갖는 거부감이 강한 것으로 보인다. 그러나 좀 더 가까이 다가서서 살펴보면 그것이 권위를 무시하는 것만으로 보기는 어렵다. 왜냐하면 제도나 위상을 가지고 누른다거나 전래된 전통에 대해 맹종하도록 요구하는 권위에는 등을 돌리는 경향을 갖지만, 전문가의 전문적 권위에 대해서는 수용하는 자세를 갖기 때문이다. 이런 점에서 볼 때 목회자의 권위도 목회자만이 가질 수 있는 특수성에서 세워져야 한다. 만일 이것이 세워지지 않는다면 목회의 유효적 성과를 기대할 수 없게 된다.

특히 신도시에 사는 사람들의 성향은 권위를 상실한 목회자에게 여러 번의 기회를 제공하지 않는다는 것을 명심해야 한다. 한 번 권위를 상실하게 되면 회복하기가 그만큼 어렵다. 그렇다면 목회자의 권위는 어떤 것이어야 하고 그것을 어떻게 세울 수 있는가.

수직적인 권위를

성경에 나오는 예언자들이나 제사장들이나 사도들의 공통점은 수직적 권위를 갖고 사명을 감당했다는 것이다. 수직적 권위란 하나님께서 세워주시는 권위라고 할 것이다. 종종 이런 말을 듣는다. "목회란 뭐니 뭐니 해도 인간관계야! 인간관계만 잘 가진다면 목회는 성공이야." 이런 말들에 대해 나 자신도 공감하였다.

그러나 후에 깨닫게 된 것은 수직적 권위가 전제되지 않은 인간관계는 반(反)목회적인 결과를 초래하게 된다는 것이었다.

1. 값비싼 교훈

내가 경험한 것 중에 실패를 통해서 얻은 경험과 교훈은 매우 값비싼 것이다. 나는 경기도 안성에서 10여 년간 목회했다. 그러다가 서울 서초동에서 개척을 했다. 그리고는 좋은 인간관계를 통해서 좋은 목회를 해 보려고 시도하였다.

1) 있는 그대로의 모습으로

서울에 사는 사람들 대부분은 농촌이 고향이므로 고향에 대한 향수심이 많을 것이다. 그러니 그런 향수심에 어울리는 목회를 해야겠다는 생각으로 교인들과의 관계를 도모하였다. 가릴 것이 없는 생긴 그대로의 모습으로 신자들과 가까이하는 것이 좋다고 생각했다.

2) 나누어서는 안 될 나눔

이러한 생각으로 신자들의 가정에 심방을 가면 널널하게 앉아서 얘기를 나누고 흉금을 털어놓기도 하고, 경우에 따라서는 하소연도 하면서 동정심을 유발하려 하였다. 그러나 신자가 목사에게 털어놓은 흉금은 문제가 안 되지만 목사가 신자에게 털어놓는 흉금은 흠이 되는 것이 너무나 많았다.

3) 더 가까워지기 위해

어떤 때는 목사와 신자 사이에 아무런 간격도 없게 하기 위해 가까운 신자와는 목욕탕에도 같이 다녔다. 그리고 거기에서 같이 쉬면서 우호의 꽃을 피우기도 하였다. 그러나 그것은 더 가까워지는 길이기보다는 더 멀어지는 길이 되었다. 물론 목욕을 같이 하는 것이 꼭 나쁜 것만은 아닐 것이다. 신앙이 깊은 사람일 경우에는 이해하는 데 도움이 될 수 있기 때문이다. 그러나 사람에 따라서는 조심하고 삼가는 것이 덕스럽고 유익하다는 결론을 얻었다.

4) 목사님 라면 드시죠!

자주 가는 초신자의 집에서 식사 때를 맞게 되었다. 그때 그 신자는 '목사님에게 식사를 대접해야 할 텐데……' 하면서 염려하는 듯했다. 그래서 나는 그에게 "뭐, 라면을 좋아하니까 라면을 끓여 주세요."라고 하였다. 좀 미안해하는 듯하면서도 라면을 끓여줬다. 그러면서 "목사님은 이래서 좋아요."라고 했다. 얼마 후 그 집에서 또다시 식사 시간을 맞게 되었는데 이제는 스스럼없이 "목사님, 라면 드시죠."라고 할 정도가 되었다. 이것은 나의 실수였다. 왜냐하면 목사에 대한 존경심이 보이지 않았기 때문이다.

5) 불러들이는 일

사람들을 너무 좋아하다 보니까 사람들을 잘 불러들인다. 그래서 가까운 신자들을 자주 초청하였다. 그리고는 있는 정성 없는 정성을 다하여서 대접도 하면서 목사관을 완전히 개방하였다. 그런데 문제가 생겼다. 그것은 공(功)은 간데없고 과(過)만 부각된 것이다.

결국 좋은 인간관계를 갖고 목회의 유익을 도모하려던 나의 노력은 실패로 돌아갔고 그 실패는 나에게 큰 교훈이 되었다. 성도들이 필요에 따라 찾아오는 것은 어쩔 수 없는 일이다. 그러나 자주 불러들이는 일은 은혜를 잃게 할 수도 있다. 그러므로 수직적 권위가 전제되어야만 좋은 인간관계도 맺어진다는 것을 깨닫게 되었다.

2. 수직적 권위의 길

시행착오를 깨달은 후 그 자리에서 그 사람들을 상대로 변화를 시도한다는 것은 어려운 일이었다. 너무 표시 나게 하면 목사가 변질됐다고 할 것이고, 그렇다고 해서 그대로 계속한다면 언제까지라도 고쳐질 수 없을 것이라는 문제 사이에서 고민하였다. 그러면서도 조금씩 조금씩 거리를 두면서 교정하기 시작하였다. 그러나 마음먹은 만큼 먹혀들지는 않았지만 그래도 잘 보이지는 않으면서도 느낄 수 있을 정도로 달라지게 되었다. 그런데 새롭게 시작할 좋은 기회가 왔다. 교회를 분당이라는 신도시로 이전하게 된 것이다. 이제부터는 지금까지의 경험을 교훈 삼아 수직적 권위가 우선하는 목회로 새롭게 거듭나겠다는 각오를 불태우면서 새 포도주를 새 부대에 넣기로 하였다.

1) 덜 보여주기로

인간관계를 잘 갖겠다는 마음에서 필요 이상으로 보여줄 것이나 보여주지 말아야 할 것을 너무 많이 보여주었다. 그러므로 이것이 목사에게나 신자에게 유익할 것이 없다는 것을 감안하여 신도시에서는 덜 보여주는 목회를 하기로 하였다. 덜 보여주려면 덜 만나고, 덜 이야기하고, 덜 가까운 거리에서 신자들에게 은혜를 끼쳐야 한다는 결의를 새롭게 하였다.

그러던 어느 날이었다. 등록한 지 얼마 안 되는 집사가 말한다. "목사님, 저희가 전에 다니던 교회에서는 담임목사님하고 아주 가깝게 지냈습니다. 목사님께서 자주 찾아주셨고, 전화도 해주셨으며, 일식집에 자주 가서 식사도 같이 했습니다. 어떤 때는 전화로 갈비를 드시고 싶다고 하여 갈비도 대접했습니다. 목사님도 언제든 연락만 하세요."

나는 그 집사의 말에 "그래요, 우리 교인들 가운데는 집사님처럼 목사를 대접하고 싶어 하는 분들이 있어요. 그러나 그대로 호응해 줄 수 없다는 것이 아쉬움이에요."라고 한 후에 그 집사의 요구대로 하지 않고 평상시처럼 대하였다.

목사의 이와 같은 행위는 목사 자신을 덜 보여주는 길이 되고 그만큼의 목회적 여유를 갖게 하였다. 그래서 지금은 성도들 대부분이 목사의 목회적 관계에 대해 탓하지 않는 것 같다.

2) 강단의 메시지

목사와 신자의 만남에 있어서 가장 중요한 것은 강단에서 신자들에게 전하는 메시지이다. 여기서 관계가 이루어져야만 수직적 권위가 바로 서고 확고해진다. 목사가 모든 면에서 가진 열정을 다 쏟고 온갖 친절을 다 베푼다 해도, 강단의 사역에서 성도들과의 만남이 없으면 그만큼 힘든 목회를 하게 될 것이다. 설교를 어떻게 해야 한다든지 나는 이렇게 잘하고 있다든지에 대해서는 말할 수 없고 말해서도 안 된다고 생각한다. 왜냐하면 목회자들마다 좋은 설교를 하기 위해 받은바 은혜 안에서 최선을 다하고 있기 때문이다. 그러나 설교는 사람을 상대로 하는 것이니만큼 대상에 따라서 그 방법의 차이를 갖는다는 것은 자연스러운 일이다. 여기에는 교과서적 방법보다는 목회자들의 판단에 따라서 지혜롭게 전하는 일이 강조된다. 부끄럽지만 나의 설교 한 편을 요약해서 소개하고자 한다.

제목 : 덜 옳았더라면
성경 : 마태복음 26장 31~35절

(1) 옳음은 주님의 뜻입니다.

우리의 옳음이란 내가 옳다고 생각하는 데서 출발하지 않습니다. 그것은 주님께서 평가해 주시는 옳음이어야 하기 때문입니다. 잠언 16장 2절에 보면 "사람의 행위가 자기 보기에는 모두 깨끗하여도 여호와는 심령을 감찰하시느니라"고 했습니다. 사람이 자기에 대해서 갖는 편견으로부터 벗어나는 일은 쉽지 않습니다. 다른 사람과 똑같이 잘한 일이라 해도 자기가 한 일은 더 높게 평가하려는 경향이 있는데 이것이 바로 편견입니다.

인간관계를 가질 때에나 어떤 조직의 일원으로 일하게 될 때 내가 다른 사람들보다 더 옳은 것처럼 느껴지는 데에 문제가 있습니다. 이런 경우의 문제는 우호적이기보다는 비우호적이고, 화합적이기보다는 비판적인 태도를 갖게 됩니다. 그러다 보니 자신의 틀림이 무엇인가, 자신이 비판받아야 할 점이 무엇이며 고쳐야 할 것이 무엇인가를 생각하지 않게 됩니다. 이렇게 되면 옳지 않으면서도 옳은 줄로 착각하는 자리에까지 이르게 됩니다. 이런 사람을 가리켜 못 말리는 사람이요, 자유로운 착각 속에는 사는 사람이라고 합니다. 비록 내가 옳더라도 그것은 절대적인 것이 아님을 잊지 말아야 합니다.

그리고 보다 나은 단계를 향해 나아가려는 마음가짐이 필요합니다. 바울 사도는 "내가 이미 얻었다 함도 아니요 온전히 이루었다 함도 아니라 오직 내가 그리스도 예수께 잡힌 바 된 그것을 잡으려고 좇아가노라"(빌 3:12)고 했습니다. 바울은 자기의 삶에서 중간평가를 하지 않습니다. 많은 사람이 자기에 대한 중간평가에서 낙심하거나 자만에 빠지기 쉽습니다. 우리는 과거의 경력이나 업적에 연연하지 말고 더 나은 모습의 사람이 되고 더 나은 삶을 위해 계속 전진하여야 합니다. 나를 다른 사람 위에 두지 말고 다른 사람보다 덜한 사람처럼 생각하고 타인의 의를 높이 평가하는 반면, 자신의 의를 덜 평가하는 겸손을 가져야 합니다.

(2) 그런데 베드로는 어떠합니까?

오늘 우리는 본문에 나오는 베드로를 통해 나를 보아야 합니다. 예수님께서 악당들에게 잡히시기 전에 제자들에게 심각한 말씀을 하십니다. "오늘밤에 너희가 다 나를 버리리라. 기록된바 내가 목자를 치리니 양의 떼가 흩어지리라 하였느니라. 그러나 내가 살아난 후에 너희보다 먼저 갈릴리로 가리라." 이 말씀을 들은 제자들은 말문이 막힙니다. 이때 베드로가 말합니다. "다 주를 버릴지라도 나는 언제든지 버리지 않겠나이다." 베드로의 이 말 속에는 제자다운 열심이 나타나 있습니다. 그러나 또 다른 면에서 본다면 교만이 담겨 있습니다. 동료 제자들은 주님을 버릴지 몰라도 나는 그렇지 않다는 것입니다. 아직 행하지도 않은 일에 대하여 자신의 의를 내세우고 있습니다. 아무래도 다른 제자들보다야 자신이 더 의로우며, 의로울 수 있다고 생각한 것 같습니다. 이에 대해서 주님은 "오늘밤 닭 울기 전에 세 번 네가 나를 부인하리라"고 하십니다. 그러자 '주와 함께 죽을지언정 주를 부인하지 않겠나이다'라고 힘주어 말했고 다른 제자들도 같은 뜻을 나타내었습니다.

그러나 그리도 호언장담했던 베드로가 세 번이나 주님을 부인했습니다. 베드로가 다른 제자들보다 자신을 낮출 수 있었다면, 그리고 자기의 의를 다른 제자들의 의보다 덜 평가했더라면 이렇게 큰 잘못을 범하지는 않았을 것입니다. 언제나 교만은 행할 능력을 파괴하기 때문에 베드로는 큰 시험에 떨어진 것입니다.

내가 남보다 옳더라도 나는 옳다라는 생각을 절대 하지 말아야 합니다. 왜냐하면 나만 옳다는 생각은 다른 사람의 옳음을 부정하고 다른 사람의 선생이 되어 지시하고 지적하는 것을 좋아하게 만들기 때문입니다. 우리는 수평적 관계에서 나의 옳음을 내세우지 말고 주님과의 관계에서 주님이 옳다고 인정해 주시는 것을 기준으로 해야 합니다. 그리하면 자신은 덜 옳은 줄 알고 남을 높이며 더 나은 의를 쌓아가게 될 줄 믿습니다.

① 설교는 짧게 : 설교의 길이가 길다고 은혜 되는 것만은 아니다. 짧은 설교에서 더 듣고 싶은 갈망을 갖게 하고, 이미 들은 설교의 은혜를 짙게 한다면 좋을 것이다. 그래서 주일 낮 설교는 25분 기준으로, 저녁 설교는 20분 기준으로, 새벽은 15분 기준으로 한다. 처음에는 너무 짧다고 말하는 교인들이 많았으나 요즈음에 와서는 짧은 설교에 더 은혜받는다고 한다. 어떻게 생각하면 신자들의 눈치를 보는 게 아니냐는 비판도 우려되지만 그보다 더 중요한 것은 하나님의 말씀을 듣는 시간이 짧아도 짧지만은 않게 하는 것이 중요하다는 사실을 염두에 둔다.

한 초신자의 가정을 심방하게 되었다. 그 신자가 뭔가 말하고 싶어 하더니만 "목사님, 제가 들은 말이 맞는지는 모르겠는데요, 현대 설교에서 명설교는 짧으면서도 핵심적이어야 한다면서요?"라고 하였다. 나는 깜짝 놀랐다. 물론 그 신자는 이 목사의 설교에 대해 좋게 말하고 싶어서 한 말이었지만 나는 정신이 번쩍 들었다.

② 내용이 복잡하지 않게 : 너무나 많은 것을 한꺼번에 전달하거나 너무나 깊은 것을 전하려고 하면 설교의 대중성이 줄어들고 선교적

초점이 빗나가기 쉽다. 믿음이 약한 자나 강한 자나 기신자나 초신자나 누구라도 설교를 알아들을 수 있도록 해야겠다는 생각을 갖고 있다. 그러다 보니 어떻게 하면 보다 간결하고 쉬운 설교를 할 수 있을까에 관심을 두었다. 나의 관심만큼 되지는 않았지만 그래도 효과는 나타나고 있다.

아내가 남편을 교회로 인도해서 믿게 된 가정에서는 교회를 정할 때 남편이 원해서 등록한 가정들이 많았다. 이와 같은 효과는 알아들음에 어려움이 없는 데서 비롯된 것이라고 한다.

③ 청중을 보면서 : 나는 원고에 충실하려고 노력하는 사람 중의 하나이다. 그런데 원고를 충실하게 쓰더라도 그것을 보는 데만 집착하여 성도들을 보는 데 무관심하면 안 되겠다는 마음을 갖게 되었다. 원고 설교를 준비한 후에는 요약을 하고 가슴에 녹아지게 했다가 강단에 선다. 그리고 설교 노트를 펴놓고 가슴에 녹아 있는 말씀과 그 시간에 주어지는 영감을 수용해서 설교하기로 하고 원고를 안 보는 설교를 시작하였다. 그러니까 자연히 청중을 보면서 설교할 수 있게 되었고, 정서적이고 영적인 교감이 이전보다 더욱 풍성해졌다.

④ 공간적 분위기에 맞게 : 우리 교회는 현대 감각을 살린 인테리어로 연출된 아늑한 예배 공간을 확보하였다. 그러나 공간은 크지 않다. 그런 데서 큰 소리로 설교하거나 금속음이 공간을 메우는 듯하면 안 되겠다는 점에 착안하였다. 그래서 공간적 분위기에 맞게 마이크의 성능을 최대한 활용하고 대화를 나누는 듯한 화법을 연상하면서 설교에 임한다. 물론 꼭 그렇게 되는 것은 아니더라도 그렇게 되도록 하기 위한 노력은 계속하고 있다.

지금부터 7년 전의 일이다. 몸이 몹시 불편하여 조용조용히 설교했다. 그랬더니 집사님 한 분이 "목사님, 오늘은 더 은혜스러웠어요."라고 하는 것이 아닌가. 그때는 큰 소리로 설교하던 때였다. 그래서 아마 거북함을 느꼈던 것 같다. 그러나 나는 반응을 제대로 감지하지 못했었다. 분위기에 맞추면 더 은혜로운 설교가 될 수 있다. 그만큼 자연스럽기 때문일 것이다. 신자들에게서 들리는 말 중에 교회에 와서 말씀을 들을 때면 평화스럽게 느껴진다는 말들이 많다.

⑤ 긍정적이고 희망적으로 : 설교를 하다 보면 부정적으로 성도들을 채찍질하고 싶어질 때가 많다. 그리고 희망적이기보다는 어두운 쪽을 더 말하고 싶어질 때도 있다. 그러나 이제는 무엇이 틀렸느냐보다는 무엇이 옳으냐에 강조점을 두고, 무엇이 벌 받을 일이냐보다는 무엇이 복 받을 일이냐에 강조점을 둔다. 그러면서도 할 말은 다 하는 설교를 구상한다.

한번은 새벽 시간에 설교하는데 몇 사람이 매우 피곤한 기색으로 졸고 있었다. 그래서 나는 졸지 않는 사람들을 쳐다보면서 "졸지 마십시오. 그러나 밤잠을 못 주무시고 이 자리에 나왔거나 새벽기도에 나오시는 일이 습관 되지 않아서 조는 것은 어쩔 수 없다고 생각합니다. 다만 시험에 드는 졸음을 졸아서는 안 됩니다."라고 하였다. 이 말을 하는 동안 졸던 사람들 대다수가 졸지 않게 되었다.

⑥ 실생활에 이어지게 : 생활과 무관한 설교는 교리를 가르치는 설교일 수 있으나 삶을 변화시키지는 못한다는 점을 중시한다. 그래서 설교의 언어 가운데 생활의 언어도 도입하고 예화도 생활 현장에서 경험할 수 있는 것들과 생생한 것들을 사용하고자 한다. 그러면서 생

활 속에 있는 좋은 것이 성도의 것이 되게 하고 나쁜 것은 버리게 하는 쪽으로 방향을 잡았다. 이렇게 하면 나 자신의 생활 전체가 설교 준비의 과정이 되는 셈이다. 무심코 신자들끼리 하는 얘기를 들었는데 "우리들의 생활과 밀접한 말씀이라서 더 은혜가 된다."는 것이었다.

⑦ 항상 배우는 자세로 : 설교는 나만의 것이 아니다. 목회자에 따라 여러 형태의 설교가 있다. 그러므로 자신이 하는 설교에서 은혜받는 교인들이 많더라도 더 은혜로운 설교를 하는 목회자들이 많다는 것을 간과해서는 안 된다. 그래서 다른 목회자들은 어떻게 설교를 하고 있나를 알아보고 힌트를 얻고 창의성을 발휘하는 것도 바람직하고 발전적인 방법이라고 생각한다. 설교자에 있어서의 교만은 설교를 타락시키는 것이기 때문이다.

⑧ 설교 제목 : 설교 제목은 그 자체가 메시지일 수 있고 메시지의 내용에 대한 기대도 갖게 한다. 설교의 서론보다 중요한 것이 설교 제목이다. 설교 제목은 전 설교의 서막이요, 오페라의 서곡과 같은 것이기 때문이다. 설교 제목을 정할 때 이런 점을 의식하면서 내 나름대로는 암시적이며 자연스러운 쪽으로 잡고자 노력한다.

예를 들면 '덜 옳았더라면, 빛이 있는 곳에, 뒤에서도 선을, 말하고 싶더라도, 첫 만남에서 받은 평가, 내가 달라져야 하는 이유, 봉사도 귀하지만, 행동은 사랑에서, 내가 거기에 있었다면, 지지 않는 별' 등이다.

⑨ 설교를 마친 후의 기도 : 설교를 마친 다음에는 미리 준비한 원고를 가지고 기도한다. 다음은 설교 제목 '사랑이시기 때문에'에 맞추어 한 기도.

"사랑과 긍휼의 주님, 주님은 새파랗게 돋아나는 생기 가득한 영혼들의 찬양을 받으시기에 합당하십니다. 눈에는 보이지 않으나 영으로 볼 수 있고, 손으론 잡을 수 없으나 저희를 사로잡는 주님의 사랑을 인하여 무한한 영광을 돌립니다.

저희들이 우매 무지하고 무감각하여 주님의 사랑을 깨닫지 못할 때도 주님은 멈춤 없는 사랑으로 이끌어 주셨습니다. 저희들이 주님의 사랑을 아무리 많이 느끼고 깨닫는다고 해도 주님께서 사랑해 주시는 만큼은 깨닫지 못합니다.

그러나 사랑이신 주님 안에서 주님을 사랑하고 주님 안에서 함께 살아가는 형제를 사랑하며 주님의 이름으로 이웃을 사랑하게 하옵소서. 예수 그리스도의 이름으로 기도드리옵나이다(아멘)".

3) 성경공부를 통하여

강단에서 전해지는 말씀을 듣고 은혜를 받은 사람들이 계속해서 성장하고 뿌리 깊은 신앙을 갖게 하는 데는 성경공부가 필수적이다. 우리 교회는 성경공부를 해야 할 대상들이 현대 교육을 받은 사람들이 대부분이다. 그러다 보니 가르치기 어려울 수도 있고 쉬울 수도 있다. 나는 오히려 쉬운 쪽을 택하였다. 성경을 가르치는 말씀의 사역에서 끼치는 은혜는 목사의 권위에 중대한 영향을 준다. 이때 목사의 전문성을 유감없이 발휘할 수 있기 때문이다.

더욱 중요한 것은 성경공부를 통해서 목사의 권위를 인정하는 계층의 신자들은 교회에서 중심적 역할을 하게 된다는 점이다. 문제는 언제, 어떻게, 어떤 교재로 성경공부를 시작할 것인가였다. 개학기를 맞으면 무조건 시작하되 미리 충분한 준비의 과정을 통하여 시작한다. 교재는 어떤 교재로 할 것인가에 대해서는 어려울 것이 없었다.

첫째, 널리 알려진 교재를 사용하기로 했다. 그것은 〈크로스웨이 성경 연구〉 교재이다. 다른 교재들도 나름대로 좋은 점들이 있다. 그러나 크로스웨이는 몇 가지 큰 장점이 있다. 널리 알려져서 크로스웨이를 공부하지 않은 사람들에게도 관심의 대상이 되었다는 점, 성경 자체를 통하여 섬김을 강조하기 때문에 좋은 일꾼들이 길러진다는 점, 성경 전체에 흐르고 있는 구속사의 강을 노 저을 수 있다는 점, 보면서 공부하기 때문에 인지도가 높다는 점, 준비가 용이하다는 점 등이다..

그래서 1차로 목요일에 하는 I반을 만들었고, 몇 개월이 지난 후에 2차로 수요일 II반을 만들었고, 이어서 금요일 저녁에 실시하는 남신도 크로스웨이 반을 만들었다. 크로스웨이 교재는 그 자체만으로도 방대하다. 그런데 거기에다가 너무나 많은 것을 첨가하게 되면 오히려 본 내용을 난해하게 만들 것이 우려되었다. 그래서 교재 자체를 충실하게 이해하고 그것을 제대로 전달하는 데 역점을 두었다. 처음에는 두 시간도 짧다고 하면서 흥미롭게 여겼고, 재미있고 기다려진다는 반응들도 보였다. 이와 같은 반응은 크로스웨이를 쉽다고 생각하기 때문인 듯하다.

둘째, 구역 성경공부 프로그램을 도입하였다. 그것은 마가복음을 집중 탐구하여 구역 신도들과 함께 공부하게 하는 것이다. 이 성경공부는 함께 관찰하고 함께 뜻을 찾는 귀납법적 방법으로 진행한다. 이 성경공부는 신자들이 성경에 대해서 공부하는 것이 아니라 자신이 직접 성경의 밭에 들어가 그 진리를 거두는 방식으로 이루어진다.

4) 기도 생활

수직적 권위에 있어서 목사의 기도 생활은 필수적이다. 그것은 영력의 통로이기도 하고 목사인 나 자신이 더욱 경건해질 수 있는 전제가 된다. 그리고 '기도하라'는 일만 마디의 말보다 나은 기도에 대한 본이 되기도 한다. 물론 본을 보이기 위해서 기도하는 것은 아니다. 그러나 기도 생활 자체는 본이 되기에 넉넉하다. 이렇게 해서 수직적인 권위가 성립되는 것과 함께 확립해야 하는 것이 수평적 권위이다.

수직적 권위는 목회자에게 있어서 중요하지만 그것만 가지고 목회한다는 것은 불가능하다. 왜냐하면 목회는 사람을 상대로 하는 것이기 때문이다.

통일의 태양을 보기 위해

밀고 밀리던
일진일퇴의 허리엔
우리의 아픔이
우리의 슬픔이
길게 처진 철조망에
녹슬어 있습니다.

총성도
포성도
용사들의 무덤

역사의 뒤뜰에 묻힌 지금

평화의 반 자락에 앉은 우린

통일의 태양이 떠오를

동해를 바라보고 있습니다.

주님이 보게 하실 통일의 태양을 보기 위해…

주님이 보게 하실 통일의 태양을 보기 위해…

"하늘에 있는 것이나

땅에 있는 것이

다 그리스도 안에서

통일되게 하려 하심이라."

-6월 원호의 달을 맞아 「숨이 보이는 아침」(이현주 지음, 쿰란출판사)

중에서-

수평적 권위를 얻는 다섯 가지 방법

목사가 너무 거룩하기만 해서야

"우리 목사님은 설교도 잘하시고 기도도 잘하시는데 너무 거룩하셔요." 이 말은 내가 농촌목회를 할 때 들었던 말이다. 일부 집사의 입에서 이 말이 부드럽게 흘러나왔을 때만 해도 나는 긍정적인 의미로 해석하였다. 아마도 이런 아전인수(我田引水)격의 해석은 내가 자신을 너무 거룩한 것으로 착각했기 때문이 아닌가 생각된다.

그러나 후에 깨달은 것은 '~도 잘하시는데 너무 거룩하다'고 한 데 문제가 있다는 사실이었다. 목사는 경건함을 중시해야 한다. 하지만 너무 거룩하다면 그것은 지나침을 뜻하는 것이기 때문에 잘못된 것이라는 판단에서였다.

목사가 갖는 수직적 권위가 수평화될 때 진정한 권위로 세워진다. 그것이 바로 목회의 권위화가 아니라 권위의 목회화이다. 목회자의 권위가 목회화 될 때 성육하신 그리스도의 증인이 되기에 합당한 목회사역의 길로 나아가는 것이다.

수평적 권위란 무엇이냐에 대해서 학문적인 정의를 내리는 것은 학자들에게 맡긴다. 다만 목회 현장에서 목회하는 목회자의 한 사람으로서 경험하고 생각한 바를 따라 정의를 내리고자 한다. 이렇게 하는 것이 자연스럽고 이 글을 읽는 분들에게도 거부감을 갖지 않게 하는 길이기 때문이다.

수직적 권위가 하나님과의 관계에서 성립되는 것이라면 수평적 권위는 인간관계에서 만들어지고 세워진다. 그러므로 목회자나 신자나 인간이라는 점에서는 동일하다. 신자는 땅에서 태어나고 목사는 신비의 구름을 타고 바람을 날개 삼아 하늘 너머 어떤 곳으로부터 뚝 떨어진 존재일 수는 없다. 이런 점을 전제할 때 목사의 수평적 권위란 '사람과의 관계에서 얻게 되는 신뢰도'라고 정의하고 싶다.

신뢰도에 문제가 생겼을 때

목사가 목회하면서 신자들의 신뢰도에 문제가 생겼다면 그것은 목사의 인간관계에 이상이 생긴 것이라고 보면 틀림없다. 그때에는 빨리 알아차리고 나 자신을 돌이켜 점검해 볼 필요가 있다. 적어도 '왜 그럴까? 이래도 되는 것일까? 어떻게 하는 것이 바람직한가?'라는 검토의 과정을 통해 인간관계의 문제를 바로 잡는 것이 중요하다.

어느 날 우리 교회의 장로님 한 분과 세미나에 참석하게 되었다. 그런데 우리 교회 장로님 바로 옆자리에 그 세미나를 주최한 교회의 장로님도 함께 앉아 있었다. 그 장로님은 평소 알고 지내는 분이었다.

강사의 강의가 끝나고 쉬는 시간이 되었을 때, 그 장로님이 저를 보면서 말을 건넨다.

"목사님, 목사님들은 대개 대접만 받고 또 대접받는 것을 좋아하시죠?"

나는 이 무례한 질문을 받는 순간 할 말을 잃었다. 그래서 그 장로님을 보면서 "그래요?"라고 하면서 멋쩍은 미소를 띄웠다. 그랬더니 나와 함께 그 세미나에 참석한 우리 교회 장로님이 "아니에요, 우리 목사님은 대접받기보다 대접하는 것을 더 좋아하세요."라고 변호해 주었다.

목회자에 대해서 갖는 긍정적 이미지는 곧 목회자의 수평적 권위와 함께 있다.

수평적 권위는 왜 필요한가?

우리는 시공을 초월할 수 없는 몸을 가지고 살아간다. 이러한 몸은 영혼과 육체로 되어 있다. 그러므로 영만으로 살 수 없고, 육만으로도 살 수 없다. 이런 점에서 볼 때 영도 중요하지만 육신도 중시되어야만 한다. 그런데 수직적 권위만 강조하는 목회는 영만을 강조하는 비현실적인 목회요, 영지주의적 사고에 근거한 목회라고 할 수 있다.

나는 이런 점을 염두에 두고 수직적 권위가 은혜로 주어지는 것이라면 수평적 권위도 하나님의 은혜 안에서 그 은혜에 합당한 도구가 되게 하여야 한다고 믿는다.

1. 정상적인 목회의 길이기에

권위가 바로 서는 데서부터 정상적인 목회는 시작되고 바람직한 방향으로 진행된다. 권위가 바로 선다는 것은 수직적 권위와 수평적 권위가 조화를 이룰 때 가능하다. 목회자라면 너나 할 것 없이 정상적인 목회를 지향할 것이다. 그렇지만 그러한 지향성과는 달리 수평적 권위를 무시하거나 저버리게 되면 비정상적인 목회가 될 것이다.

한 번은 우리 교회 출신 목사가 교회를 개척하고 난 후에 찾아왔다. 그리고 묻는다.

"목사님, 어떻게 하면 설교를 잘할 수 있을까요?"

나는 이 질문을 받고 "목사님, 설교를 잘하는 것보다 중요한 것은 올바르게 하는 것이라고 생각합니다. 왜냐하면 바르게 하는 설교가 잘하는 설교도 되기 때문입니다."라고 권면했다.

나의 말을 들은 그는 인정하는 듯이 고개를 끄떡였다.

2. 관계의 거리를 가까이하기 위해

1) 멀어서는 안 될 거리

목사의 의도가 어떠하든 간에 신자의 입장에서는 목사와 거리를 느낀다. 그런데 이런 거리감이 누적되거나 지나칠 경우에는 반감을 갖거나 비우호적인 태도를 갖게 하기가 쉽다고 생각한다. 목회자와 신자와의 관계에 있어서 멀어서는 안 될 거리가 멀어지면 원하는 것보다는 원하지 않는 결과를 가져오기 쉽다는 것을 잊지 않으려 한다.

2) 목사님과도 통할 것 같습니다.

우리 교회에서는 주일 낮 성가대를 비롯한 봉사자들을 위한 점심 식사를 준비한다. 식사준비는 각 구역이 돌아가면서 분담한다.

어느 주일이었다. 3교구 2구역에서 점심식사를 준비했다. 성가대 대원을 비롯한 모든 봉사자의 점심식사가 끝난 다음에 식사를 준비한 구역의 여집사님들은 남편 몇 사람을 오게 하였다. 여자들끼리는 친교가 잘 되지만 남편들끼리는 만나기가 어려우니까 자리를 만들어 주고 어울리게 하려는 의도에서인 것 같았다. 식사가 끝난 다음에 그들을 나의 목회실로 들어오게 하고 이런저런 이야기를 나눈 후 기도해 주었다. 그랬더니 그중 한 사람이 입을 연다.

"목사님, 저는 오늘 새로운 것을 발견했습니다."

"뭔데요?"

"지, 목사님이 강단에 서 계실 때 뵈면 엄하게 보였습니다. 그리고 저희들하고는 잘 안 통할 것같이 생각되었습니다. 그런데 오늘 목사님과 대화를 하다 보니 목사님과도 잘 통할 수 있을 것 같습니다."

나는 이 말을 들으면서 나 자신의 이미지에 마음을 쓰기로 했다. 직접 말은 하지 않지만 나를, 이분과 같은 시각으로 보는 이들이 꽤 있을 것이라고 생각했기 때문이다.

3) 권위가 높더라도

자칫하면 권위의 거리와 관계의 거리를 혼동하기 쉽다. 권위가 높더라도 관계의 거리는 가깝게 하는 것이 바람직하다. 그렇게 하는 것이 높은 권위를 참되게 하고 권위답게 하기 때문이다. 인간관계에서 확보되는 권위는 허물이 없게 만드는 것이 아니라 허물을 덮도록 하고 문제 되지 않도록 한다.

3. 공감을 일으키기 위하여

목회의 효력은 신자들의 공감에서 확인될 수 있다. 신자들에게 공감을 가지라고 하지 않아도 자연스럽게 공감을 갖도록 하는 것이 수평적 권위의 장점이다.

1) 아멘, 아멘

목회는 사람을 상대로 하는 것이다. 하나님의 말씀을 선포하는 설교도 사람을 향한 것이요, 인간관계도 사람을 상대로 하는 것이다. 설교할 때 성도들이 '아멘'이라고 한다면 이것은 공감의 표시이다. 그렇다면 목회자의 인간관계에 대해서도 '아멘'이라는 '공감'을 갖게 하여야 한다.

2) 하나로 묶는 힘

목사의 생각과 목회 행위에 대해 신자들의 공감을 얻지 못하면 목사의 입지는 그만큼 좁아진다. 그러므로 영적 공감과 함께 현실적 공감도 필요하다. 목회자의 목회적 행위가 공감을 일으키게 된다면 그 목회는 그만큼 쉬워진다. 왜냐하면 공감은 다양한 교인을 하나로 묶는 힘이 되고 목사의 위상을 높여 주기 때문이다.

4. 목회의 여유를 확보하려고

목회자는 대부분이 신성한 권위를 가졌다고 할 수 있다. 하나님께서 세우셨고 능력을 힘입어 일할 수 있는 위치에 있기 때문이다. 그러나 그렇다고 해서 신성 불가결의 권위를 가진 것으로 착각해서는 안 된다는 점에서 자신을 아는 인간관계를 도모해야 한다.

1) 허물이 있지만

허물이 있는 것은 부인할 수 없다. 그런데 허물보다 더 문제가 되는 것은 허물이 없는 것처럼 행세하는 것이다. 허물이 있어도 그것을 허물로 알고 그것을 계속 극복하려는 노력과 함께 수평적 권위를 확보한다면 허물이 문제가 되지 않는다.

2) 허물이 없는 것처럼 보이면

신자들이 목사를 허물이 없는 것처럼 생각하면 그렇게 생각하는 만큼 실망하게 된다. 그러기에 목사는 그만큼 목회적인 여유를 잃게 된다. 허물이 있더라도 그 허물을 보이지 않게 하기 위해서 애써야 하기 때문이다.

3) 목사님은 참 좋아요

이곳 분당의 교인들 대부분은 전에 살던 곳에서 신앙생활을 했던 사람들이다. 그러다 보니 전에 다니던 교회나 목사님에 대해서 이야기하는 신자들이 꽤 있다.

"이러이러하셔서 먼저 교회 목사님과는 거리가 멀어졌어요. 그러나 영진교회를 와보니 목사님은 따뜻하시고 순수하시고 진실하시고 능력이 많으신 것 같아서 참 좋아요."라고 한다. 이런 말을 듣는다고 기분 좋게 생각하면 안 된다. 왜냐하면 그것은 기분 좋은 말이 아니기 때문이다.

그때 나는 "저를 포함해서 완전한 목사님이 있겠어요? 그래도 중요한 것은 주님께서 쓰신다는 사실이죠."라고 답했다. 만일 상대의 말을 그대로 받아 주면 머지않아서 나 역시 그 도마 위에 오를 수 있을 것이다.

4) 여름에도 넥타이를 매시니까!

나는 몇 년 전만 해도 목사는 언제나 넥타이를 매고 정장을 해야만 한다고 생각했다. 그런데 지금은 그런 생각이 수정되어 정장할 때는 정장을 하고 평상복 또는 활동복도 필요에 따라 입는다. 이렇게 바뀌게 된 데는 그만한 이유가 있다. 그것은 신자들에게 받은 영향 때문이다. 어느 무더운 여름날이었다. 정장을 하고 새로 등록한 부부 의사의 가정을 심방했다. 심방 예배를 끝마쳤을 때 남편 되는 신자가 "목사님!" 하고 부르더니만 "목사님은 여름에도 정장하고 넥타이를 매시니까 존경스러워요."라고 한다. 나는 그 말을 사실 그대로 받아들이려 했다.

그다음 압구정동에 있는 다른 집사님의 가정에도 넥타이를 매고 심방했다. 그랬더니 남자 집사님이 "목사님, 덥지 않으세요? 너무 답답해 보이는데요."라고 한다. 나는 정장하고 넥타이를 하는 것이 권위를 세우는 일로 생각했다.

의사가 했던 말은 안타까움을 표현한 것이요, 압구정동에서 들은 집사의 말은 목사에 대한 솔직함을 드러낸 것이었다. 그 후 지금까지 정장을 많이 하면서도 경우에 따라서는 거기에 맞는 옷을 입고 있다.

수평적 권위는 이렇게 세운다

목회하는 목회자 대부분이 좋은 인간관계를 갖기 위해 노력한다고 생각한다. 나 역시 그런 인간관계 속에서 목회하려는 갈망을 갖고 있다. 이러한 처지에서 수평적 권위를 이렇게 확보해야 한다고 말하는 것은 적절하지 않게 느껴진다. 다만 내 경우는 이렇게 하고 있다는 한 사례를 보고하여 필요한 분들에게 공감되기를 바랄 뿐이다.

수평적 권위를 확보하는 길은 목회적 인간관계에 있다. 목회적 인간관계란 곧 사랑으로 성도들과 만나는 인간관계이다. 목사와 성도들과의 관계에서 성도들이 목사의 사랑을 느끼는 것이 중요하다고 생각하여 소박한 사랑의 시를 주보에 발표한 것이 있는데, 아래와 같다.

사랑을 말하면

아프게 하면서
사랑을 말하면
사랑은 아픈 것인 줄 오해하게 될 것입니다.

아픈 이의 아픔을 싸매어 주면서
사랑을 말하면
사랑은 치료의 명약임을 알게 될 것입니다.

얻고자 하는 것을 위해
사랑을 말하면
사랑은 욕심인 줄 오해하게 될 것입니다.

받고자 하는 자에게 주면서

사랑을 말하면

사랑은 주는 것임을 알게 될 것입니다.

사랑의 관계를 목회적인 면에서 어떻게 가져야 할까? '자주 찾아가야 하나? 자주 만나야 하나? 자주 전화로 통화를 해야 하나?' 등의 생각으로 고심하였다. 그러나 그렇게 하기도 어렵거니와 그렇게 한다고 하더라도 한계가 있으며 불공평의 시비에 걸릴 위험도 있다.

첫째, 표정의 사랑을

나는 다른 목사님들에 비해서 부드럽지 못한 인상이다.

어느 날 거울 앞에서 평상시의 표정과 여러 가지 표정을 지어보았다. 그랬더니 평상시의 표정은 불쾌감을 주기 쉬운 것이었고, 언짢은 표정은 다른 사람에게 불안감을 주는 것이었고, 화난 표정은 다른 사람에게 두려움을 일으킬 것 같았다. 내 속에 사랑하는 마음이 있다면 표정의 사랑을 실현해 보자는 마음을 갖게 되었다.

1) 밝은 표정을

사랑은 밝은 것이다. 그러니 밝은 표정으로 신자를 대하는 것은 그만큼 사랑을 느끼게 하는 것이 되고, 목사에 대한 신뢰를 더하게 하는 길이 된다는 마음에서였다. 목사의 표정이 어두우면 신자들에게 목사의 근심거리를 보여주는 것처럼 된다. 따라서 교회의 어두움이 된다. 그래서 내 나름대로 표정을 밝게 가지려고 노력했더니 "목사님은 근심 걱정이 하나도 없는 분 같아요, 그렇죠?"라고 묻는 신자도 있었다.

2) 웃음 띤 표정을

늘 미소를 지으면서 다닐 수는 없다. 그러나 성도들을 대할 때 미소를 띠고 대하는 것은 성도들의 기쁨이 되기도 하고 목회자의 기쁨이기도 하다. 그리고 신자에게 기쁨이 되는 목회자가 신자들로 인한 기쁨도 누리게 된다는 것을 경험하고 있다.

3) 상대방의 아픔에 공감하는 표정을

목회의 현장에서는 가끔 듣기에 너무나 딱하고 괴로운 사정을 호소하는 신자들을 대하게 된다. 이때 뻣뻣이 있거나 무표정하게 되면 그것은 사랑이 아니다. 그때는 아픔을 공감하면서 그것을 표정으로 나타내면 그 신자와의 관계가 짙어진다. 특히 신세대 성향의 신자들은 이런 목사의 표정을 읽는 데 빠르다.

4) 부드러운 표정을

사람의 표정이 부드럽다는 것은 상대방에게 안도감을 준다.

지난번 대심방을 하는 중에 있었던 일이다. 오전 9시 50분에 모여 심방을 위한 예배를 드리면서 오늘 우리가 심방할 때 가정마다 평안함을 주는 표정을 잃지 말자고 부탁하였다. 그러고는 두 번째로 심방한 집사의 가정에서 예기치 않았던 반응을 보고 놀란 일이 있다.

부부가 열심히 신앙생활을 하고 성가대도 한다. 그리고 여집사는 신세대 주부답게 밝고 명랑한 모습을 잃지 않는 편이다. 그런데 심방을 마치고 나오려 할 때 "목사님, 화나셨나 봐요?"라고 하는 것이 아닌가. 나는 순간 당황하면서 "아~ 아니, 내가 왜 화가 나요? 화날 일이 있나요, 뭐."라고 얼버무렸다. 그러나 사실인즉 그날 아침 마음에 걸리는 것이 있어서 순간적으로 부드러운 표정을 잃었던 것이다. 그런데 그만 영리한 집사에게 들키고 만 것이다. 그래서 엉뚱한 오해를 갖게 했다. 나는 아무런 감정을 갖지 않았지만 어떤 표정이냐에 따라서 나와는 상관없는 느낌을 갖게 할 수 있다.

5) 정숙한 표정

정숙한 표정은 상을 당한 가정에 갔을 때의 표정이다. 이때 어떤 표정을 지어야 할지 난감해지는 경우가 있다. 그러잖아도 슬픈데 너무 슬픈 표정을 지으면 슬픔을 더하는 것이 되고 그렇다고 무표정하게 있을 수도 없다. 이때 슬픔이 자제된 정숙한 표정을 짓고 슬픔보다 큰 주님의 위로를 전하는 것이 좋다고 생각한다. 정숙한 표정이란 설명하기 어렵다. 구태여 설명을 한다면 같이 슬퍼하는 감정을 머금은 표정이다. 사랑도 연습이 필요하다는 말이 있는데, 표정도 가슴 담긴 노력을 통해서 바뀔 수 있다.

둘째, 목회적 친절을 통해

친절이란 모든 말을 다 들어 주고 모든 수고를 다해 주는 것만은 아니다. 성도들의 신앙에 유익이 되게 하는 친절이다. 어떤 경우에는 친절이라는 이름으로 너무 가까워진 것이 목회자에게 해가 되기도 하고 신자에게 시험이 되기도 한다.

1) 신자가 목사와 상담을 할 때

충분히 들어 주는 친절이 중요하다고 생각한다. 그리고 들어주는 자세는 진지하여야 한다. 상대방은 심각하게 이야기하고 있는데 무성의하거나 진지하지 못하면 목사의 신뢰도가 그만큼 떨어질 수 있다. 그리고 그것만으로 문제가 치료되고 있는 것을 볼 수 있다. 충분히 들어주는 친절만으로도 문제해결에 도움을 준 예가 많다.

2) 수화의 친절

나는 나이든 60세 이상 된 여신도들이나 남신도들과 악수를 나눌 때 목사의 사랑이 느껴지게 한다. 어떻게 그리할 수 있는가? 그것은 악수할 때 손을 부드럽게 잡고, 아쉬운 듯이 상대방보다 조금 늦게 손을 놓으면 가능한 것 같다. 충분하지는 않지만 효과는 있다.

말없이 교회에 잘 나오는 한 남자 제직의 가정에 심방을 갔다. 예배 후에 나는 이렇게 말했다.

"제가 말은 안해도 이 가정에 대한 애정은 깊습니다."

그리자 뜻밖의 대답이 나왔다.

"목사님 저는 느꼈어요. 지난번 악수하실 때 분명히 느껴지던데요."

3) 여신도에 대한 친절

여신도에 대한 친절은 거리가 있는 것이 전제되어야 한다. 그리고 공개된 친절을 보이는 것이 불필요한 오해를 불식시키는 길이 된다. 특히 젊은이들이 많은 분당지역에서는 더욱 그렇다. 그러나 축하할 일이나 격려할 일이 있을 때는 예배드리고 나가는 길목에서 "감사합니다. 참 좋으시지요? 저도 무척 기쁩니다."라고 축하하는 말을 전해준다.

격려할 일에 대해서는 "감사합니다. 저도 기도할 테니 더 기도합시다. 주님의 큰 뜻이 계실 겁니다."라고 전한다. 이 짧은 말 속에 담겨 있는 축하와 격려는 목사에 대한 마음을 더 열게 할 것이다.

4) 도움의 친절

목사가 신자의 모든 문제에 대해서 도움을 줄 수는 없다. 그러나 꼭 도와야 하고 도울 수 있는 일이면 도움이 되게 하는 것이 좋다고 생각한다. 특히 목사는 직접 돕는 것도 있지만 도움이 되도록 길을 인도해 준다든가 신자들끼리 연결되게 함으로써 도와주면 그것이 곧 도움의 친절이다. 그리하면 문제로부터 벗어난 후에는 목사에 대한 신뢰도를 높이 갖게 되는 것을 많이 보아왔다.

셋째, 목회자의 말을 통해

목사는 설교 외에 신자들과의 관계에서 많은 말을 한다. 그런데 어떤 말을 어떻게 하느냐에 따라서 권위가 세워지기도 하고 떨어지기도 한다.

1) 진실한 말

나는 목회적인 진실의 말은 약속 관계의 말이라고 생각한다. 신자와 약속한 것을 못 지키게 되는 타의적인 요인이 불가피할 때는 어쩔 수 없다. 그러나 안 지키는 일이 있어서는 안 된다. 그래서 우리 목사님은 약속을 지킨다는 인식이 심어지면 권위도 그만큼 세워지게 된다. 특히 심방을 하다 보면 시간 약속을 하는 경우가 있다. 이때 우리 목사님은 시계라는 말을 들을 만큼 철저해야 한다.

2) 이해의 말

이해의 말은 신자의 실수에 대해서 헤아려 주는 말이다.

"잘하려고 하다가 실수를 한거죠 뭐. 이것을 거울삼아 앞으로는 더 잘할 수 있을 겁니다. 낙심하지 말고 힘을 내세요."

3) 지혜의 말

목사의 목회는 교육을 통해 습득한 것만 가지고는 감당할 수 없는 다양성과 무게를 갖는다. 그러기에 주님께서 주시는 일의 지혜와 말의 지혜가 필요하다.

한 여집사님이 이렇게 말했다.

"목사님, 저는요 시계추처럼 왔다 갔다만 하니까 그만 다닐까 봐요."

"그래요? 그러면 안 돼요."

"왜 안 되나요? 목사님."

"시계추가 왔다 갔다 해야 시곗바늘이 가지요. 우리 교회가 잘되려면 시계추 집사님이 왔다 갔다 해야 합니다."

"목사님도 참~" 하면서 웃었다. 그리고 그런대로 교회에 잘 다녔다.

4) 긍정적인 말

긍정적인 말이란 희망을 갖게 하는 말이며 생산적인 말이다. 목사가 자꾸만 틀린 것에 대해서 말하기 시작하면 신자들에게 율법 선생 같은 인상을 심어 준다. 그렇게 되면 은혜의 권위를 놓칠 수 있다. 그래서 안 된다는 쪽의 말보다는 이렇게 하면 된다는 쪽의 말을 많이 한다.

5) 평안을 주는 말

상대방에 대해서 너무 알려고 하지 않는다. 그러니깐 별로 묻는 게 없다. 그러다 보니 신자는 목사에 대해서 평안한 마음으로 대하게 된다. 그리고 목사가 말하지 않는 시간의 공백을 자신의 말로 채운다.

6) 친근한 말

목사의 말을 들을 때 가깝게 느껴지는 말이 필요하다.

"그래요. 그렇죠. 그렇군요. 참 잘하셨네요. 너무 좋군요. 복을 많이 받으셨어요. 주님도 참 기뻐하시겠네요."

넷째, 성실을 통해

성실은 달리는 자세가 아니라 계속해서 걷는 자세이다. 누가 알아주든 안 알아주든 개의치 않고 목사 자신의 할 일을 하는 것이 중요하다고 생각한다. 쉬운 일이 아니지만 그리되면 결국 그것이 평가를 받게 되어 좋은 결과를 가져온다.

나는 개척교회를 할 때도 그 자리에서 10년 이상 있다가 분당으로 옮겼는데, 그것이 교인들에게 공신력을 심어 주는 길이 되었고 교회 이전의 첩경이 되었다. 그만큼 목사를 신임하기 때문이다.

다섯째, 내가 가진 것을 통해

내가 가진 재능이나 특성을 잘 살리는 것이 중요하다. 가성을 쓰거나 남의 것을 모방해서 이상스럽게 보이면 신자들에게 진실성을 의심받게 된다. 남에게서 배우고 그것을 응용하는 것은 필요하지만 그대로 모방하는 것은 바람직하지 않다. 그래서 나는 내가 가지고 있는 특성과 장점을 잘 살려서 발전시켜 나간다는 생각으로 노력한다. 그러다 보니 나에게는 내 것이 생기게 되었고, 다른 목회자들의 장점을 응용할 수도 있게 되었다.

송구한 마음에서

수평적인 권위를 얻게 되기까지는 오랜 시간이 걸린다. 그리고 인정받기까지는 오해도 받는다. 그러나 수평적 권위를 확보하지 못하게 된다면 목회 자체를 잃게 된다고 생각한다. 그러므로 부족하기 이를 데 없는 나에게, 수많은 목회자의 평균치에도 미치지 못할 나에게, 수직적 권위를 쌓아가게 하시는 주님께 감사드린다.

새 등록 교우 심방은 친근감이 들게

지혜로운 심방에 대해

  목회하는 목회자라면 누구나 심방과 무관할 수 없을 것이다. 그리고 목회자 나름대로 목회 철학을 가지고 다양한 심방을 하리라고 생각한다. 이런 점에서 모든 목회자는 목회의 전문가임과 동시에 심방의 전문가라고 할 만하다. 그러나 사려 깊지 못한 목회자의 한 사람으로서 심방에 대해 언급하는 것이 어색하게 느껴진다.

  그럼에도 불구하고 심방에 대해 말하는 것은 내가 하고 있는 심방이 이상적이어서가 아니라 신도시의 목회 심방에 있어 한 사례가 되기 때문이다.

1. 10여 년 전만 해도

  지금부터 10여 년 전만 해도 심방은 곧 목회요, 목회는 곧 심방이라고 할 만큼 심방의 비중이 컸던 게 사실이었다. 그래서 심방을 열심히 하는 목회자는 부지런한 목회자로 정평을 받을 수 있었고 성공적인 목회자로 인식될 수 있었던 것 같다.

2. 그러나 이제는

그러나 이제는 많이 달라졌다. 대규모의 아파트가 건설되고 새로운 도시들이 급조되면서 신자들의 생활 방식이 바뀌기 시작했기 때문이다. 말하자면 사생활을 침해받지 않는 공통적 현상에 편승하게 된 것이다. 그렇다면 이러한 신자들의 가정을 심방하는 일이 그들의 정서와 삶의 방식에 적합하게 이루어질 때 큰 효과를 가져올 수 있다고 생각한다.

3. 현실을 무시하면

만일 신자들의 현실을 무시한 채 덮어놓고 심방만을 하려 든다면 심방한 것이 심방을 안 한 것만도 못한 결과를 가져오게 될 것이라는 사실을 염두에 두고 있다. 나의 목회 초기에만 해도 '심방은 축복이다. 그러니 목사는 심방해야 하고 신자는 무조건적으로 심방을 수용해야 한다'는 의식을 갖고 있었다. 그러나 지금은 무조건 심방을 하게 될 때 그것은 무모한 것이 된다는 사실을 경험으로 알고 있다.

4. 축복일지라도

왜냐하면 축복은 일방적일 수 없기 때문이다. 주님의 이름으로 축복한다고 해도 상대방이 그것을 축복으로 믿고 받아들일 때 축복이 될 수 있는 것이 아닌가! 그러나 심방을 짐스럽게 생각하고 무겁게 생각하고 신자가 자신에게 피해를 주는 것으로 생각하는데도 불구하고 심방하는 것이 과연 축복일 수 있는가를 검토해야 할 필요를 느꼈다.

5. 싫어지게 한 심방

내가 처음 개척을 시작했을 때는 심방을 자주 하는 편이었다. 교인의 수가 얼마 안 되니 1주일에 한두 번씩 심방할 때도 많았다. 그러던 어느 날 매우 마음 상하게 하는 말이 들려 왔다. 목사님이 자주 심방을 하니까 부담이 되고 싫어진다는 말이었다. 이럴 수가 있는가! 내가 나를 위해서 심방을 한 것인가. 예수를 믿으려면 제대로 믿어야지 자기네 복 받으라고 하는데 그것을 마다한다니 어처구니없는 일이었다.

6. 지혜롭지 못한 것이 흠

그러나 후에 깨닫게 된 것은 그 집사님을 나쁘게만 생각하는 것은 잘못이라는 점이었다. 좀 더 신중하게 했더라면 좋았을 것을 너무 일방적으로 했고, 열정은 좋지만 지혜롭지 못한 것이 흠이라는 생각이 들었기 때문이다. 아무리 선한 일이라 해도 지혜롭지 못하게 한다면 비방을 받을 수 있고 선의의 결과를 나쁘게 만들 수도 있는 것이다. 심방은 선한 것이다. 그러나 지혜와 함께할 때 보다 큰 유익을 줄 수 있다는 점은 짧은 목회에서 얻은 교훈이기도 하다.

심방을 어떻게 해야 하는가?

그래서 어떤 심방을 얼마나 해야 하느냐도 중요하지만 더 중요한 것은 심방을 어떻게 해야 하느냐에 있음을 생각하면서 신도시 신자들의 성향에 맞는 심방을 강구하게 되었다. 심방을 어떻게 하느냐의 문제는 어떤 심방을 얼마나 하느냐보다 훨씬 중요하다는 마음에서였다.

심방을 할 때 어떻게 해야 하느냐는 일정하지 않다. 그렇지만 내 나름대로는 이렇게 하는 것이 좋겠다는 상식선에서 심방을 하는데 그 반응은 내가 기대했던 것보다 좋은 편이다.

1. 신자의 필요에 따라

심방은 어떤 심방이든지 신자의 필요에 부합해야 한다. 신자가 필요로 하는 심방을 하는 것이 신자를 위한 심방이 된다고 믿는다. 필요는 곧 신자의 유익이기 때문이다. 물론 교인들이 수천 명에서 수만 명씩 모이는 대교회의 경우에는 신자들의 필요만큼 심방한다는 것은 불가능할 것이다.

그러나 1천 명을 전후하는 중간 규모의 교회에서는 신자들의 필요에 따라 심방하는 일이 중요하다. 신자들의 필요에 따른 심방이란 신자들의 요청에 의해서 이루어지는 것이 보편적이라 하겠다. 그러나 뜻하지 않는 사고나 응급성 질병에 걸린 경우나 상을 당했을 경우는 목사의 심방이 일방적인 것임에도 불구하고 심방의 필요 그 자체이다.

2. 신자들의 형편에 맞게

심방이 신자들의 형편에 맞게 이루어져야만 더 은혜로운 결과를 가져올 수 있다. 그러나 신자의 요청에 의한 것이든 일방적인 것이든 간에 형편에 맞지 않을 경우에는 부덕을 끼치거나 신자들에게 곤혹감 내지는 불쾌감을 줄 수도 있다.

1) 시간을 짧게

어떤 심방이든지 기도회로 모인 것이 아니라면 짧게 한다. 우리는 한 가정이나 한 개인을 심방할 때 10분에서 15분을 기본으로 한다. 그렇다고 해서 예외가 없는 것은 아니다. 특별히 위로할 일이 있거나 거기에 좀 더 있어 주는 것이 필요하다고 판단되는 경우는 예외이다.

2) 예의 있게

목회자들 대부분이 예의를 중시하면서 사람들을 대할 것이다. 이런 점을 전제하면서 나 자신도 예의를 존중하는 차원의 심방을 마음에 두고 있다. 심방에서 예의란 복잡한 것이 아니다. 신자들에게 은혜를 끼치되 믿지 않는 사람에게는 덕을 세우는 것이다.

특히 심방에 있어서 예의를 지켜야 하는 때는 병원 심방을 갔을 경우이다. 입원한 신자가 개인 병실을 쓸 때는 문제가 되지 않는다. 그러나 합동 병실을 쓰는 경우에는 어떻게 하는 것이 바람직한가를 생각하고 내 나름대로 목회적 예의를 지키려고 노력한다.

① 양해를 구한 다음 : 같은 병실의 다른 환자들을 무시하고 무조건 예배를 드리는 것은 결례가 된다. 이러한 결례는 교회에 대한 반감으로 작용할 수도 있다. 그렇기 때문에 양해를 구하는 것이 중요하다고 생각했다. 그래서 "같이 입원해 계신 여러분, 죄송합니다. 저는 영진교회 담임목사입니다. 잠시 예배를 드려도 좋을까요? 좀 불편하시더라도 양해하여 주시면 감사하겠습니다."라고 말한 다음 긍정적인 반응을 보이는 바에 따라서 예배를 드린다.

② 찬송가를 부를 때 : 찬송가는 짧은 곡으로 선택하고 저음(低音)으로 조용히 부른다.

③ 기도와 설교 : 목사의 기도와 설교의 시간은 합해서 5분에서 7분을 넘지 않게 한다. 목사가 기도할 때는 가볍게 환자의 손을 잡는다든

가 남자라면 눌리지 않을 정도로 가슴에 손을 얹고 기도한다. 이것은 안수의 뜻보다는 위로와 사랑의 표시이다. 그리고 같은 병실에 입원하고 있는 다른 환자를 위한 기도를 빼놓지 않는다.

④ 예배를 드릴 수 없는 경우 : 의사의 지시에 따라 안정을 필요로 하는 다른 환자나 수면 상태에 있어서 깨우지 말아야 할 환자가 있을 경우에는 신자에게 속삭이듯 말한다. "다른 분들에게 방해되지 않도록 합시다. 그러니 제가 말씀을 읽고 주님의 뜻을 전한 다음 조용히 기도하겠습니다."

이러한 경우 선교적 효과는 물론 그 자체가 신자에게 교육이 될 수 있다는 면에서도 유익하다.

⑤ 병원 심방을 하고 나오면서 : 심방을 마치고 나올 때는 쾌유를 기원하는 말을 잊지 않는다. 심방의 당사자인 교우에게는 "믿음 안에서 마음을 편하게 가지세요. 우리가 함께 기도할 테니까요. 속히 회복될 줄 믿습니다."라고 말하고 같은 방 환자들에게는 "너무나 고생이 많으셨습니다. 어서 속히 회복되시기를 바랍니다. 그럼 주님의 은총이 함께하기를 바랍니다." 등의 인사말을 남기고 나온다.

새가족 심방

새로 등록한 가정을 처음 심방하는 일은 매우 즐거운 일이면서도 중요한 일이다. 그러나 늘 염두에 두고 있는 것은 비록 우리 교회에 등록했지만 우리 교회에 대해 모르고 있다는 점이다. 그러므로 첫 심방을 어떻게 하느냐에 따라서 교회와 목회자에 대해서 긍정적이 될 수도 있고 부정적이 될 수도 있다. 말하자면 이해의 폭을 넓혀 줄 수도 있고 오해를 야기할 수도 있다는 것이다.

1. 날짜와 시간

어느 날 몇 시에 하느냐를 정하기 위해서는 먼저 목사의 일정과 시간을 점검해본다. 그리고 목사 자신이 심방 가능한 일정과 시간을 여전도사에게 알려 준다. 그리고 여전도사로 하여금 새가족에게 전화를 걸어 협의하게 한다. 그래서 새가족이 원하는 날짜와 시간이 목사가 심방할 수 있는 때와 일치하도록 하여 심방을 한다.

2. 새가족을 위한 준비물

새식구가 된 신자는 등록교인이면서도 심방을 하기 전까지는 남의 집에 들어온 것 같은 느낌을 갖기 쉽다. 이러한 신자들에게 소속감을 갖게 하기 위해 준비하는 준비물이 있다.

1) 교패

영진교회 교우의 가정임을 분명히 하는 교패를 준비하는 것은 필수적이다. 그런데 어떤 경우에는 이곳으로 이사 오기 전에 다니던 교회의 교패가 부착돼 있는 것을 본다. 이럴 때는 그 교패를 일방적으로 떼어내서는 안 된다고 생각한다. 그러므로 이렇게 말한다.

"교패를 가져 오기는 했는데 어떻게 하는 것이 좋을까요? 마음 편한 대로 하세요."

이때 그 신자가 "교패를 주시고 가시면 저희가 붙일게요."라든지 아니면 "떼고 붙여 주세요."라고 한다. 이렇게 해서 확인되는바 신자의 뜻을 따른다. 교패를 떼고 붙이는 데도 신자를 우선 생각하는 것은 피차에 기분 좋은 일이다.

2) 캘린더와 기념품

캘린더와 기념품은 교회의 관심과 사랑을 실제적으로 표시하는 한 방법이 되기 때문에 바람직하다. 심방 예배가 끝난 다음에 "이것은 영진교회 캘린더입니다. 그리고 이것은 우리 교회의 작은 정성이 담긴 기념품입니다."라고 말하면서 전달한다. 이때 새신자는 보다 가까워짐을 느끼게 될 것이라고 믿는다.

3. 새 등록자 심빙의 동행자들

담임목사와 부목사 그리고 여전도사가 함께 가되 해당 교구장이나 구역장도 동반한다. 부교역자들의 경우는 그 이름이 주보에 올라가지만 얼굴을 모르는 경우도 있기 때문에 생소한 데서 오는 거리감을 좁히기 위해서 동반한다. 그리고 특히 교구장이나 구역장의 동반은 신자와 신자를 이어주고, 구역 내의 예배와 친교에 참여토록 하기 위해서 필요하다고 생각된다.

4. 초인종을 누를 때

새 등록신자는 심방 약속을 했기 때문에 목사의 심방을 기다린다. 그럼에도 불구하고 처음으로 목사를 맞는 것이기 때문에 약간의 긴장은 지울 수 없을 것이다. 그런데 목사가 초인종을 누르면 인터폰의 모니터가 있는 집에서는 순간적으로 목사의 화상과 소리를 접하게 된다.

그러면서 반갑게 맞지만 당황하는 경우도 없지 않다. 그래서 여전도사로 하여금 초인종을 누르게 한다. 그리고 "어느 교회에서 왔습니다."라고 하면 편한 마음으로 반기면서 문을 열어 주는 것을 보게 된다.

5. 심방의 시작

대개의 가정을 심방해 보면 목사의 좌석이 따로 마련돼 있다. 피심방자가 권하는 바에 따라 준비된 자리에 앉는다. 그리고 나면 동반한 교역자들과 교구장, 구역장이 둘러앉고 피심방자는 자기 집이면서도 어디 앉을까를 망설인다. 이때 난처하지 않도록 앉을 자리를 권한다.

그리고 예배를 시작하기 전에 "영진교회에 등록하고 한 가족이 되어서 매우 기쁩니다. 혹시 제가 특별히 기도해 드려야 할 일이 있나요?"라고 말을 건넨다. 그리하면 대개 두 가지 반응을 보인다. 하나는 목사에게 특별히 부탁하고 싶은 것을 기도 제목으로 내놓는 경우와 또 하나는 별다른 기도 제목을 내놓지 않는 경우이다. 이러한 반응에 대해 "그래요, 그렇군요."라고 말한 후에 예배를 시작한다.

6. 새가족 심방설교는 이렇게

심방설교는 짧으면서도 깊은 뜻과 감동이 담기게 해야 한다고 믿는다. 그리고는 환영사처럼 하고 따뜻하고 편안히 들을 수 있게 한다는 마음으로 설교한다. 예를 든다면 시편 23편 1절에 "여호와는 나의 목자시니 내가 부족함이 없으리로다"라는 성경을 읽고 심방설교를 하는 경우엔 이렇게 한다.

"우리의 새식구가 되셔서 얼마나 좋은지 모르겠습니다. 아마도 주님은 더욱 기뻐하시리라 믿습니다. 왜냐하면 이 가정이 분당에 오게 된 것과 영진교회에 등록하게 된 것은 우연이 아니기 때문입니다. 좀 더 구체적으로 말씀드리면 주님께서 인도해 주신 은혜요, 축복입니다. 그러므로 이 가정이 영진교회를 중심으로 신앙생활을 하는 동안 이 가정을 인도하신 주님의 은혜가 넘치리라 믿습니다. 그리고 다윗과 같이 여호와는 나의 목자시니 내가 부족함이 없으리라고 간증할 수 있게 되기를 바랍니다. 따라서 꼭 그렇게 될 것을 확신합니다."

7. 심방 중의 목회기도

심방 중의 목회기도는 심방을 받아들이는 가정의 입장에서 볼 때 매우 중요한 축복기도이다. 그만큼 관심이 쏠려 있는 기도이기 때문에 소홀할 수 없다. 이때에는 간략하면서도 신자의 마음에 목사님과 함께 기도한다는 일체감을 갖게 하려는 의도를 가지고 기도한다. 가급적이면 틀에 박힌 듯한 형식을 피하려고 한다.

(심방에서 목회기도의 한 예)

이 가정을 축복하시는 주님! 주님의 푸른 숨결이 가득한 이 가정을 심방케 하셨으니 감사합니다.

이 가정은 주님께서 길 되신 그 길을 따라 우리 영진교회의 한 가족이 되었습니다. 이제부터는 이전보다 더 순전한 마음으로 주의 전에 출입하게 하시며, 마르지 않는 시냇가와 같은 영진교회에 뿌리를 내리고, 시들지 않는 은총 가운데 살아가는 가정이 되게 하실 줄 믿습니다. 이 가정을 무겁게 하거나, 어둡게 하거나, 답답하게 하거나, 함정에 빠지게 하거나,

올무에 걸리게 하거나, 덫에 치이게 하는 모든 장애물을 제하여 주시옵소서.

따라서 온 가족이 함께 기도하는 제목 중에 주님께서 사랑하시는 딸(또는 아들)의 진학 문제가 있습니다. 남은 기간 동안에 최선을 다할 수 있는 체력과 의지력과 지혜를 더하여 주옵소서. 그리고 그 최선의 결과가 진학의 열매로 맺혀지고 주님께 영광이 되게 하옵소서.

우리 주 예수 그리스도의 이름으로 기도 드리옵나이다. 아멘.

8. 등록 심방예배를 드린 후

등록 심방예배를 드린 후에는 그 가정에서 제공하는 다과를 나누며 교제하는 시간이 있기 마련이다. 이때 잘못하면 뜻하지 않은 문제가 생길 수도 있다.

1) 분위기를 읽고

주위를 대강 살펴보면 그림이나 책이나 장식이나 좋은 분위기를 느끼게 하는 뭔가가 있다. 예를 들어 몇 권의 시집이나 문학에 관한 책들이 보이면 "문학에 대해 관심이 많으신가 봐요."라고 말을 꺼낸다. 목사가 이렇게 말하면 그렇다든지, 우리 집의 누가 문학을 좋아한다든지, 전공을 했다든지 등의 반응을 보인다. 이때 "그렇군요."라고 관심을 보인다. 그리고 그 시간에 느낀 바를 따라서 "문학을 좋아하신다니까 남다른 가정이라는 느낌이 들어요. 왠지 마음이 풍성해져요." 하며 느낌을 말한다. 따라서 자녀 중에 누가 문학을 전공하거나 문학을 좋아한다고 했을 경우에는 "아마도 아버지나 어머니를 닮아서 그럴 거예요. 좋은 부모님의 슬하에 있어서 좋겠네요."라고 한다.

2) 등록하게 된 이유는

신자가 왜 등록했는가를 알아보는 것은 그 신자의 성향을 이해하는 데 도움이 된다. 그리고 그가 우리 교회를 어떤 교회로 파악하고 있는 가를 알아보는 길이 되기도 한다. 따라서 이것이 그 신자를 위한 목회의 시작이 될 수도 있다.

나는 이렇게 말한다. "분당에는 교회들이 참으로 많은 것 같아요. 그런데 그중에서 어떻게 영진교회를 알게 되었으며, 등록까지 하게 되었는지 궁금해지는데요."라는 표현은 묻는 말이 아닌데도 다음과 같은 몇 가지의 반응을 보인다.

"누구 누구의 소개로 알았어요.", "분당에 소문이 많이 나 있던데요. 그래서 소문을 들었지요.", "신문 사이에 끼어 들어온 주보를 보고 알았어요. 그래서 나왔지요. 나오고 보니 잘 왔다는 생각이 들었어요. 그 이유는 은혜를 받았기 때문이에요. 앞으로 잘 이끌어 주세요."

나는 이런 반응에 대해서 "역시 우리 교회의 가족이 되실 분이라 남다른 마음을 가지셨네요. 주님의 은혜 안에서 더 좋은 성도가 되리라 기대가 됩니다."라고 답변한다.

3) 일러두는 말

등록 심방 후에 일러두는 말이 필요하다. 그것은 신자의 마음에 친근감을 주고 목사의 목회적 관심을 인지시키는 일이 된다.

"저, 즐거운 일은 함께 나눌 수 있도록 알려 주시고, 어려운 일은 함께 기도할 수 있도록 연락해주세요. 직접 하기가 어려우시면 구역장이나 교구장을 통해서 부목사님이나 여전도사님에게 연락하시면 됩니다. 이제 우리는 한 가족이니까요."

4) 조심할 점

등록 가정을 심방할 때는 조심할 점이 무엇인가에 유의한다. 조심할 점은 많지만 그중의 몇 가지는 꼭 지켜야 한다고 생각한다. 왜냐하면 무심코 한 말과 행위가 목회자에 대해 적지 않은 불쾌감을 주는 일도 있기 때문이다.

① 너무 살피지 않기로 : 처음 심방을 간 집에 대해 너무 자세히 살피거나 들여다보려 하면 그 자체가 그 가정에 대해 부담으로 작용한다. 그러잖아도 목사가 온다고 해서 바짝 긴장하면서 치우고 정리하고 청소를 한다. 그리고 어디 허술한 데가 없는가 해서 마음을 쓰고 있는 터에 너무 살피는 눈치를 보이면 곤란하다는 것을 의식한다. 자연스럽게 사귐을 갖게 하려면 너무 살피면 안 된다.

② 덜 미안하게 : 신자들 가운데 유난히 바쁜 사람들이 있다. 심방을 받기는 받아야겠고 시간은 없다. 그래서 겨우 시간을 내다보니 정리도 못하고 대접도 못하게 되는 경우가 있다. 이런 경우에 신자들은 매우 미안하게 여기고 난처한 표정을 짓는다. 그리고는 "목사님 죄송해요. 집을 치우지도 못하고 대접할 준비도 못했어요."라고 솔직히 말한다. 이럴 때 어떻게 말하느냐가 중요하다. 그의 미안함을 덜어주어야 한다.

"주님께서는 집사님의 사정을 너무나 잘 아십니다. 오늘 우리가 예배드린 것만도 감사한 일이에요. 집사님의 마음만으로도 마음이 흡족합니다."라고 말한다.

③ 캐묻지 않기로 : 내가 개척교회를 처음 시작했을 때에 다른 교회의 어떤 목회자들을 만나면 주로 받는 질문이 있다. 교인이 얼마나 되

고 건물을 몇 평이나 되느냐, 1년 예산은 얼마냐, 자기 건물이냐, 아니면 세로 들어 있는 건물이냐, 심지어는 사례비를 얼마 받는지 묻는 분도 있었다. 너무나 대답하기 구차한 질문들이었다. 교인이 한 80명 정도 모일 때 몇 명 모이냐고 물으면 "아직 200명은 안 됩니다."라고 대답했고, 150명 정도 모일 때에는 "아직 300명은 안 됩니다."고 해서 적당히 대답했던 일이 기억난다. 그래서 나는 다른 목회자들은 만나서 이야기할 때 자세하게 묻는 것을 삼가게 되었고 목회에도 응용하게 되었다. 그래서 신자들의 사정에 대해서 캐묻지 않는다.

④ 캐묻지 않아도 : 아파트 평수나 직장이나 사업, 자녀들의 학교 문제나 성적에 대한 것은 묻지 말아야 한다. 신자의 가정에서 말하기 곤란한 것은 알려고 하지 않아야 한다. 그래도 시간이 지나면 자연히 알게 된다. 신자의 경우 자랑할 만한 일은 묻지 않아도 어떤 형태로든지 표현하기 마련이다.

예를 든다면, "우리 그이는 아무 직장에 다니는데요, 너무너무 바빠서 쉴 겨를이 없어요. 그래서 겨우 주일에 교회에 나가서 목사님 설교를 듣고 은혜받는 것이 다예요."라고 하면 그것은 남편의 직장을 말하고 싶어서 하는 표현이다.

학교나 성적문제도 그렇다. "우리 아이는 원래 법대를 원했어요. 그런데 실력이 모자라서 S대(또는 Y대나 K대) 상대에 다녀요."라든가, "우리 아이는 지난번에 성적이 떨어졌어요. 그래서 겨우 반에서 3등밖에 못했어요."라는 식의 말들은 학교나 성적에 대해 자랑 아닌 자랑을 하는 것이다. 말하자면 자랑하고 싶은 것은 캐묻지 않아도 말하고, 자랑하고 싶지 않은 것은 캐물어도 감추려 한다는 것이다.

전화심방으로 화성전화 시대를 지향한다

즐겁기만 한 심방

나는 목회적 관심과 신자들의 신앙적인 유익을 위해서 심방하는 일을 중요하게 생각해 왔다. 그래서 1년에 두 번 하는 정기심방을 해오면서도 별 어려움을 느끼지 못했다. 그러나 교회의 규모가 커지고 교인의 수가 증가하면서 심방에 대한 전환점을 맞이하게 되었다. 이와 같은 전환점은 나와 비슷한 처지에 있는 목회자들에게도 공통되는 문제라고 생각한다. 그러므로 나를 가르쳐 주기에 넉넉한 목회자들 앞에 부끄러운 작은 경험을 펴놓으려고 한다.

교인이 늘어나는 것과 늘어난 교인을 심방하는 일이란 여간 큰 즐거움이 아니었다. 그러기에 전에 하던 대로 1년에 두 번 하는 심방을 계속 실시하였다. 그리고 그때마다 새로 늘어난 신자들이 많아진 것을 확인하면서 보람과 행복을 느꼈다. 따라서 멈출 줄 모르는 열정과 의욕으로 하루에 20가정 이상을 심방하기도 했다. 그래도 마음이 즐거우니깐 힘든 줄 모르고 두 해 동안 계속하였다.

그러나 목회자가 하는 일이 심방이 전부일 수 없기 때문에 심방의 필요가 증가하는 것만큼 심방을 한다는 것이 어렵게 되었다. 말하자면 심방은 해야 하지만 심방의 한계를 깨닫게 된 것이다. 그럼 그 한계란 어떤 것인가?

심방, 그 한계

1. 체력

목회는 영력으로 하는 것임이 틀림없다. 그러나 체력도 영력과 함께 중요하다고 생각한다. 체력은 영력의 도구가 되기 때문이다. 그런데 심방에서 체력을 다 소모하다시피 하면 그다음 일에 대한 의욕이 떨어지는 결과를 가져온다. 그러므로 체력은 심방의 친구임과 동시에 심방의 한계이다. 체력의 한계를 무시하고 쉴 새 없이 심방을 한다면 그것은 어리석음일 수 있다. 왜냐하면 체력을 잃는 것은 심방보다 더 중요한 것을 잃는 것이 되기 때문이다.

2. 시간

다른 목회자들과 마찬가지로 내가 하는 일은 너무나 다양하기 때문에 많은 시간을 필요로 한다. 그럼에도 불구하고 시간은 늘지 않는다. 그렇다고 심방을 안 할 수는 없다. 그래서 심방에 대한 신자들의 욕구에 따라 심방을 하다 보니까 시간의 한계에 직면하게 되었다. 심방 때문에 다른 일들을 손대기 어렵게 된 것이다.

3. 성실성

하루에 수십 가정을 심방하다 보니 '빨리 해야지'라는 조급함에 쫓기

듯이 하게 된다. 그래서 한 가정 한 가정을 진지하게 심방해야 되는 성실성의 한계에 이르게 되었다. 이런 성실성의 문제에 대해 어떤 가정에서는 "목사님이 너무 서둘러 하시니까 꿈에 떡 먹는 것 같아요. 좀 여유가 있었으면 좋겠어요. 목사님에게 좀 더 드리고 싶은 말씀도 있고 부탁드릴 기도의 제목도 있는데…"라는 아쉬움을 표시하기도 한다.

그래도 심방은 해야 하나

결론부터 말하면 체력, 시간, 성실성의 한계에도 불구하고 심방은 해야 한다고 생각한다. 다만 심방을 하되 지금까지 해왔던 그런 방식으로는 어렵다는 것이다. 이 문제를 풀 수 있는 해법만 있다면 수백 명이든 수천 명이든 심방을 하는 것이 바람직하다. 1년에 두 번은 어렵지만 한 번은 할 수 있어야 한다. 이와 같은 의식을 갖고 있는 나는 이 문제를 해결하기 위해 고심하였다.

심방은 목회자와 신자의 거리를 가깝게 하며 목회자가 신자를 읽고 그 신자에게 합당한 목회를 처방하는 길이기도 하다. 그러기에 어떤 면에서 하든 심방을 포기해서는 안 된다.

그럼 어떻게 심방하는 것이 좋은가?

내가 고심하는 것은 심방을 하느냐, 안 하느냐가 아니라 어떻게 심방의 한계를 넘어서는 심방을 할 수 있느냐 하는 것이다. 어떤 묘안이 없을까를 생각하는 중에 길을 찾게 되었다. 이것은 주님께서 말씀하신바 '찾는 이가 찾을 것이라'는 진리와 만남과도 같은 것이다.

1. 직접 방문심방과 직접 대화심방의 분리로

심방의 기본은 방문하는 것이지만 최선이 아닐 때 차선을 택하는 것이 포기보다는 유익하다고 생각한다. 그래서 일부 가정은 직접 방문심방을 하고 나머지는 직접 대화심방을 하면 되겠다는 점에 착안하였다.

2. 직접 대화심방이란

전화심방을 뜻한다. 지금은 신자들 가정마다 전화가 보급되어 있다. 그러므로 전화를 이용하여 대화하는 심방을 하면 바로 직접 대화심방이 되는 것이다.

3. 전화심방은 이렇게

전화심방을 하되 어떻게 해야 하는지에 주의를 기울이는 일이 중요하다는 생각에서 이렇게 하였다.

1) 교구를 나눔

내가 목회하고 있는 영진교회는 그리 큰 교회가 아니다. 그저 1년에 두 번 정기심방을 하기에는 벅찬 정도의 규모이다. 그래서 1교구에서 4교구까지, 5교구에서 8교구까지 각 교구들을 둘로 나누고, 1교구에서 4교구까지는 직접심방으로, 5교구에서 8교구까지는 전화심방으로 하는 것을 계획했다.

2) 광고하기 전에

각 교구장들과 구역장들을 모이게 하고 금년 봄부터는 직접심방과 전화심방을 병행한다고 한 다음, 그 취지를 설명하고 실시되는 때에 각 구역 교우들에게 연락하도록 했다.

3) 예고를

주보를 통해서 교회 앞에 심방 계획을 예고한다. 1~4교구의 직접심방 일정과 5~8교구까지의 전화심방 일정을 예고했다. 아울러서 이번에 전화심방을 하는 교구들은 가을에 직접심방을 한다고 알려준다.

4) 전화심방 시의 준비는

전화심방은 직접심방에 비해 만만한 것이 아니다. 그러므로 잘 준비하는 것이 전화심방의 뜻을 깊게 하고 성도의 가정에 은혜를 끼치는 데 유익하다.

① 심방전도사를 협조자로 : 전화심방을 목사 혼자서 하는 것은 실수하게 될 확률이 있다. 그러므로 심방전도사로 심방에 협조하게 하여 보다 효과적인 심방이 되게 한다. 신자의 명단과 전화번호가 틀림없는지를 확인케 하고 누락되는 가정이 없게 하며 특별히 기도할 가정에 대한 정보를 말하게 한다.

② 돋보기를 쓰지 않아도 되게 : 전화심방을 하는 일은 오랜 시간 앉아 있어야 하기 때문에 눈의 피로가 심하게 느껴진다. 시력이 좋은 분들은 별문제가 안 되지만 돋보기를 써야 하는 분의 경우에는 돋보기를 쓰지 않아도 명단이나 전화번호를 확인할 수 있게 하는 것이 좋다. 그래서 크게 확대된 명단과 전화번호를 준비하는 것이 필요하다.

③ 메모지와 연필 : 모든 가정을 다 메모할 필요는 없다. 그러나 특별히 기억하고 기도해야 하거나 기록해 둘 일을 메모하기 위한 준비가 필요하다.

④ 먼저 예배를 : 전화 심방을 하기에 앞서 정기심방 때와 마찬가지로 교역자들과 함께 예배를 드리고 함께 기도하는 것이 필요하다. 그때 성령의 도우심에 대한 확신이 더해지기 때문이다.

⑤ 안정된 마음을 : 어떤 신자의 경우는 전화를 통한 목사의 음성을 처음 듣게 된다. 이럴 때 신자는 긴장하기 쉽다. 그럴 때 목사가 준비 없는 마음으로 불안정하게 통화를 하게 되면 거리를 좁히기보다 넓히는 결과를 가져온다. 안정된 마음, 곧 편안한 마음이 목사의 말을 통하여 상대방에게 전달되어야 한다. 그래야만 심방다운 전화심방을 할 수 있는 것이다.

⑥ 음성을 가다듬어 : 전화로 신자와 통화를 할 때 목사의 음성은 말 이상의 느낌을 줄 수 있다는 점에서 중요하다. 무게가 실려 있는 음성은 부담을 준다. 처진 음성은 우울함을 준다. 탁한 음성은 답답한 느낌을 갖게 한다. 사무적인 음성은 딱딱한 인상을 가져다준다. 가라앉은 음성은 어둡게 한다. 자신이 가지고 있는 성대가 어떠하든지 장점은 살리고 단점은 교정해야 한다. 나는 탁성을 가지고 있는데 이것을 극복하려는 노력을 해 왔고, 지금도 하고 있다. 그러므로 낭랑하고 맑고 정감이 있게 생생한 음성으로 통화할 수 있도록 가다듬는 노력이 필요하다.

⑦ 일방통행식이 되지 않도록 : 말하고 듣고, 듣고 말하는 대화적 심방을 하겠다는 마음가짐의 준비를 해야 한다. 그리되면 일방통행식이 되지 않고 수평적 관계의 거리에서 은혜로운 심방을 할 수 있다.

⑧ 시간을 염두에 두고 : 특별한 사정이 있는 것도 아닌데 어떤 한 신자와 오랜 시간을 갖는다면 시간 계획에 차질이 생긴다. 나는 한 가

정에 대한 전화심방 시간을 6분 정도로 잡는다. 그리고 상대방의 말이 길어지거나 목사의 말이 필요 이상 길어지지 않도록 하는 것을 염두에 둔다. 손목시계를 책상 위에 올려놓고 재면서 한다. 전화심방의 시간표를 소개하면 아래와 같다.

· 대화의 시간 : 2분
· 성경 읽어 주는 시간 : 30초
· 축복을 선언하는 메시지 : 30초
· 그 가정을 위한 기도 : 2분 30초
· 주님 가르쳐 주신 기도 : 30초

꼭 이 시간에 매이는 것은 아니지만 이러한 기준의 설정은 시간을 아끼게 한다.

전화심방의 장점

1. 화상전화 시대를 대비하는 패러다임이 될 수 있다.

이제 불원한 장래에 화상전화 시스템이 보편화 되리라고 본다. 그런데 미리 전화심방의 방안을 강구해 놓으면 그때가 왔을 때 자연스럽게 접목시킬 수 있게 된다. 지금 아무 생각 없이 앉아 있다가 그때 가서야 방안을 강구하려 하면 늦게 되고 좋은 기회를 놓칠 수 있다는 것을 염두에 두어야 한다.

목사인 나는 세상이 변화하는 속도만큼 변할 필요는 없다고 생각한다. 그러나 변해야 할 것에 대해서는 그 변화가 빠를수록 기회를 앞당기게 됨을 믿는다. 그러므로 전화심방은 화상전화의 보편화에 대비하는 한 패러다임이 될 것이다.

2. 짧은 시간에 많은 가정을 심방함

3. 대외비적인 대화

심방대원들과 함께 심방을 가면 신자는 목사에게만 얘기하고 싶고 의논하고 싶은 것에 대하여 말할 수 없게 된다. 그러나 전화심방을 하게 되면 신자가 목사에게 꼭 하고 싶은 얘기와 상담을 할 수 있다. 이 때 목사와 신자 사이에 더 나은 신뢰가 구축될 수 있다.

4. 신자에게 부담을 주지 않고

목사가 직접심방을 하면 집안 정리는 물론이요, 대접을 무엇으로 어떻게 얼마나 해야 하느냐에 대하여 마음을 쓰게 한다. 물론 목사가 시키는 일은 아니지만 신자의 입장에서는 당연한 관심사이다. 그러나 전화심방의 경우는 받는 신자에게 있어서 마음의 준비와 기다리는 시간의 준비만 하면 되니까 부담을 주지 않는다.

5. 색다른 체험

목사와 1대1이 된 가운데 심방을 하기 때문에 색다른 체험을 한다. 그 색다른 체험이란 주님의 은혜가 자기에게 구체적으로 임하는 것으로 믿어지고 실감하게 되는 체험이다.

전화심방의 사례

전화심방에서 목사의 말은 기교나 기술이 아니라 진실과 사랑과 지혜가 배어나는 것이어야 한다. 그렇지 않으면 엄청난 위선자가 될 수 있기 때문이다. 여러 목회자가 나보다 월등한 사례들을 가지고 계시리라 믿는다. 그러나 그 모든 것을 주어지는 기회에 따라서 배우기로 하고, 여기에서는 나의 작은 사례 몇 가지를 소개하고자 한다. 그리고 현장감을 살리기 위해 심방 당시의 실상을 그대로 적는다.

<사례 1>

"여보세요?"

"네, 아 목사님이시지요?"

"그래요. 그런데 목소리만 듣고도 알아보시니까 제 마음이 흡족해지는데요. 어떻게 그렇게 알아보세요?"

"예, 저 구역장님으로부터 전화심방에 대한 연락을 받고 기다리고 있었거든요. 기다리던 중에 전화를 받으니까 금방 알게 되었어요."

"그래요? 바쁜 중에도 기다렸다고 하시니깐 감사해요. 기다리는 중에 심방을 받게 되셨으니 사모하는 만큼 은혜가 더할 것으로 믿습니다. 제가 직접심방을 했더라면 좋았을 텐데 전화로 심방을 하게 되어서 아쉽군요."

"아니에요, 목사님. 전화로 심방해 주셔도 목사님의 음성을 들으니까 목사님을 뵙는 것 같아요."

"그렇다면 다행입니다. 그럼 뭐 특별히 기도할 제목이 있으신가요?

있으시면 말씀해 보세요. 기도해 드릴게요."

"저는 늘 몸이 아파서 고민이에요."

"그래요? 치료는 받아보셨나요?"

"네, 병원에도 가보고 약도 먹었지만 효력이 없어요."

"그럼 건강을 위해서 기도해야겠군요. 이제 집사님을 위해 요한복음 14장 1절 말씀을 읽어드리겠습니다. 성경은 찾지 마시고 제가 읽는 것을 듣기만 하세요. 그리고 심방이 끝난 다음에 기록해 두시면 좋겠어요."

"네, 목사님. 그렇게 하겠습니다."

"'너희는 마음에 근심하지 말라. 하나님을 믿으니 또 나를 믿으라.' 우리 집사님께서 근심하고 있는 문제가 있습니다만 주님께서 모든 것을 알고 계십니다. 그러니 집사님께서 드리는 믿음의 기도를 받으시는 주님께서 근심이 변하여 기쁨이 되게 하실 줄 믿습니다."

"아멘. 목사님, 감사합니다."

"그럼 함께 기도하시지요. 사랑하시는 주님, 주님께서 부르신 김집사님의 가정에 은혜 주심을 감사합니다. 근심된 일이 있으나 믿음 위에 서서 기도하고 있사오니 주님의 능력으로 응답해 주옵소서. 영적으로 건강함을 주심과 동시에 육신도 새롭게 하사 주님의 영광을 나타내게 하옵소서. 오직 주님만을 신뢰합니다. 주님께서 전적으로 책임져 주사 근심이 기쁨으로 바뀌고 어둠이 빛으로 바뀌게 하여 주옵소서. 우리의 구한 것보다 넉넉하게 응답하실 줄 믿고 예수 그리스도의 이름으로 기도하옵나이다. 아멘."

(기도가 끝난 다음에는 바로 이어서 주기도를 드린다. 그리고는)

"오늘 주신 말씀과 기도대로 이루실 줄 믿습니다. 집사님, 안녕히 계세요."

"네, 목사님. 저희 집에 전화심방을 해 주셔서 감사합니다. 그럼 주일에 뵙겠어요. 목사님, 건강하세요. 감사합니다."

<사례2>

"여보세요? ○○님 댁이지요?"

"네, 그런데요?"

"저는 영진교회 이현수 목사입니다. 오늘 ○○님 가정을 전화로 심방하게 되었습니다."

"아 참, 그렇지요. 깜빡 잊고 있었어요. 목사님, 안녕하세요?"

"그래요. 아기가 아직 어리고 할 일이 많으니까 그럴 수도 있겠지요."

"목사님, 죄송해요."

"아니에요. 그래도 전화 통화를 할 수 있게 되어서 다행이에요. 오늘은 목사에게 상담하고 싶은 일이나 부탁해야 할 기도의 제목이 있으면 말씀해 보세요."

"저희는 별문제가 없어요. 그런데 늘 마음에 걸리는 것은 믿음이 변변치 않아서 열심을 내지 못하는 것이 문제라고 생각해요."

"○○님께서 그리 말씀하시는 것을 보니 제 마음이 편안해집니다. ○○님께서 자신의 믿음이 변변치 않다고 하셨는데, 이와 같은 자기 평가는 더 좋은 믿음을 갖기 위한 갈망을 반영하기 때문입니다."

"그럴까요, 목사님?"

"그럼요."

"목사님께서 그렇게 말씀해 주시니 감사합니다. 좀 더 잘 믿기 위해 기도하면서 노력할게요."

(성경말씀, 메시지, 기도, 주기도의 순으로 진행한다.)

<사례3>

"여보세요? 아, ○○님이세요?"

"네, 그렇습니다."

"그동안 평안하셨어요?"

"네, 목사님. 목사님도 안녕하셨어요? 힘드시겠어요. 새벽기도 하시랴, 심방 하시랴, 설교 준비하시랴."

"아니에요. 주님께서 힘주시니까 괜찮습니다. ○○님께서 마음 써 주시니까 더 힘이 나는데요?"

"저는 영진교회에 와서 말씀에 은혜받고 목사님께서 주보에 싣는 시에서도 감동을 받아요. 제가 대학 다닐 때는 시를 무척 좋아했어요. 그런데 지금은 그런 여유를 잃고 있어요. 그러나 주일마다 목사님의 시를 대하면 학창시절의 일이 되살아나는 것 같아요."

"그래요? 그리 잘 쓰지도 못하는 것을 마음에 담긴 대로 쓴 것인데 그렇게까지 관심을 갖고 읽으신다니 참 좋은데요."

"지난주일 주보에 실린 시에서 느끼는 바가 컸어요."

"지난주일 시가 뭐였지요?"

"'꽃 같은 웃음'이잖아요."

"아 참, 그렇지요.

참회해야 할 죄를

비우기 위해

흘려야 할 눈물로

시내를 이루게 하면

받아야 할

용서의 은총에서

순백의 옷을 입고

기쁨의 강물에

꽃 같은 웃음을

떠우리라…

○○님에게는 늙지 않는 젊은 마음이 있는 것 같아요. 좋은 믿음의 사람이 될 것에 기대가 됩니다. 저에게 알리고 싶거나 의논하고 싶거나, 기쁨을 함께 나누어야 할 일이 있으면 말씀해 보세요.”

"목사님, 저희가 집을 새로 샀어요. 이 집보다 큰 평수로요. 하나님의 은혜에요.”

"아, 그래요? 정말 축하할 일이군요. ○○님께서는 늘 새로운 마음으로 신앙생활을 하시는 것 같았는데 새로운 집을 사게 되셨군요. 너무 감사하고 축하드립니다.”

"목사님께서 기도해 주신 덕분에 받은 주님의 축복이에요. 주님이 주신 은혜가 너무 감사해서 더욱 잘 믿어야 하겠어요. 목사님께서 잘 지도해 주세요.”

"오늘 주님의 은혜가 넘치는 ○○님의 가정에 주시는 말씀을 읽어드리겠습니다."

(이하는 앞의 사례에 준한다.)

<사례4>

"여보세요?"

"네, 목사님이시군요. 안녕하세요? 목사님."

"네, ○○님과 가정은 평안하신지요?"(딩동 하고 초인종 소리가 난다. 그리고 옆에서 아기 우는 소리가 들린다. 그러자 당황하면서)

"목사님, 죄송해요. 잠깐만 기다려 주시겠어요?"

"괜찮아요. 30분 후에 다시 전화하겠으니 걱정하지 마세요."

"그럼 목사님의 전화를 기다리고 있겠습니다."

"그러세요. 잠시 후에 다시 통화합시다."

(사례를 소개하는 이유)

전화심방의 사례들은 너무나 다양한 경험을 하게 해주었고 1개월에 2,000가정까지는 심방이 가능하다는 것을 확신했다. 사례들을 일일이 말하자면 너무나 많은 지면이 필요하기 때문에 다 소개하지 못하는 아쉬움이 있다. 그러나 이러한 심방의 사례가 가장 좋은 것이어서 소개한 것이 아니라 큰 고심의 문제에 대해 작은 해결책이라는 점에서 소개한 것이다.

나와 비슷한 처지에 있는 목회자들에게 아주 작은 도움이라도 되었으면 좋겠다.

준비된 예배, 교회를 바르게 세우는 길

'교회가 교회다워야지'

교회는 교회다움을 생명으로 한다. 교회가 교회다울 때 영적 생명이 풍성해지고 은혜롭게 되며 교회의 구실을 바로 하게 된다. 그러므로 주님이 세우신 교회라면 그 규모와 관계없이 큰 교회는 큰 교회대로 작은 교회는 작은 교회대로 교회다워야 함에 있어서 차이가 있을 수 없다.

종종 믿지 않는 사람들이 교회에 대하여 비판하는 소리를 듣게 되는데 "교회가 이래서 되느냐, 저래서 되느냐?"라고 한다. 이와 같은 비판은 잘못된 시각에서 나오는 것이 대부분이다.

그러나 또 다른 측면에서 본다면 교회의 교회다움을 요구하는 소리이기도 한다.

1. 교회다움의 조건

교회는 그리스도의 몸이요, 하나님의 백성들로 구성된 공동체이다. 이와 같은 사실을 알고 있음에도 불구하고 교회다움의 조건이 무엇이냐에 대해서 얼버무리기 쉽다.

교회다움의 조건은 무엇인가? 교회다움의 본질적인 조건은 복잡하지 않으며 또 복잡하게 생각할 문제도 아니다. 물론 신학적인 논의의 과정에서는 여러 가지로 설명하는 것이 필요할 것이다. 그렇지만 목회자의 한 사람으로서는 이 문제에 대해서 '예배'라고 자신 있게 말할 수 있어야 한다고 생각한다. 좀 더 분명히 말하면 주님께서 요구하시는 올바른 예배가 교회다움의 조건이기 때문이다. 어떤 교회를 막론하고 올바른 예배가 전제될 때에만 교회다움의 참모습을 갖추게 된다는 것은 자명한 일이라고 믿는다.

2. 예배를 중요하게 여기는 이유

예배가 무엇이냐에 대해서는 목회자 대부분이 올바른 입장을 정립하고 있는 것으로 믿기 때문에 재론을 자제한다. 그렇다면 예배가 왜 중요한가? 이 문제에 대한 대답은 간단하다. 하나님께서 교회에 요구하시는 것의 첫째가 예배라고 확신하기 때문이다. 주님의 이름에 합당한 영광을 돌리기 위해 올바른 예배를 드리는 것은 교회의 본분이기도 하다. 예배를 참되고 올바르게 드리는 데서부터 선교와 봉사는 물론 성도의 교제까지도 유의미성을 갖는다.

올바른 예배를 위해

예배를 드리는 일과 예배를 올바르게 드리고자 하는 의도는 모든 목회자에게 있어서 보편화 된 것이다. 이러한 보편성의 한 부분에서 올

바른 예배, 영과 진리로 드리는 예배에 대한 나의 갈망과 그 실상을 적어 보려고 한다. 이러한 시도는 내가 갖는 욕구나 영진교회에서 드리고 있는 예배가 가장 모범적이기 때문이 아니라 이러한 사례의 한 측면을 보임으로써 다소의 유익을 나누고자 하는 데 그 목적이 있다.

1. 예배의 순서

많은 교회가 목회자의 신학적 관심과 예배학적 의식에 따라 예배 순서를 작성하는 것으로 알고 있다. 그래서 예배 순서에도 예배의 특성을 구분하여 예배의 단계적 의미를 일깨워 주려는 경향들을 보이기도 한다. 나도 처음에는 그런 생각을 했지만 예배 순서 안에 부분적 특성을 강조하지 않고 전체가 일관되게 하는 일반화된 순서를 기준하였다. 이와 같이 하게 된 이유는 일반화된 것들은 별도의 설명을 할 필요가 없이 자연스럽게 수용하려는 생각과 우리 교회는 특별한 교회가 아니라 보통의 다른 교회들과 같다는 것을 나타내기 위해서였다.

2. 예배의 진행과 특성

예배는 하나님께 드리는 것이다. 그렇지만 예배는 사람이 사람들과 함께 드리는 것이다. 그러므로 영적인 공감과 함께 정서적 분위기에 대한 공감대를 형성하는 것이 필요하다. 만일 형성되어야 할 공감대가 형성되지 아니한다면 함께 드리는 예배가 아니라 인도자의 독단적 전유물이 될 수 있기 때문이다.

1) 기다리지 않는다.

농촌에서 10여 년 목회를 한 경험을 갖고 있다. 그런데 그때는 농촌의 특성과 그 편의에 따라서 시작시간을 고무줄처럼 사용하였다. 예배 시간이 되었는데도 신자들이 오지 않으면 올 때까지 기다렸고 몇몇 사람이 왔지만 한 사람이라도 더 올 때를 기다리는 일도 많았다. 그 결과는 긍정적이기보다 부정적인 것으로 나타났다. 신자들을 게으르게 하는 것은 물론이요, 부지런하고 시간적으로 명확한 것을 좋아하는 신자들에게 부담을 주었기 때문이다.

그러기에 서울에서 하던 대로 사람들이 더 오기를 기다리지 않고 정시에 시작하고 예정된 시간에 끝나는 것을 원칙으로 하였다. 이것은 신자들로 하여금 구별된 시간에 예배해야 함을 일깨워 주며 예배 시간에 대한 성의를 갖도록 하는 데 유익하고 도시적 성향에 부합한다는 점에서 바람직하다. 덜 온 사람들을 기다리다 보면 정시에 나온 사람들의 마음을 잃게 된다. 그렇게 되면 얻는 것보다 잃는 것이 크다는 사실은 자명해진다.

2) 예배 인도 시의 표정

목사의 일주일은 강단에서 인도하는 예배에 걸려 있다고 해도 과언이 아니다. 왜냐면 그만큼 예배 인도가 중요하며 큰 무게를 갖기 때문이다. 그러므로 목사의 경우 긴장되기 쉽고 표정이 굳어진 채 강단에 서기 쉽다. 나 역시 예외일 수 없는 데다가 생김새가 무뚝뚝해 보이는 편이다. 그래서 조금만 심각하게 보이면 다른 사람들보다 훨씬 굳은 표정을 보이기가 쉽다. 그래서 이 점을 극복하려는 마음가짐으로 표정 관리에 신경을 쓴다.

① 마음을 편안하게

마음이 불편하면 표정이 어둡거나 굳어지기 마련이다. 기도하는 마음, 감사하는 마음, 은혜를 기대하는 마음으로 마음의 안정을 도모하게 된다. 그러면 자연히 표정도 부드러워지는 것이다.

② 밝게

목사의 표정이 어두우면 예배 전체의 분위기가 어둡게 된다. 모세와 같은 광휘를 띨 수는 없다 하더라도 미소를 머금으면서 밝은 표정을 짓는 것은 가능하다. 그래서 나는 이 점에 유의하면서 단 위에 선다.

③ 친근함

하나님께서 강단에 세우셨다는 것 자체가 큰 권위를 말한다. 그러나 그것이 신자들로 하여금 거리를 멀게 느껴지도록 하는 것이어서는 안 된다. 오히려 성육하신 그리스도가 우리와 함께하시어 자신을 주신 것처럼, 목사가 강단에 서 있더라도 신자들이 자신의 곁에 와 있는 것처럼 느끼도록 친근한 표정을 보일 수 있어야 한다는 것을 유의한다. 이러한 표정은 대화적 언어 기법에 맞추는 것으로 가능하다.

④ 경건함

밝고 친근한 표정은 신자들에게 편안함을 준다. 따라서 예배의 분위기를 은혜롭게 하는 공감대를 형성하는 데 도움을 준다. 그러나 자칫 잘못하면 경박해 보일 우려도 배제할 수 없다. 그러므로 정숙한 표정 관리를 통해 내면화되어 있는 경건이 배어 나오게 해야 한다. 경건이 배어 나오게 한다는 것은 내면화된 경건이 희비의 표정으로 바뀔 때 잡스럽지 않고 순수하며 절제된 것이어야 함을 의미하는 것이다.

3) 마이크 사용

흔히 현대를 가리켜 미디어의 시대라고도 한다. 목회자는 마이크라는 미디어를 통하여 은혜로운 정보를 신자들에게 전달한다. 현대의 목회자 대부분이 마이크를 사용한다. 그러나 마이크를 사용하는 것도 중요하지만 마이크를 어떻게 사용하느냐의 문제는 더욱 중요하다는 사실을 잊지 않고 있다. 예배 인도에 있어서 마이크 하나만 제대로 사용해도 그만큼의 은혜를 더 끼칠 수 있기 때문이다.

마이크를 부적절하게 사용하는 일은 예배에 참여하는 성도들에게 은혜로운 분위기를 저해하고 그만큼 덜 은혜롭게 한다. 그러나 내가 여기서 말하고자 하는 것은 가장 단순한 사례에 속한다. 그럼에도 불구하고 그 단순함을 간과하거나 무심히 하면 계산보다 큰 손실을 가져온다.

그렇지만 마이크를 사용하는 것에 대하여는 그 누구도 참견할 일이 못 된다. 다만 목회자 자신이 스스로 느끼고 판단해서 교정할 일이다. 마이크를 사용할 때 숨소리가 들어가지 않게 하며 음성의 크기에 따라서 마이크와 입의 거리를 조절할 수 있어야 한다는 것을 염두에 두고 사용한다.

a) 작은 소리로 말할 때는 아주 가까이에서 사용한다. 그러나 발음을 분명하게 하는 것에도 마음을 쓴다.

b) 보통 소리로 말할 때는 평균적 거리에서 사용한다.

c) 크게 말할 때는 좀 더 멀리 사용한다.

이상과 같은 마이크 사용과 거리의 조종은 평소의 연습을 통해서 얻은 상식에 준한다.

4) 예배인도시의 말

① 시제

현재사를 많이 사용한다. 이것은 예배와 말씀의 현시성과 현장감을 살리는 데 있어서 매우 중요하기 때문이다.

② 부드럽게

말소리의 크기보다 말 속에 담겨 있는 뜻이 잘 드러나게 하는 말은 부드럽게 하는 말이다. 부드러운 말은 듣는 사람에게 편안함을 주고 자연스런 감동을 주는 데 유용하다.

③ 선언적으로

부드러운 말이 대화적이라면 선언적인 말은 일방적이다. 이것은 말씀의 권위가 일방적으로 선언되어야 할 필요가 있을 때 도입한다. 그것은 강조적이거나 결론적인 언어 기법이라고 생각하기 때문이다.

④ 확신의 언어

예배는 확신에 찬 마음과 언어로 인도해야 한다. 그래서 성도들의 판단을 흐리게 하거나 불명확하게 하거나, '이래도 되고 저래도 되고, 이렇게 생각할 수도 있고 저렇게 생각할 수도 있습니다.'라는 식의 표현은 가급적 사용하지 않는다. 예를 든다면 '이렇습니다. 이렇게 해야 합니다. 이렇게 믿습니다. 이러이러합니다. 하십시오. 믿으십시오. 그렇습니다.' 등이 있다.

5) 예배 인도 중의 아량

예배를 하나님께 드리는 최고의 경의로 믿고, 그 믿음으로 예배를 드리는 사람들에게는 문제가 없다. 그러나 믿음이 어린 신자나 타의에 이끌려 교회에 나오는 신자들의 경우, 예배가 시작된 후에 예배당으로 들어오는 경우가 간혹 있다. 이런 경우에 늦은 것에 대한 미안함을 가지고 들어오다가 목사와 눈이 마주치면 그나마도 교회에 나오지 않을 위험이 있다. 믿음이 성장하여 단단한 음식을 먹을 정도가 된 사람에게는 수치감이 있더라도 극복할 만한 힘이 있다. 그러나 그렇지 못한 사람에게는 시험이 될 수도 있다.

이런 경우를 생각해서 예배당 문이 열릴 때, 나는 문의 오른쪽으로 나 왼쪽으로 시선을 돌린다. 이것은 저들을 선교적으로 포용해야 하기 때문이다. 물론 틀이 잡히고 교회적 관례가 엄히 적용해도 문제가 없는 경우에는 예외가 될 수 있다.

6) 작은 목소리, 보통 목소리

① 찬송할 때

나는 찬송을 많이 부른다. 그러나 음악 실력이 평균 이하이다. 그런 데도 불구하고 마이크에다 대고 큰소리로 찬송가를 부른다면 부르는 나는 시원할지 모르지만 신자들에게는 소음처럼 들릴 수 있다. 그러므로 작은 소리로 찬송하기 위해 마이크와의 거리를 두고 부른다. 설령 찬송가를 잘 부를 수 있는 음악적인 실력이 있더라도 마이크를 통한 음성이 너무 크면 전체의 화음을 깨뜨릴 위험에서 벗어날 수 없다고 생각한다.

② 사도신경이나 주기도를 할 때

사도신경이나 주기도를 할 때는 신자들의 보통 음성에 보조를 맞추어 한다. 사람은 누구나 불완전하다. 그러기에 실수할 수도 있다. 특히 나의 경우는 다른 목회자들에 비해서 더할지도 모른다. 하루에 다섯 번 예배를 인도하노라면 피곤하다. 그래서 말이 틀리기 쉬운데 그 중에 사도신경과 주기도문이 포함된다. 그런데 큰소리로 했다가 틀리면 온 신자들을 틀리게 할 수 있다. 그러므로 평범한 소리로 하면 실수하더라도 그 허물이 묻힐 수 있고 신자들로 하여금 실수를 따르지 않게 할 수 있다.

7) 성경봉독

목회자가 강단에서 성경을 읽을 때 신자들에게 교독식으로 하거나 통독을 하는 경우가 있다. 이것은 성경을 읽으면서 영적인 호흡을 맞추는 데 있어서 바람직한 것이기도 하다. 그러나 성경공부를 제외하고 내가 인도하는 모든 공예배의 성경봉독을 목사인 내가 직접한다. 그 이유는 해석되지 않는 말씀의 권위를 강조하기 위해서, 읽을 때의 속도가 맞지 않고, 조화음으로 읽혀지지 않고, 눈이 어두운 신자들은 따라 읽을 수 없기 때문이다.

8) 기원, 기도, 시

예배의 순서는 별다른 것이 없다. 그러나 내용상으로는 약간의 특성을 갖는다. 이러한 특성은 예배를 보다 진지하게 하고 참여하는 성도들의 신앙적 정서에 유익을 준다고 생각한다.

① 기원

"지금부터 예배가 시작됩니다. 다함께 기립하시고 경건한 마음으로 묵도합니다."라고 한 다음에 성구를 낭송한다. 그리고 시적으로 쓴 기원문을 낭송한다.

예) 예배의 기원

더럽혀지지 않고 고갈되지 않는

새 생명의 물줄기가

저희들의 가슴에서 솟구치게 하시는 주여!

육신의 목마름에
목 말라 하지 않는
그 영혼으로 주님을 예배하려 합니다.

저희들의 예배를 받으사
주의 영광이 되게 하시고
저희에게 은혜를 내리사
주와 함께 살아가게 하소서.

감사하옵고
주님의 이름으로 기원하옵나이다.
아멘.

② 기도

목사의 설교에 이어서 목사가 기도를 드릴 때 특별히 작성된 원고를 가지고 기도한다. 처음에는 참회의 기도문을 만들어서 할까도 생각해 보았으나 참회까지도 함축하는 설교 후의 기도문으로 기도하는 것이 좋겠다는 생각을 굳히게 되었다.

예) 설교 후의 기도
텅빈 가난한 가슴에
하늘의 보배로 채우시어
부요하게 하시고

땅에 붙어 있던 비천한 자를 일으키사
교만한 자 위에 두시며
지붕 위에 돋아나는 풀잎같이
연한 저희들을 새롭게 하시어
무성한 감람나무처럼
자라게 하시는 주님께
존귀와 영광을 돌립니다.

저희들이 울어야 할 그 울음을
저희들의 죄만큼 울지 못했는데도
주님의 자비와 긍휼에서
용서와 성결의 은총을 받게 하시니
감사와 찬양을 돌립니다.

사랑하시는 주님!
이제 저희의 혀끝에서 나오는 말들이
형제의 상처를 아물게 하고
분노의 불길을 꺼지게 하며
완악의 돌들을 제하고
무례의 몸짓을 바로 잡아 주며
삭도 같은 폭력적인 언어들을
순화시킬 수 있게 하옵소서.

저희의 현실은 낮은 데 비해

주님께서 주신 꿈은 너무나 높고 아득하지만

그 꿈을 향하여 믿음으로 전진케 하옵소서.

현실의 줄이 저희들을 속박하려 해도

자유할 수 있는 힘과 장애에 장애되지 않는

축복의 길을 넓혀 주옵소서.

주 예수 그리스도의 이름으로

기도드리옵나이다. (아멘)

③ 시

　필자가 쓰는 시는 일반적인 면에서의 무게를 갖는 것으로 생각지는 않는다. 목회적 정서에서 우러나오는 것을 신자들을 대상으로 해서 쓴 것이기 때문이다. 그러므로 수준이 높다거나 잘 썼다거나 하는 평을 받는 것과는 거리가 있다. 다만 매주일 나오는 신자들에게 신앙적으로 느껴야 할 것에 초점을 맞추고 있을 뿐이다.

　처음 1년간은 예배 때마다 시를 낭송했다. 그러나 이제는 1부, 2부, 3부에서는 생략한다. 그리고 성가대가 없는 4부 예배 때와 특별한 절기 예배 때에만 목회시를 낭송한다.

예) 기도원의 가을밤

풀벌레들의 노래로

기도원을 메운 가을밤에
가슴 쏟을 곳을 찾아
자리를 편다.

아픔도
무거움도
가슴과 함께 쏟아 내며
하늘의 문을 두드린다.

기도 소리
가을밤과 함께
깊어져 갈 때
그 밤을 가른다.

어느새
나뭇잎 사이로
새어든 달빛은
나를 비추며

하늘에서부터 시작되는
은총의 아침을 맞으라 한다.
하늘의 문이 열리는
은총의 아침을…

3. 예배에서의 설교

예배다운 예배에 있어서 설교자는 대언자적 위치에 있다고 생각한다. 설교는 하나님의 말씀을 인간의 언어로 전하는 것이지만 어떻게 하느냐에 따라 그 결과는 엄청난 차이가 있다. 설교에서 주님을 만나고 설교에서 받은바 은혜만큼 은혜로운 성도들이 되며 은혜로운 교회를 이루게 되기 때문에 설교의 비중은 크고 무겁다.

어떤 교회든지 크게 성장한 교회들의 공통점은 목회자의 설교가 결정적인 역할을 한다는 데 있다. 그러나 나는 내가 하는 설교에 대해서 자랑할 만한 처지에 있지 못하다. 따라서 '설교는 이렇게 해야 한다, 저렇게 해야 한다'고 말할 수도 없다. 나는 다른 면에서도 부족함이 많다. 그렇지만 설교의 경우에는 더욱 부족함을 느낀다. 그러기에 주님의 부름을 받는 최후의 순간까지 나 자신의 모자람을 인정하면서 더 배우고, 더 채우고, 더 다듬고, 더 지혜롭고, 더 충실한 설교자가 되기 위해 최선을 다하고자 할 뿐이다. 그러나 여기에 간단한 설교 요약을 소개하는 것은 이런 내용, 이런 식으로 설교한다는 한 사례를 보여주기 위함이다. 그럼에도 불구하고 나에게 스승이 되기에 넉넉한 목회자들 앞에 부끄러움을 금할 수 없다.

〈설교사례〉
제목: 일하는 자리에서
본문 : 마태복음 24장 40-44절

1. 우리가 살아 있다는 것과 일할 수 있다는 것은 하나님의 은혜이며

축복입니다. 그러기에 하나님께서는 하늘과 땅 그리고 그 가운데 있는 모든 것을 창조하시고 그 창조의 면류관인 사람에게는 땅을 정복하도록 하신 것입니다.

땅을 정복한다는 것은 사람의 의무임과 동시에 일입니다. 이것을 신학적으로 말할 때는 하나님께서 인간에게 주신 문화 명령이라고 합니다.

일은 우리를 건강하게 하고 건전하게 하며 생산적인 목표를 지향하게 합니다. 일을 경시하거나 일하지 않고 살고자 하는 사람이 있다면 그것은 잘못된 것이며 성경의 가르침에서 이탈하는 것입니다.

과중한 업무로 인하여 일이 무거운 경우가 있겠습니다만 일은 우리의 짐이 아닙니다. 일은 사람이 사람답게 살아가는 수단이며 방법입니다. 하나님께서 당신의 뜻을 이루고자 하실 때 우리 자신과 우리가 하는 일을 통해서 이루십니다. 그런가 하면 일은 하나님의 축복으로 향하는 행동이기도 합니다.

이런 점에서 볼 때 일하지 않는 것, 일을 포기하는 것은 우리의 삶을 포기하는 것이나 다름이 없습니다.

2. 예수께서는 요한복음 5장 17절에서 이렇게 말씀하십니다.

"내 아버지께서 이제까지 일하시니 나도 일한다." 예수님께서 지상에 계실 때 사셨던 삶은 일하는 삶이었습니다. 이 삶을 사셨던 이유가 아버지의 일하심 때문입니다. 그렇다면 우리가 일하는 이유도 이와 같아야 합니다. 그런데도 일하기 싫어하는 사람들이 있습니다.

초대교회 중의 하나인 데살로니가 교회에 그런 사람들이 있었던 것 같습니다. 그래서 바울 사도는 엄히 말합니다. 데살로니가후서 3장 10절에서 "누구든지 일하기 싫어하거든 먹지도 말게 하라"고 하였습니다. 이 말은 일하기 싫어하는 자는 먹을 자격도 없다는 것을 강조합니다. 대개 어느 사회든지 문제가 되는 사람들은 일하기 싫어하는 사람들입니다. 일하기 싫어하는 사람들은 일하기 싫어하는 데서 머물지 않고 만들어서는 안 되는 일들을 만들기 때문입니다(살후 3:11).

3. 기독교의 정신이 의식화된 사람들은 일을 하나님의 은총과 축복으로 믿기 때문에 근면하고 성실한 삶을 삽니다. 일은 우리가 주님의 재림을 맞는 그날까지 계속되어야 할 의무이며 소중한 가치입니다. 어떤 사람들은 예수님께서 재림하실 때 어떤 자세로 맞이해야 하느냐에 대해 관심을 갖습니다. 어떻게 보면 상당히 신앙적입니다. 그러나 그것이 곧 함정입니다. 주님이 내일 또는 5분 후에 오신다고 해서 어떤 특별한 일을 해야 하는 것이 아니라 일하는 자리에서 일하는 그대로의 모습으로 주님을 맞이해야 하고 그리될 수 있어야 하기 때문입니다. 예수님은 본문 말씀에서 매우 중요한 사실을 가르쳐 주십니다.

두 사람이 밭에 있습니다. 두 여인이 매를 갈고 있습니다. 그런데 그중의 한 사람만 데려감을 당합니다. 주님이 재림하실 때 재림의 주님을 맞이한다는 것입니다. 밭에 있는 사람, 매를 갈고 있는 여인들은 모두가 일하는 사람입니다. 그러니까 일하는 자리에서 주님을 맞이해야 합니다. 그럼 무슨 일을 해야 합니까? 선한 일을 행해야 합니다(살전 5:15, 시 37:3). 선한 일이란 진리를 기준하고 그 목적을 주님의 영광에 두는 모든 일입니다(롬 14:7-98).

교회의 교회다움은 올바른 예배에 있다. 그러므로 예배를 어떻게 인도하느냐가 중요하다는 점을 경험적인 측면에서 소개하였다. 따라서 예배에서의 가장 큰 비중은 설교에 있다는 점을 강조하기 위해 설교 요약을 옮겨 놓았다. 그러나 이것은 어디까지나 여러 목회자의 다양성과 공통성의 한 예라는 점을 밝혀 둔다.

교인관리는 구역관리로

신도시의 목회를 시작하면서 교인들을 관리하는 문제에 대해 적지 않은 관심을 두었다. 그 이유는 신도시의 교회들은 급격한 기회와 급격한 위기를 공유하고 있다는 판단에서였다.

모여드는 교인들, 관리는 어떻게?

말하자면 급격하게 많은 사람이 모여들 수 있다는 점이 기회라면, 급격하게 흩어질 수 있다는 점이 위기라고 생각되었기 때문이다. 그러므로 아무리 많은 교인이 모여든다 하더라도 관리를 잘못하면 기회가 위기로 바뀌는 것은 순식간이 될 수 있다.

많은 교인이 짧은 시간 안에 등록하게 될 때 목회자 한 사람으로서 흥분되기도 하고 긴장되기도 하였다. 그러나 교인들이 얼마나 나오고 얼마나 등록하느냐에 못지않게 어떻게 관리하느냐가 중요하게 여겨졌다.

그래서 생각한 것이 구역을 통해서 관리하는 것에 비중을 두기로 한 것이다.

구역조직

교인의 분포권역별로 8개 교구를 설정하고 그 교구 내에 몇 개의 구역을 소속케 하였다. 그리고 제직 중에서 각 교구장과 구역장을 세웠다. 이러한 구역조직은 보편화 되고 통상적인 것이다. 그러나 나의 생각에는 특별한 것만 가지고 교인을 관리하기보다 기존의 것을 존중하고 잘 활용하는 지혜가 중요하다는 깨달음이 있었다.

구역조직의 관리

구역조직의 관리는 교인을 관리하는 일과 맞물려 있다. 그러므로 구역조직을 어디서부터 어디까지 어떻게 관리해야 하느냐에 마음을 써야 했다. 단, 복잡하지 않고 단순하게 관리하는 것을 원칙으로 삼았다.

1. 관심에서부터

한번은 등록한 지 얼마 안 되는 성도로부터 전화가 왔다. "목사님, 안녕하세요?"라고 하기에 나는 "네, 감사합니다. 안녕하세요."라고 대답했다. 그랬더니 "목사님, 제가 누구인지 아세요? 아시면 말씀해 보세요." 하는 것이 아닌가. 순간 난처했지만 "꼭 말해야 하나요? 누구인지를 느끼면 되는 거 아니에요?"라고 반문하면서 말문을 막은 적이 있다.

이것은 단순한 예이지만 관심을 요구하는 것임에 틀림없었다. 그러기에 교인들에 대한 관심을 갖는 데서부터 구역조직의 관리를 생각하게 된 것이다.

2. 관심 속으로 끌어들이는 길

예배를 4부로 나누어 드리니까 각 구역장이 자기 구역의 신도들을 파악하기가 어렵다. 그러므로 부교역자들이 파악하고 미출석자가 누구인지를 확인하여 관심을 나타낸다. 그리고 성도들을 관심 속으로 끌어들인다.

1) 여전도사를 통해서

일단 결석자가 확인되면 여전도사는 그 가정에 전화한다. 전화할 때 '왜 안왔느냐, 다음주일에는 꼭 나와야 한다'는 방식은 삼간다. 왜냐하면 그리할 경우 추궁하는 것이 되기 때문이다. "궁금해서 전화 드렸어요. 그동안 평안하셨어요?"라고 하면 좋다. 이때 "자, 지난 주일에는 우리 교회에 못 나갔어요. 궁금하셨지요? 저희 큰집에 갔다가 거기서 주일을 지켰어요."라는 식의 반응을 보이면 "그렇군요. 나는 또 무슨 일이 있나 해서 궁금했어요. 그럼 오는 주일에는 만나 뵐 수 있겠네요. 주님의 은혜 안에서 안녕히 계세요."라고 말하며 관심을 보인다. 이렇게 확인하는 일을 통해서 교회의 관심을 나타낸다.

2) 구역장을 통해서

여전도사는 결석신자와 통화를 했든지 못했든지 간에 일단은 결석자가 누구라는 것을 각 구역장에게 알려 준다. 그리고 그 구역의 구역장이 확인할 것은 확인하게 하고, 심방이 필요하다고 판단되는 가정의 경우에는 여전도사, 교구장, 구역장이 함께하는 심방을 한다. 따라서 꼭 필요한 경우에는 담임목사가 심방하지만 대개는 여전도사의 심방에서 매듭된다.

3) 구역의 친교를 통해서

구역에 속한 각 신자들은 가족 같은 느낌이 있어야 한다. 그러기 위해서는 친교가 필요하다고 생각되었다.

① 구역 자체의 친교 : 구역장이 자기 구역과 협의하여 야외에 나간다든가 자기들의 취미에 맞는 행사를 준비하여 함께 나누는 친교를 하도록 한다.

② 교구 내 구역 간의 친교 : 한 교구 안에 여러 구역이 있다. 교구장과 해당 구역장들이 협의하여 친교 프로그램을 만들어 기쁨을 나눈다.

③ 교구 간의 친교 : 두 교구씩 연합해서 교회로 모인 다음 친교의 프로그램을 갖게 한다. 이 프로그램은 그 교구의 각 구역들 가운데서 재능 있는 사람으로 하여금 준비와 진행을 맡게 한다.

④ 전체 친교 : 전 교구, 전 구역이 연합으로 교회에 모여서 친교의 시간을 갖는데 이때의 프로그램은 부교역자들이 준비하고 누구누구를 지정하여 진행에 참여하게 한다.

3. 구역예배에 도입한 성경공부

구역예배는 한국교회에 보편화되어 있다. 그러기에 별로 색다르게 할 것이 없기도 하지만 너무 색다르게 할 경우엔 기존의 제도에 길들여진 신자들에게 불필요한 오해를 일으킬 소지가 있다. 그러나 조금은 색다르게 할 수도 있고 또 그렇게 하는 것이 신선감을 주는 길이기도 하다고 생각하였다. 그래서 생각하던 끝에 구역예배 시의 구역 성경공부를 대화식으로 실현하기 위해 '커피브레이크 성경발견학습법'을 도입하여 응용하게 되었다. 그래서 세 가지의 기준에서 질문을 통한 대화 방식의 교재를 만들었다.

첫째, 사실 관찰 질문이다. 이것은 성경의 사실을 있는 그대로 관찰하고 이해하게 하는 질문이다.

둘째, 해석 질문이다. 성경의 내용 가운데서 사실 관찰에 기초하여 중요한 부분 또는 전체의 의미를 파악하게 하는 질문이다.

셋째, 적용 질문이다. 사실을 관찰하고 의미를 파악한 후에 구체적으로 나에게 적용하는 질문이다.

1) 준비는 어떻게

전에는 이미 나와 있는 구역예배 공과를 사용하였다. 그때는 그 공과에 수록된 내용을 숙지시키고 약간의 난제를 해결해 주는 방향으로 준비하였다. 그때는 그때대로 좋은 점이 있었다. 그러나 이 새로운 도시에서는 위에서 언급한 방법으로 준비하여 적용하는 것이 더 바람직하게 여겨졌다.

① 목사의 준비 : 아무래도 목사가 준비한 만큼 준비시킬 수 있고, 준비시킨 만큼 은혜로운 결과를 기대할 수 있다고 믿는다. 그래서 구역예배 순서 전체를 만들고 인도자는 거기에 적혀 있는 대로만 해도 될 수 있게 하였다. 그리고 성경공부 부분도 전체 순서 안에 포함되도록 함과 동시에 인도자용과 피인도자용을 구별했다. 그래서 인도자용은 세밀한 것이고, 피인도자용은 순서의 목록과 성경공부를 위한 몇 개의 질문을 삽입하였다.

② 인도자의 준비

· 언제 : 주간에 별도로 모이기 어려운 점을 감안하여 Ⅱ부 삼일기도회(삼일기도회를 Ⅰ부는 오후 4시 30분, Ⅱ부는 오후 7시에 모임) 후

로 잡는다. Ⅱ부 삼일기도회가 끝나면 밤 7시 40분쯤 되는데 이때부터 30분간 통성기도(제목별로)와 간단한 전도교육을 실시하고, 30분 동안 구역예배 인도자의 준비시간을 갖는다.

· 준비방법 : 각 구역에서 인도할 때와 똑같은 것을 실습하게 하는 방법으로 준비한다. 그것은 구역 인도자들 가운데 한 사람이 대표 인도자가 되게 하고 여러 구역 인도자들 중 7~8명이 나와서 대표 인도자를 중심으로 둘러앉게 한다. 그런 다음 처음부터 끝까지 자세하게 적혀 있는 교안을 가지고 인도하게 한다.

2) 마지막 정리

목사는 이미 준비한 교재만으로도 많은 말을 한 것이나 다름이 없다. 그러므로 인도자의 진행에 대해 개괄적인 것만을 제시한다. 그리고 인도자와 피인도자 사이에 진행되는 과정을 지켜본 다음 칭찬할 것은 칭찬하고 바로잡을 것이 있으면 바로잡고 보충할 것에 대해서는 보충 설명을 한다. 그리고 인도자나 피인도자들이 궁금해하는 사항에 대해 대답하는 형식으로 준비를 마무리한다.

3) 구역예배의 실제 사례

구역예배 전 순서의 자세한 진행을 옮기고 싶지만 그럴 경우 좀 부자연스럽다는 생각이 들어 기존의 예배순서와 색다른 부분만을 소개하고자 한다.

① 순서 : 예배에의 부름, 성구낭송, 기원, 찬송가, 대표기도, 찬송가, 성경공부, 합심기도, 정리기도, 찬송과 헌금, 헌금기도, 광고, 송영, 주기도, 폐회.

② 구역예배에서의 색다른 부분 : 여기서 말하는 색다른 부분이란

다른 교회들이 하는 것보다 특별하다는 의미가 아니다. 그것은 매주 내용상으로 다르게 도입되는 부분을 의미하는 것이다.

· 예배 시작 전 : "이번 추석연휴는 매우 길게 느껴졌어요. 그리고 여러 사건으로 인하여 긴장되었던 연휴이기도 했어요. 우리 중에는 고향에 다녀오신 분들도 많으리라 생각합니다. 한 주를 건너서 만나는 만남인데도 아주 오랜만에 만나는 것처럼 반가워요."

· 예배에의 부름 : "이제 우리의 영혼을 새롭게 하실 주님의 은혜를 기대하면서 오늘의 구역예배를 드리기로 해요. 다 함께 순수한 마음을 열고 묵도하심으로써 구역예배를 시작합니다."

· 기원 : (인도자가) "임마누엘의 주님, 저희들은 깊은 밤의 한복판에서 호젓한 길을 걷는 나그네처럼 두려움과 고독에 싸일 때도 있었습니다. 그러나 저희들의 빛이신 주님께서 동행하시고 인도하사 은혜의 길을 걷게 하심을 감사합니다. 저희들이 드리는 이 예배를 기뻐 받아 주시옵소서, 존귀하신 주님의 이름으로 기원하옵나이다. 아멘."

· 성경공부 : "두 주 만에 구역성경공부를 하니까 사모하는 마음과 은혜에 대한 기대가 더욱 커지는 느낌이에요. 오늘부터는 마가복음 6장 30-56절의 말씀을 상고하면서 주님의 음성을 듣기로 해요. 먼저 마가복음 6장 30~34절만 읽겠는데 제가 먼저 읽고 나서 함께 통독하는 것이 좋겠어요. 말씀을 읽을 때와 들을 때와 공부할 때에 성령의 감동과 은혜가 임하는 줄 믿습니다.

우리가 방금 읽은 말씀을 보면, 때가 저물어 갑니다. 그러나 사람들은 돌아갈 기미를 보이지 않습니다. 그러자 예수님을 따르는 제자들의 마음에는 은근한 걱정이 일기 시작합니다. 이때 일기 시작한 걱정

거리는 예수님의 주위에 모여든 무리의 식사문제입니다. 사람들은 많고 때가 되면 먹여야 하는데 먹일 것은 없습니다. 그렇다고 사 먹일 수도 없고 그냥 돌려보낼 수도 없는 형편입니다. 어찌해야 될지 묘안이 떠오르지 않습니다. 그래서 고심하던 끝에 가장 현실적인 방안을 생각해 냅니다. 그리고 예수님께 제안을 합니다."

<사실 관찰 질문 A>

인도자/ 본문에서 제자들이 제안한 현실적인 방안은 어떤 것이었나요? 본문에 나타나 있는 바를 따라서 말씀해 보세요.

교 우/ 때가 저물어 가는 것을 걱정했어요.

인도자/ 네, 그렇게도 생각할 수 있겠군요.

교 우/ 제 생각에는 무리를 보내자는 것 같은데요.

인도자/ 그런 생각도 들지요?

교 우/ 저는 이렇게 정리되는데요, 무리들이 마을과 촌으로 가서 무엇을 사 먹게 하자고 한 것으로 봐서 자기들의 문제는 자기들이 해결하자는 방안인 것 같습니다.

<해석 질문 A>

인도자/ 그렇죠. 아주 잘 말씀해주셨어요. 그런데 이와 같은 제안을 한 제자들은 어떤 의도를 갖고 있었을까요?

교 우/ 제 생각에는요, 무책임한 의도인 것 같아요. 어떻게 하든지 마음의 부담을 덜자는 것으로 느껴지니까요.

인도자/ 아주 중요한 것을 발견하신 것 같아요. 또 다른 의도는 없을까요?

교 우/ 책임을 무리에게 떠넘기자는 의도인 것 같아요.

인도자/ 그렇네요. 저도 동감입니다. 왜 이런 의도를 가졌을까요?

교 우/ 예수님께서 아무런 대책을 안 세우시니까 답답해서 그런 것이 아닐까요?

인도자/ 그런 추측도 가능하겠지요.

교 우/ 제 생각은 좀 다릅니다. 무리에게 책임을 전가시키지 아니하면 자기들이 책임지게 될까 봐서일 것 같아요.

인도자/ 그래요. 아주 잘 말씀해 주셨어요. 여러분들도 공감이 가시죠?

<적용 질문 A>

인도자/ 내가 제자들의 입장이었다면 나는 어땠을까요? 예수님께서 말씀하실 때까지 주님만 믿고 가만히 기다리고 있었을까요? 어떠했을 것인가를 자유롭게 말씀해 보세요.

교 우/ 저 같아도 제자들과 다를 게 없었을 것 같아요.

인도자/ 지금 말씀하신 것이 일반적인 반응일 것으로 생각됩니다. 또 다른 생각은 어떠세요?

교 우/ 네, 저 같으면 조금 달랐을 거라고 생각합니다. 방안을 말씀 드리기보다 어떻게 하시겠는지를 여쭈어 보겠어요.

인도자/ 그래요, 참 재미있는 말씀을 하셨네요. 그래도 되겠군요.

교 우/ 저는요, 이런 상황에서 "저희들이 어떻게 해야 합니까?"라고 여쭙겠어요.

인도자/ 그래도 되겠군요. 우리들의 이러한 생각은 어찌 보면 당연한 것으로 여겨집니다. 그러나 보다 중요한 것은 주님께 대한 믿음과 그 믿음에 이어지는 순종의 행위라고 생각합니다.

<사실 관찰 질문 B>

인도자/ 제자들의 이 제안에 대해서 예수님은 무엇이라고 말씀하고 계신가요?

교 우/ "너희가 먹을 것을 주라"고 말씀하셨어요.

인도자/ 그렇지요! 너희가 먹을 것을 주라는 말씀이에요. 이 말씀을 들은 제자들은 뜻밖이라는 생각이 들었을 거에요. 그럼 제자들의 반응은 어떠했나요?

교 우/ 네, "우리가 가서 200데나리온 어치의 떡을 사서 먹일까요?"라는 반문이었어요.

인도자/ 그렇습니다. 이 반문에는 반항기가 섞여 있는 듯해요.

<해석 질문 B>

인도자/ 예수님께서 이런 질문을 하신 데는 그만한 이유가 있었으리라 생각됩니다. 그렇다면 그 이유가 뭘까요?

교 우/ 제자들의 무능을 깨닫게 하기 위해서가 아닐까요?

인도자/ 그런 점을 생각할 수 있지요. 제자들은 그대로 할 수 없는 형편이었으니까요. 또 다른 이유는 없으셨을까요?

교 우/ 제자들의 태도를 보기 위해서인 것 같습니다.

인도자/ 왜 그런 생각이 드셨어요?

교 우/ 결과는 뻔한데도 질문을 하셨으니 말이에요.

인도자/ 그 외에 이유는 없을까요?

교 우/ 제가 보기에는 제자들의 믿음을 시험해 보시려는 데 그 이유가 있는 것 같습니다.

인도자/ 네, 그래요. 매우 핵심적인 것을 말씀하신 것 같아요. 주님께서 우리가 감당할 수 없이, 무거운 것을 요구하시는 듯할 때가 있습니다. 이때는 반항하거나 시험에 들 때가 아니라 믿음을 보여 드릴 때입니다.

<적용 질문 B>

인도자/ 만일 나에게 이런 명령을 내리신다면 어떻게 할까요? 못한다고 해야 할까요? 아니면 '네'라고 대답해야 할까요? 이것도 저것도 아니면 침묵은 금이니까 침묵해야 될까요? 자유롭게 말씀해 보세요.

교 우/ 저 같으면 고민에 빠질 것 같아요. 순종은 해야겠고 순종할 여건은 되지 못하니까요.

인도자/ 다른 분은 어떠세요?

교 우/ 네, 일단은 대답하고 보겠어요. 내 힘이 모자라서 못한다면 주님께서 힘을 주실 테니까요.

인도자/ 아주 적극적인 말씀을 하셨어요. 그리할 수 있다면 두려울 것이 없으리라 생각해요. 또 다른 말씀이 있으면 해주세요.

교 우/ 저는요, 직접 답하기보다 "주님, 제가 주님 말씀대로 하기를 원합니다. 감당할 수 있는 힘을 주십시오."라고 하겠어요.

인도자/ 상당히 지혜로운 생각인 것 같습니다. 하여튼 여러분의 말씀은 우리 모두의 모습이라고도 생각됩니다. 그러면 본문의 내용을 염두에 두면서 한 가지만 더 이야기하고 넘어갈까요? 혹시 힘에 지나는 헌금을 하는 문제로 고민을 했다가 드리고 나서 받은 은혜가 있었다면 말씀해 보실까요?(이것은 헌금에 대한 부담감으로부터 벗어나게 하는 간증으로 이어진다.)

4. 대화식 성경공부의 장점

요즈음 세대들이 주입식을 싫어하는 경향이 농후하다는 것은 이곳 신도시 지역에서 생생하게 실감할 수 있다. 그런데 구역성경공부에서 대화식 성경공부를 하게 되니까 이에 대한 반응이 바람직하게 나타난다. 그 반응은 다음과 같다.

① 인도자와 피인도자의 거리가 가까워진다는 것.

② 성경공부를 통해서 대화를 하니까 마음이 열린다는 것.

③ 대화하면서 탐구하니까 전에는 생각해 내지 못하던 것도 생각하게 되었다는 것.

④ 말씀을 발견하는 즐거움을 갖게 되었다는 것.

⑤ 서로의 마음을 열 수 있게 되었다는 것.

⑥ 자기의 생각을 자유롭게 말할 수 있으니까 그만큼 여유가 있게 되었다는 것.

⑦ 말씀을 탐구하는 중에 공감적 체험을 하게 되었다는 것.

⑧ 말씀을 기억하기보다 느낄 수 있어서 좋다는 것 등을 들 수 있다.

송구영신 예배를 뜻깊게 하려고

송구영신 예배는 왜 드리는가?

한 해를 보내고 새로운 한 해를 맞게 되는 시점에서 송구영신 예배를 드리는 것은 매우 뜻깊은 일이다. 이 예배를 통하여 덜 씻겨진 마음을 참회함과 동시에 지난 한 해 동안에 받은바 은혜를 기억하면서 감사하게 된다. 따라서 동터 올 새해를 믿음의 기도와 소망이 담긴 가슴으로 맞게 되기 때문에 매년 이 예배를 드린다.

단순히 송구영신 예배를 드리는 것만이 능사는 아니라고 생각하기 때문에 어떻게 드려야 하나님께 영광이 되고 모든 성도와 공감대를 형성하여 은혜로운 예배가 되게 할까를 생각하였다.

그래서 이미 나와 있는 몇 권의 책에서 송구영신 예배의 사례를 살펴보았다. 그러나 이 지역의 정서에 맞는 사례는 만나기 어려웠다. 그래서 궁리 끝에 독자성이 있는 예배를 준비하기로 하였다.

지역정서에 맞추어서

준비는 크게 세 가지로 구상하였다. 하나는 인도자인 목사의 준비,

또 하나는 예배 순서 맡은 자의 준비, 그리고 마지막은 예배에 참여하는 모든 성도의 준비이다.

1. 목사의 준비

먼저 예배 순서 전체를 만들고 목사가 진행할 내용을 일일이 쓴다. 그리고 예배 순서에 사용할 기원문, 송년시, 신년시, 간단한 송년설교, 신년설교를 준비한다. 이와 같은 준비는 1시간 10분 내에 마쳐지도록 한다.

2. 순서 맡은 자의 준비

목사가 준비한 것을 큰 글자로 잘 기록한 다음에, 파일에 끼어서 순서를 맡은 신자에게 넘겨준다. 그리고는 몇 번이든지 읽어보게 한 다음 송구영신 예배 1시간 전쯤 사무실로 오게 한다. 예배드릴 때 하는 것과 똑같이 실습하게 하고, 읽는 법이라든가 어감 같은 것에 대하여 약간의 조언을 한다.

이때 너무 많이 지적하거나 가르쳐 주려 하면 효과보다는 역효과가 나기 쉽다는 것을 염두에 둔다. 왜냐하면 내가 너무 부족하다는 생각이 열등감으로 이어지면서 긴장하게 되면 자연스러움을 잃게 할 우려가 있기 때문이다. 그러니까 "아주 잘했는데 이 부분에서는 이렇게 하는 것이 좋지 않을까요?"라는 식으로 한다.

3. 모든 성도의 준비

① 기도 제목 : 교인들에게는 송구영신 예배가 있기 두 주일 전에 기

도 카드를 나눠 준다. 그리고 그 카드에 1년간 계속해서 기도할 제목과 단기간 기도해야 할 제목을 구별하여 기록하게 한다. 그리고 송구영신 예배 때에 가져오게 한다.

② 헌금의 준비 : 송구영신 예배 직전 주일에 신년 감사헌금 봉투를 나눠주어 신년헌금을 준비하게 한 다음 송구영신 예배에 나올 때 가져오게 한다. 그리고 그 취지를 '새로이 열리는 새해의 첫 시간에 신년헌금을 드리는 것은 나를 위해 쓰기 전에 먼저 주님께 드려야 한다는 데 그 뜻이 있다'라고 간단히 설명해 준다.

그리고 송구영신 예배에 나오고 싶지만 불가피해서 못 나오는 분들은 신년 주일에 신년헌금을 드리되 미리 구별했다가 드리게 한다.

③ 가족 단위 또는 부부가 나오도록 우리 교회는 공간을 시간으로 나누어 쓰기 때문에 전 교인의 가족을 송구영신 예배에 나오라고 하기가 어렵다. 물론 1층 교육실에 모니터를 설치해 놓았기 때문에 평소보다 1회 수용 공간이 넓다. 그러나 4부예배 인원이 한 번에 예배를 드리기 위해 몰려들면 감당하지 못한다(그럴 수만 있다면 좋지만).

그래서 가족 전체가 나오라 하기보다 부부 중심으로 나오는 게 좋다는 식으로 권면한다. 신도시에는 젊은 세대가 많아서 그런지 엷게 말해도 잘 알아듣는다.

촛불 예배를 드리면 좋지만

나는 지금도 송구영신 예배 시에 촛불 예배를 드리는 것은 바람직하다고 생각한다. 왜냐하면 보다 경건한 분위기를 자아낼 수 있고, 촛불을 밝히는 것 자체가 주는 빛의 메시지가 있기 때문이다. 그러나 우리 교회의 경우, 화재의 위험과 쾌적한 공기의 혼탁과 빽빽이 앉아 있는 사람들이 촛불을 붙이고 끄는 데서 오는 어수선함을 피하기 위해 생략한다.

다만 큰 초 두 자루를 준비해서 불을 켠 채 강단 위에 올려놓는다. 그리고 송년의 시간 3분 전에 전깃불을 끄면 강단의 촛불만 빛을 내게 된다.

예배는 이렇게 드린다.

금년에도 12월 31일이 되면 송구영신 예배를 드리게 된다. 나의 경우는 매년 해왔기 때문에 부담이 덜 되지만 처음 시도하고자 하는 분들에게는 부담이 될 수 있다.

뭔가 하기는 해야겠는데 어떻게 해야 할지 모르겠다는 독자의 말을 들은 적이 있다. 이런 분들에게는 도움이 될 수 있다고 생각되어 사례 그대로 옮겨 놓는다.

1. 시작하기 전의 점검

전기 스위치를 담당하는 이가 제 위치에 있는지, 앰프 조절은 제대로 됐는지, 순서를 맡은 이들은 빠지지 않았는지, 목사의 진행 교안이 제대로 챙겨졌는지를 점검한다. 그리고 일찍 나온 사람들을 모두 앞쪽으로 채워 앉게 한 다음 뒷좌석을 비워 둔 뒤 모든 보조 의자를 배치한 후 밤 11시 20분에 시작한다.

2. 예배의 진행

예배를 시작하기 직전에 이렇게 말한다.

"우리는 가장 짙은 밤의 한복판에서 이 송구영신 예배를 드리려고 이 자리에 모였습니다. 우리 모두 빛 가운데서 송구영신 예배를 드리기 위해 순수의 마음을 열어야 하겠습니다."

예배의 부름/ 여러분이 협소한 자리에서 협소하게 앉으셨기 때문에 기립하지 않고 앉으신 채로 20○○년을 닫고 20○○년을 열기 위한 송구영신 예배를 시작합니다. 다함께 순결한 영혼과 경건한 마음을 모두어 묵도하시기 바랍니다.

주악/ (주악에 맞추어 모든 성도가 묵도를 하면 목사는 신·구약 성경에서 성구를 낭송한다.)

"전도자가 이르되 헛되고 헛되며 헛되고 헛되니 모든 것이 헛되도다. 사람이 해 아래에서 수고하는 모든 수고가 사람에게 무엇이 유익한가 한 세대는 가고 한 세대는 오되 땅은 영원히 있도다"(전 1:2-4).
"우리가 알거니와 하나님을 사랑하는 자 곧 그의 뜻대로 부르심을 입은 자들에게는 모든 것이 합력하여 선을 이루느니라"(롬 8:28).

(그리고 이어서 준비한 대로 송구의 기원을 드린다.)

주여!

주님께서 주신

한 해의 문이 닫히기 전에

주의 전에 모인 저희들이

송구영신 예배를 드리려고

머리를 숙입니다.

이 예배를 통해

존귀와 영광을 받으시옵소서.

주님의 이름으로 기원하옵나이다. 아멘.

신앙고백/ 달이 바뀌고 해가 바뀌어도 주님께 대한 우리의 신앙이 불변함을 다짐하며 다함께 사도신경으로 신앙고백을 합시다.

교독문/ 믿음의 말씀으로 된 교독문 51번을 찾으시기 바랍니다. 찾으셨으면 함께 교독합니다.

찬송가/ 지금까지 지내온 은혜를 감사하면서 찬송가 460장을 부르겠습니다.

송년의 기도/ 송년의 기도는 ○○장로님께서 하시고 다함께 기도합시다.

(이미 준비한 기도문으로 기도한다.)

어제나 오늘이나 영원토록

동일한 사랑의 주님!

언제 어디서나

저희들과 함께하시고

동행하여 주심을
감사하고 찬송하옵나이다.

저희들의 위기와 두려움에서
피난처가 되어 주시고
나약한 믿음에서
걷잡을 수 없이 흔들리고 있을 때
주의 손으로 붙들어 주시고

마음을 짓누르는 시험 때문에
캄캄해질 때
주님의 빛으로
밝혀 주셨습니다.

가서는 안 될 길을 고집하고
해서는 안 될 일을 하려 할 때
그 길과 그 일을 막아 주셨으며
주님이 길 되신 길로 인도하시며
주님이 하시고자 하는 그 일을
하게 하셨으니
주님께 경배합니다.

존귀하신 주님!

이제는 한 해의 문이 닫히는 것과 함께

또 한 해의 문이 열리게 될 것을

기대합니다.

주여!

이 해의 문이 닫히기 전

저희들이 드리는 감사와 찬송과

영광을 받으시옵소서.

주 예수 그리스도의 이름으로

기도 드리옵나이다. 아멘.

성경봉독/ 한 해의 끝에서 주시는 성경 말씀은 구약성경 817페이지에 있는 시편 23편 1-4절입니다. 다 찾으신 줄 알고 제가 봉독해드립니다.

감사의 찬양/ 지금까지 은혜와 축복 가운데 인도하신 주님께 영광을 돌리는 성가대의 찬양이 있겠습니다.

설교/ '양의 길'(송년의 의미가 담긴 간단한 설교를 약 5분 동안 한다.)

주님은 목자이시고 우리는 양입니다. 이 관계 속에서 지난 한 해를 살아왔습니다. 그러나 양이 생각하는 양의 길이 있고, 목자가 이끄는 양의 길이 있습니다.

그런데 양 된 우리는 우리 멋대로의 길이 우리의 길인 줄로 착각할 때가 많았습니다. 그럼에도 불구하고 주님께서 인도하시는 그 길만이 양의 길임을 알게 하시고 오늘 이 시간, 여기까지 이르게 하셨습니다. 우리를 우리가 원하는 길로 가게 하시지 않은 것은 주님께서 인도하시는 길만이 양의 길이기 때문입니다.

　우리는 이제 우리를 양의 길로 인도해 주신 주님께 마음을 열어 감사합시다. 또한 내멋대로 안 되었던 일에 불평하고 어려움에서 의심했던 일들을 부끄러워하며 용서의 주님께 참회합시다. 주께서 우리를 사하실 줄 믿고 확신합니다.

기도/ (설교가 끝나면 이어서 인도자인 목사가 기도한다.)

　　주여!
　　저희들의 삶을 주관하시고
　　바른 길을 알게 하시며
　　그 길로 인도해 주심을 감사합니다.

　　저희 속에서
　　끊임없이 솟아오르는
　　육신적 욕망을 이기도록
　　힘을 주시며
　　주님의 뜻을 따라
　　평화를 누리게 하심을 인하여
　　존귀와 영광을 돌립니다.

주님은 목사이십니다.

그리고 저희들은 양입니다.

오직 주님이 앞서 인도하시는

그 길만이 양의 길임을 믿사오니

항상 그 길에서 복되게 하옵소서.

저희들의 불의와 의심을 사해 주신

우리 주 예수 그리스도의 이름으로

기도하옵나이다. 아멘.

찬송가/ 변치 않고 우리를 사랑하시는 주님께 찬송가 214장으로 찬양드리겠습니다.

참회의 기도/ 이 시간에 드리는 참회의 기도는 저를 따라서 함께 드리시기 바랍니다.

사랑과 용서의 주님!

저희들의 심령에

주님의 빛을 주시고

참회의 마음들을

하나로 모아 주신 것을 감사합니다.

저희들은

믿는다고 말하면서도

믿음으로 이겨야 할 일들과

믿음으로 실현해야 할 일들 앞에서는

의심하여 두려워하였습니다.

주님을 바라본다 하면서도
풍랑이 밀려들면
그 풍랑을 바라보다가
그 풍랑에 따라 흔들리고
경황을 잃은 적도 많았습니다.

믿음으로 산다 하면서도
저희들의 욕구대로 살았고
겸손을 말하면서도
자신을 높이며 살아왔습니다.
이러한 불신앙의 행위들이
저희들을 어둡게 하고
검게 하였습니다.

그러나 이제는 저희들의
죄와 허물을 용서해 주시옵소서.
저희들의 죄와 허물을 용서하신
우리 주 예수 그리스도의 이름으로
기도하옵나이다. 아멘.

송년시/ ○○님께서 참회의 기도에 이어 이 밤 이 해를 보내는 송년시를 낭송해 주시겠습니다.

끝밤의 고비

우리의
작은 가슴에는
담을 수 없었던
놀라움
충격
아픔
슬픔들이
끝밤의 고비에
누워 있습니다.

그러나
잠들지 않은
저희들의 가슴은
총총한
별빛처럼
깨어 있습니다.

다시 오실
영광의 주님을

맞기 위해

새해의

새날을

맞기 위해…

송년 송영/ 찬송가 6장을 부르심으로써 성부 성자 성령의 삼위일체 하나님께 송년의 영광을 돌립시다.

송년의 묵상/ (0시까지 약 3분 동안 묵상한다. 이때는 소등을 하고 강단의 촛불만 그대로 둔다.)

이제 20○○년의 마지막이 약 3분 여가 남았습니다. 이 시간은 송년의 묵상을 통해 다시 한번 자신을 정리해 보아야 합니다. 이 시간의 묵상은 지금까지 주님께서 주신 은혜를 마음에 새기고, 감사하며, 새로운 결단으로, 끊어야 할 것은 끊고자 하는 묵상이 되어야 합니다.

소리를 내지 말고 제가 0시 타종을 할 때까지 묵상하시기 바랍니다.

영시의 예배/ (0시가 되면 강단의 종을 가볍게 타종한다. 그런 후 전기 스위치를 올린다.)

신년의 송구/ (해석되지 않은 말씀을 먼저 듣게 한다는 뜻에서.)

"일어나라 빛을 발하라. 이는 네 빛이 이르렀고 여호와의 영광이 네 위에 임하였음이니라. 보라 어둠이 땅을 덮을 것이며 캄캄함이 만민을 가리려니와 오직 여호와께서 네 위에 임하실 것이며 그의 영광이 네 위에 나타나리니 나라들은 네 빛으로, 왕들은 비치는 네 광명으로 나아오리라"(사 60:1-3).

주악/ (목사가 신년의 첫 말씀을 송독하고 나면 반주자의 주악에 맞춰서 시편이 낭송된다.)

이 시간에는 신년의 시편을 ○○장로님께서 낭송해 주시겠습니다.

"하늘이 하나님의 영광을 선포하고 궁창이 그의 손으로 하신 일을 나타내는도다 ··· 하나님이 해를 위하여 하늘에 장막을 베푸셨도다. 해는 그의 신방에서 나오는 신랑과 같고 그의 길을 달리기 기뻐하는 장사 같아서 하늘 이 끝에서 나와서 하늘 저 끝까지 운행함이여, 그의 열기에서 피할 자가 없도다"(시 19:1, 4-6).

기원/

빛이시며
참 빛의 근원이 되시는 주님!
주님께서 여신
20○○년의 문이
열리고 있습니다.

이제 지난 밤의 어둠은 물러가고
은총의 햇살이 찬란한
새해의 새 아침이
다가오고 있습니다.

주님께서

주님의 보혈로 씻어 주신

저희들의 마음에

흔들리지 않는 믿음과

지워지지 않는 소망과

시들지 않는 사랑으로

채워 주옵소서.

저희들의 드리는 영신 예배를

흠향하시고

하늘의 복과

땅의 복을 내리시옵소서.

주님의 이름으로

기원하옵나이다. 아멘.

찬송가/ 주님의 영광, 주님의 빛이 가득한 이 시간에 찬송가 248장
을 함께 부르십시다.

신년의 기도/ ○○님께서 성령의 감화에 따라 신년의 시대와 소원을
이루기 위해 기도하여 주시기 바랍니다. 다 함께 기도하십시다.

눈부신 행복의 빛을 주시는 주님!

지금 막 신년이 열리었고

주님의 빛이

저희들의 영혼을 밝히고 있습니다.

청옥을 풀어 탄
동해의 맑은 물에
몸을 씻으며 떠오를 태양은
아직 보이지 않습니다.
그러기에
아직 어둠에 싸인 세상은
잠든 채로
누워 있습니다.

그러나
숨을 보이며 달려오는
은총의 아침을 맞기 위해
마음의 공간을 넓히고 있습니다.

만복의 근원이 되시는 주여!
복받은 사람들로부터
찬송을 받으시는 주여!

주님의 은혜로운 손길과
따뜻한 사랑으로
행복과 풍요의 복을 주시옵소서.

따라서

○○교회를 목양하시는

주님의 사자에게

능력 위에 능력을 더하시며

은혜 위에 은혜를 더하사

해가 힘 있게 비칠 때와 같게 하옵소서.

감사하옵고

20○○년을 주신

우리 주 예수 그리스도의 이름으로

기도드리옵니다. 아멘.

찬송가/ 햇빛과 같이 밝은 삶을 살기 원하는 마음으로 찬송가 358장
을 함께 부르겠습니다.

성경말씀/ 이 시간에 봉독해 드릴 말씀은 신약성경 6쪽에 기록되어
있는 마태복음 5장 14-16절 말씀입니다.

찬양/ 신년의 영광을 주님께 돌리기 위한 성가대의 찬양이 있겠습니
다.

설교/ '빛으로'(설교의 요점)

주님께서는 오늘 이 시간 이 자리에 있는 우리에게 '너희는 세상의 빛'
이라고 말씀하십니다. 그러므로 우리의 역할은 우리의 빛을 사람들 앞에
비추는 일입니다.

이러한 역할은 우리의 착한 행실로써 감당해야 합니다. 우리가 착한 행실의 빛으로 행할 때 이 빛을 보는 사람들은 우리가 믿는 하나님께 영광을 돌리게 됩니다. 따라서 주님의 부르심에 응답할 마음도 열리게 될 것입니다. 우리 함께 빛으로 하나님께 영광 돌리고 빛으로 주님의 복음을 전합시다.

기도/ 우리가 받은 말씀이 열매로 이어지기를 위해 기도합시다.
(설교 후 목사가 기도한다.)

주님!
저희들의 빛 됨과
그 사명을 깨닫게 하시오니
감사합니다.
이제부터는 이전보다
더 밝은 빛의 선행을 하게 하옵소서.
주 예수 그리스도의 이름으로
기도하옵나이다. 아멘.

헌금/ 우리에게 주신 물질을 먼저 주님께 드리고 한 해를 시작하기 위해 헌금을 드립니다. 우리 함께 감사하는 마음으로 신년헌금을 드립시다. 헌금 위원들의 인도에 따르되 3층과 1층에서는 별도로 준비된 헌금함에 헌금해 주시기 바랍니다.

헌금기도/ (헌금기도를 드릴 때, 성도들을 축복하는 것은 물론이요,

예배당에 들어올 때 별도의 함에 넣었던 기도 카드를 손에 들고 거기에 적힌 제목의 기도에 응답해 주시도록 다음과 같이 간구한다.)

영광을 받으시기에
합당하신 주님!
저희 자신과
저희들의 물질을 받으시는 주님께
감사와 찬송을 드리옵니다.
이제 이 해의 삶을 통하여
주님의 뜻을 이루기 원하옵니다.
이를 위해서
각자가 제출한 기도의 카드들을
거제물처럼 들었사오니
응답하여 주시옵소서.
저희들에겐
넘치도록 축복하시는
예수 그리스도의 이름으로
기도 드리옵나이다. 아멘.

신년시/ 주님께서 주신 신년의 은혜가 담겨 있는 신년시를 제1여전도 회장 ○○님께서 낭송해 주시겠습니다.

창문을 열기 전에

창문을 열기 전에
마음을 여세요.
눈에 보이는 세상보다
더 넓은 세상이 보일 테니까요.

태양을 보기 전에
주님을 보세요.
아침 빛보다
더 찬란한 빛
눈부셔 올 테니까요.

아름다운 노래를 듣기 전에
주님의 음성을 들으세요.
노래보다 더 좋은
기쁨이 넘칠 테니까요.

첫 발자국 떼기 전에
마음을 넓히세요.
내가 가고자 했던 길보다
더 큰 길이 열릴 테니까요.

송영/ 우리의 예배를 받으시고 축복하시는 주님께 찬송가 2장을 불러서 찬송합시다.

축도/ 다 함께 머리를 숙이고 마음의 그릇을 넓히시기 바랍니다.

(이렇게 말한 다음 축도한다. 그러고 나서 축도와 후주가 끝나면 광고는 별도로 하지 않고 순서지 뒷면에만 게재한다.)

신년의 은총 가득한 마음으로 서로에게 복을 빌며 화평을 나누시기 바랍니다. 따라서 성도 여러분의 길과 문을 주님께서 여사 형통케 하시기를 바랍니다. 여러분들이 제출한 기도 제목들을 가지고 기도한 다음 계속 강단에서 기도하겠습니다. 여러분들도 기도하시기 바랍니다. 은혜 안에서 맞게 된 새해를 축하합니다. 감사합니다.

이래서 좋습니다

해마다 송구영신 예배를 드리게 되면 이에 대한 교인들의 관심 또한 높은 것을 알게 된다. 따라서 이 예배에 참여하는 성도들의 태도가 진지하고 은혜로운 분위기에 젖어 드는 것을 보게 된다. 그러기에 송구영신 예배에 대한 여러 가지 반응이 나타나는데 대체적인 반응은 이래서 좋다는 것이다.

① "저는 매년 송구영신 예배 때마다 믿지 않는 남편과 함께 참여하게 되어서 좋아요. 남편이 은혜받을 기회가 되니까요. 저희 남편은 송구영신 예배를 좋아하고 꼭 참여하거든요."

② "저는 예배 순서에서 말씀에 어울리는 기도와 시들이 많아서 좋

고, 너무나 색다른 은혜의 체험을 했어요. 이런 예배의 분위기가 아주 좋았어요. 준비하시는 목사님이 얼마나 힘드셨을까도 생각했어요."

③ "송구영신 예배 때가 되면 기대가 되고 설레는 마음을 갖게 돼요. 그리고 예배에 참여하면 고등학교나 대학 다닐 때처럼 순수한 감정이 되살아나면서 경건해져요."

④ "이런 은혜의 경험을 어디서 할 수 있을까 하는 생각이 들 정도로 감동적이었어요."

⑤ "무거운 짐을 벗고 희망의 새해를 맞게 하는 은혜가 넘치는 예배 였어요."

⑥ "한 가지 아쉬움이 있다면 교인 한 사람 한 사람을 위해 구체적으로 기도해 주셨으면 좋겠는데 그리하지 못하시는 거에요. 그러나 사람들이 많으니깐 그럴 수 없다는 것을 이해하고 목사님께서 별도의 산 기도를 통해 저희들의 기도 제목을 따라 기도해 주시니까 좋다고 생각해요."

순회 경로학교는 이렇게 한다

보다 발달된 의료 혜택은 수명 연장이라는 결과물을 가져왔다. 따라서 우리 사회에는 그만큼의 장수 인구가 늘게 되었으며, 고령의 노년층이 두터워 가는 경향을 보이고 있다. 이에 따르는 노인 문제는 우리 사회가 다 함께 해결해야 하는 또 하나의 의무이기도 하다는 생각을 하면서, 교회의 역할이 중요함을 실감하게 되었다.

1. 신도시에서의 노인

다른 신도시들과 마찬가지로 이곳 신도시에도 젊은 층들이 주류를 이루고 있다. 그러다 보니 노년층은 많지 않다. 우리 교회만 하더라도 노인들이 차지하는 비중이 5%(65세 이상)에 지나지 않는다. 이와 같은 비중은 '순회 경로학교'를 하면서 보편적인 지수에 부합하는 것으로 확인되었다.

비중이 높지 않은 노인들은 그만큼의 소외감을 갖게 되는 것이 신도시에 사는 노인들의 실정이라 해도 과언이 아니다. 이러한 실정은 자녀들이 잘못해서라기보다는 본인 스스로가 적응하기 어려운 사회 환경과 경로에 대한 사회적 의식이 바뀌어 가고 있기 때문이라 생각된다.

2. 순회 경로학교란?

'순회 경로학교'는 우리 교회에서 진행하는 노인 프로그램을 뜻한다. 이 프로그램은 한 장소에 국한된 것이 아니라 노인들의 현장으로 찾아가서 시행하는 것이기 때문에 순회 경로학교라고 칭했다.

3. 동기는?

우리 교회가 순회 경로학교를 하게 된 계기는 신도시의 노인 문제에 대해 작은 몫이라도 담당하고자 하기 위함이었고, 또 노인들의 프로그램을 하고 싶어도 공간이 좁기 때문에 실현할 수 없는 현실을 타개하려는 의도에서였다.

말하자면 영진교회라는 한 장소에서는 노인들을 수용할 수 없지만 각 아파트 단지마다 설치되어 있는 노인정을 경로학교의 공간으로 활용할 수 있기 때문이다.

4. 어떤 목적으로?

순회 경로학교와 목적은 크게 세 가지로 말할 수 있다.

첫째는 노인들을 격려하고 자긍심을 일깨워 주기 위함이다. 노인들은 우리 사회의 영욕 속에서 담당했던 많은 역할이 있었다. 그런데 단지 늙었다는 이유만으로 의기소침하고 풀이 죽은 모습으로 살아가고 있다는 것은 안타까운 일이 아닐 수 없다. 그래서 노인들의 지난날을 높이 평가해 주고 현재의 삶을 적극적으로 살게 하며 궁극적인 소망을 일깨워 주고자 함이 그 목적이다.

둘째는 노인들이 겪고 있는 갈등의 문제를 다소라도 해소해 주고자 하기 위함이다. 노인들은 자녀들의 효도를 받으며 손자, 손녀들의 재롱에서 행복을 느끼며 살기를 원할 것이다. 그럼에도 불구하고 현실적으로는 다양한 갈등 요인을 안고 있다. 그 갈등은 부모와 자식 간의 갈등이기도 하다. 이런 문제를 안고 있는 노인들에게 교회적 차원의 관심만 보여 주어도 적지 않은 도움이 될 것이다.

셋째는 선교적 목적이다. 교회가 사회 속에서 사회를 위해 하고 있는 모든 일은 선교적인 목적을 가지는 것이라 생각한다. 이런 점에서 영진교회의 순회 경로학교도 예외일 수는 없다. 교회가 한다는 것 자체만으로도 선교적이다. 경로 프로그램 전체에 선교적 의도가 배어 있기 때문이다.

준비는 이렇게 한다

나는 매년 목회 계획 속에 순회 경로학교에 대한 계획과 예산이 병행되게 한다. 예산을 세울 때는 순회할 아파트 단지의 범위와 횟수를 정하고 거기에 따르는 비용을 산출해서 반영한다.

1. 접근을 위한 준비

아무리 선한 의도와 목적을 갖는 것이라 하더라도 잘못 접근하게 되면 뜻하지 않는 문제에 직면하게 된다. 그러므로 접근을 신중하게 하는 것이 필요하다. 여기서 말하는 신중함이란 접근하는 절차를 따라서 하는 것을 말한다. 그렇지 않으면 오해를 받게 되고 우리의 의도와는 상관없이 거부를 당할 수 있다.

오해를 받게 되는 경우는 두 가지 측면이 있다.

첫째는 타종교인들로부터 받는 오해이다.

교회가 전도하러 온다는 인상을 먼저 주면 경로당이 기독교에 치우치지 않을까 하는 우려를 자극한다. 그래서 타종교인들로부터 거센 항의를 받거나 접근 자체가 어렵게 된다. 실제 우리 교회에서 처음 순회 경로학교를 실시할 당시에는 그런 오해를 피하기 어려웠다.

한번은 C 아파트 경로당에서 순회 경로학교를 하기로 하였다. 그리고 목사와 교인들이 방문한다는 것을 미리 해당 경로당에 연락하였는데, 실시 당일 아침에 노인회장으로부터 전화가 걸려 왔다.

"목사님, 저희 경로당에 오시는 것은 곤란하겠는데요."

"그래요? 왜 곤란한가요?"

"예, 저, 저희 노인정에는 기독교인만 있는 것이 아니고요, 다른 종교인이나 종교가 없는 분들도 많아요. 그러니까 기독교에서 와서 종교 행사를 하면 안 되거든요."

"아, 그렇군요. 그런데요, 어르신께서 말씀하신 대로 종교 행사라면 당연히 그런 반응이 나오겠지요. 그러나 이건 종교 행사가 아니에요. 그저 어르신들이 모여 계신 곳에 가서 인사 말씀을 드리고, 기쁘게 해 드리면서 좋은 시간을 갖기 위한 것이에요."

"그럼 예배는 안 보나요?"

"네, 예배를 목적으로 가는 것이 아니니까요. 그러니 걱정하지 마세요. 저희들이 가면 흐뭇하실 것이라고 생각합니다."

그러자 노인회장 할아버지는 누그러지면서 목사님의 말씀대로라면 별문제가 없겠다는 반응을 보였다. 그래서 예정했던 프로그램을 진행

하였다. 그랬더니 너무나 흐뭇해하면서 자주 와 주시면 좋겠다고 했
다.

둘째는 해당 아파트 노인회를 후원하는 부녀회로부터 받는 오해이
다.

대부분 노인들은 대접해 드리는 일을 환영하니까 문제가 없다고 하
더라도 그 노인회를 후원하는 부녀회를 제외시키면 문제가 된다. 우
리는 어쩌다 돌보는 입장이고 부녀회는 늘 돌보는 처지이다. 그런데
부녀회와 상의 없이 진행하게 되면 부녀회의 거부감이나 반발을 살
수 있다. 이런 부정적인 분위기 속에서는 프로그램을 진행한다 하더
라도 평가 절하되기 쉬우며 긍정적인 결과보다는 부정적인 결과를 초
래하기 쉽다.

① 해당 교구장과 구역장을 통해 : 우리 교회는 분당 전체를 여러 교
구로 나누었다. 따라서 각 교구 안에 여러 구역이 있다. 그러니까 분당
의 어느 지역이든지 교구장과 구역장들의 책임 영역에 속한다. 그러므
로 순회 경로학교를 운영하는 데 있어서 이들의 역할이 필수적이다.

목사는 이들을 소집하여 몇 가지를 말해 준다. 첫째, 일정을 말해 준
다. 말하자면 어느 날, 어느 시간에 순회 경로학교를 실시한다고 한
다. 둘째, 노인정에 등록되어 있는 노인들의 규모를 파악하고 보고하
게 한다. 셋째, 부녀회장을 찾아가게 한다. 부녀회장을 찾아가는 목적
은 그분의 이해와 동의를 구함과 동시에 협력적 공감을 얻기 위한 것
이다.

교회가 일방적으로 방문해서 행사를 하면 교회의 이름만 내는 것이
된다. 그러나 부녀회장을 만나서 "부녀회장님, 수고 많이 하시지요?

그래서 회장님을 비롯하여 부녀회가 하는 일에 조금이라도 돕고 싶어요."라고 말한다. 그리고 난 다음 "어느 날 어느 시에 노인들을 방문하고 대접해 드리고자 합니다. 이 일을 위해서는 회장님의 협력이 필요하니 협조해 주세요."라는 식으로 말하게 된다. 이렇게 접근하면 대다수 부녀회장이 호감을 갖고 수용하며 교회가 자신들을 인정하고 협력한다는 점에서 공감한다. 그래서 지금까지 부녀회장들의 거부로 무산된 예가 없다.

마지막으로 그리고 부녀회장과 함께 노인회장을 만나게 한다. 이때 교구장이나 구역장이 말하기보다는 부녀회장의 소개를 받는 형식으로 인사하는 것이 좋다. 그리고 소개를 받은 다음에 "부녀회장님과 부녀회에서 너무 애쓰신다기에 저희들도 동참하는 마음으로 찾아뵙고 좋은 시간을 가지려고 해요."라는 식으로 접근하게 한다.

② 봉사부장과 함께 : 기본적인 일정이 확정되면 봉사부장은 해당 교구장과 구역장으로 더불어 구체적인 준비를 하는데, 먼저 음식을 준비한다. 음식은 노인들이 즐겨 드는 것으로 하되 무엇을 얼마나 할 것인가를 논의하고 준비한다. 그리고 행사 당일에는 해당 교구장과 구역장이 구역 식구들과 함께 준비한 음식을 노인들에게 제공하게 된다. 이때 차리고 분배하고 뒤처리를 하는 일을 위해 각 여전도회 임원들도 참여시키도록 한다.

2. 프로그램의 준비와 실행

짧은 시간에 낯설게 접촉해야 하는 노인들의 마음을 열고 그들과 하나가 되는 프로그램을 만든다는 것은 절대 쉽지 않다. 그러나 나는 이것을 복잡하게 생각하지 않는다. 왜냐하면 노인들은 복잡한 것을 싫어하기 때문이다. 노인들은 단순한데 프로그램이 복잡하면 일방적인 행사가 되기 쉽다. 그러기에 서너 가지 정도를 생각한다. 노인 에어로빅이나 간단한 메시지, 또는 특송과 안마 등이다.

진행은 이렇게 한다.

1. 에어로빅

우리 교회에는 에어로빅에 전문적인 실력을 갖춘 제직들이 있다. 그 중에서도 중년기를 넘어선 권사로 하여금 노인들에게 맞는 에어로빅을 준비하게 한다. 그리하면 따라하는 데 난해하거나 과중하지 않고 흥겹게 참여할 수 있는 것으로 준비하여 인도하게 되는데, 그 반응이란 이루 말할 수 없다.

어떤 노인은 난생 처음으로 이런 춤을 춰 본다고 하는가 하면, 자주 와서 이런 시간을 갖도록 초청해야겠다고도 한다. 지난번에는 유행하고 있는 마카레나 춤을 단순화하여 가르쳤는데 아주 흥겨워하였다. 이때 중요한 것은 교회에서 간 신도들도 같이 어울려 에어로빅에 참여하는 것이다.

2. 마음이 열린 다음에

에어로빅을 하면서 서로 낯설던 관계가 친근한 관계로 바뀌게 된다. 이때 목사가 일어서서 "오늘 어르신들과 함께 에어로빅을 했는데요. 오늘 하시는 모습을 보고 저보다도 잘하신다는 생각이 들었습니다.

이제 제가 몇 말씀만 드린 다음에 준비한 음식과 함께 흐뭇한 정을 나누기로 하겠습니다."라고 한다.

그런 다음에는 노인들의 삶이 오늘을 위한 공적이 되었다는 것과 노인의 때는 어떻게 살아야 몸과 마음에 유익하다는 것, 그리고 참된 소망을 가지라는 것 등을 말해 준다. 그러나 제일 중요한 메시지는 마지막 부분의 소망이다. 여기에 무게를 실어 복음을 전하면 자연스럽게 받아들인다.

3. 특송

음식을 나누기 전에 찬양을 아주 잘하는 성도가 있으면 독창을 준비하여 부르게 하고 그렇지 않으면 합창을 준비한다. 이때는 소망의 내용이 담긴 찬송가나 복음성가를 준비하게 한다.

4. 음식을 나눌 때

음식을 나눌 때 어떻게 나누느냐가 중요하다. 잘못하면 이때 노인들의 마음을 상하게 하기 쉽다. 그러므로 목사의 감사 기도가 끝나면 함께 갔던 젊은 교우들도 노인들 사이사이에 앉아서 같이 음식을 나누며 대화를 나눈다. 그런데 말을 많이 하는 쪽보다는 노인들이 하는 말을 진지하게 들어주는 자세가 필요하다. 노인들은 말을 하고 싶어한다. 그러나 들어주는 이가 없어서 답답해한다. 그러다 보니 자신들의 말을 들어주는 사람이 있으면 하고 싶은 말을 다 하려 든다. 다 들어줄 수는 없더라도 함께 어울리는 시간만이라도 듣는 데 성의를 기울여 듣는 자세가 긴요하다.

5. 피곤한 노인들을 위해

식사가 끝나고 나면 교인들로 하여금 각 노인의 등 뒤에 서게 한다. 그리고 "지금부터 2분 동안은 어르신들에게 안마해 드리는 시간입니다."라고 한 다음 실시하면 대단히 좋아한다.

6. 행사 후에

행사를 하고 난 다음에 마무리를 잘해야 한다. 정리는 물론이요, 쓰레기 처리까지 다 완벽하게 한 다음 할아버지, 할머니들과 일일이 악수를 나누고 헤어진다.

이를 통해 교인들에게 효를 일깨워 주는 계기가 됐다는 판단을 하게 됐다. 그것은 노인정의 노인들 속에서 자신들의 부모를 생각하게 되며, 그 시간 전해지는 목사의 교훈을 통해서도 깨닫는 바가 있을 것이기 때문이다.

순회 경로학교를 통한 앞으로의 계획

목사가 전하는 메시지 시간에 함께한 교인들도 염두에 두면서 어버이에 관한 성구나 시나 기도문 같은 것을 낭송하기도 한다.

어버이의 위대하심

어버이의 높으신 뜻은
드높은 하늘과도 같아

평생을 난다 해도
도달할 수 없습니다.

어버이의 넓은 마음은
파도마저 아름다운 바다와도 같아
평생을 건넌다 해도
건널 수 없습니다.

어버이의 깊은 사랑은
마르지 않는 샘과 같아
평생을 마신다 해도
다함이 없습니다.

어버이의 길은
넓게 열린 대로와 같아
평생을 걷고 평생을 달린다 해도
넘어짐이 없습니다.

어버이의 오르신 난관은
더 없이 높은 고산과 같아
평생을 오르려 해도
중턱에도 미치지 못합니다.

다만 주 안에서
어버이를 공경하고
순종하고픈 마음만
저의 빈 공간에 채워지고 있습니다.

- 〈숨이 보이는 아침〉에서 -

앞으로는 교인들의 경로에 대한 관심을 확대함과 동시에 순회 경로 학교를 통하여 만난 노인들을 교회로 이끌기 위해 두 가지 보완계획을 갖고 있다. 그중 하나는 경로 구역을 만들어 중년 구역장으로 하여금 인도하며 돌보게 하는 일이다. 또 하나는 초청 노인학교이다. 이것은 우리가 방문했던 경로당의 노인들을 단계적으로 초청하여 프로그램을 갖는 것이다.

순회 경로학교를 경로 구역으로 연결시키고 초청 경로학교로 발전시켜 나아간다면 공간의 제한을 받고 있는 신도시 교회들도 색다른 의미의 경로학교를 운영할 수 있다고 믿기에 그 사례를 소개했다.

삼일절 예배 대신 애국의 새벽기도회로

기미년 3월 1일 독립운동을 기념하는 삼일절은 민족사적으로나 기독교사적인 면에서 대단히 중요한 의미를 갖는다고 생각한다. 그러기에 매년 삼일절 주일이 되면 삼일절 기념 예배를 드림으로써 삼일절의 참뜻을 되새기면서 오늘을 사는 신앙인이 민족과 역사 앞에 어떤 모습이어야 하는지를 깨닫게 해 주었다. 그러나 매년 같은 방식의 틀 속에서 반복되다 보니까 생생한 감동이 시들해지고 의례적인 것처럼 느껴졌다.

그래서 좀 더 색다른 타이틀을 가지고 색다르게 할 것을 강구하다가 '삼일절 애국의 새벽기도회'라는 주제로 삼일절 새벽기도회를 준비하여 실시하였다. 처음 시도해 보는 것이라서 결과에 대한 확신이 부족했지만 믿음을 가지고 성의 있게 준비해서 시행한 결과 예상했던 것보다는 은혜롭고 유익했다. 그리고 참여하는 자들 대부분이 매우 경건한 영적 분위기 속에서 애국심을 불태우게 되었다는 반응이었다.

그러므로 나와 비슷한 관심을 갖는 목회자들에게 작은 힌트라도 되었으면 하는 마음에서 그 사례를 소개한다.

애국의 새벽기도회 순서

초대의 말/ 우리는 오늘 이 시간 주님께서 세우신 우리나라에 대한 애국의 마음으로 이 자리에 모였습니다. 주님께서 이 나라를 세우시고 우리에게 주사 이 나라의 백성이 되게 하심을 감사하면서, 경건한 마음으로 주님께 머리 숙여 이 애국의 기도회에 참여하시기 바랍니다. 주님께서 성령으로 감동해 주고 계십니다.

> 너희는 먼저 그의 나라와 그의 의를 구하라.
> 그리하면 이 모든 것을 너희에게 더하시리라.
> 하나님의 나라는 말에 있지 않고 능력에 있느니라.
> 여호와로 자기 하나님을 삼는 나라,
> 곧 하나님의 기업으로 빼신 바 된 백성은 복이 있도다.
> 아멘.

삼일절 기원/

> 주여, 저희들의 중심을
> 애국의 제단에 올려놓고
> 불붙어 타오르는 소원을 따라
> 기도의 불을 지피려고
> 머리를 숙입니다.
> 저희들의 기도를 받으사
> 이 나라를 복되게, 견고하게 하시고

주님의 영광을 나타내소서.

주님의 이름으로 기원하옵나이다. 아멘.

교독문/ 교독문은 69번입니다. 찾으셨으면 함께 교독합니다.

신앙고백/ 우리 모두가 확고한 신앙 위에서 애국하겠다는 마음가짐을 따라 사도신경으로 신앙고백 합니다.

찬송가/ 우리에게 조국을 주시고 조국의 번영을 누리게 하시는 하나님께 영광을 돌리기 위해 찬송가 13장을 부릅니다.

성경봉독/ 봉독할 말씀은 시편 145편 13절입니다.

찬송가/ 의의 나라, 의의 국민이 되고자 하는 마음으로 찬송가 265장을 부르겠습니다.

기도/

하늘과 땅의 모든 권세를 가지시고

오른손으로 좌우하시는 주님!

민족의 자존과 진정한 자유와

참다운 행복도 주님께로부터 오는

주님의 선물임을 믿습니다.

저희들은 성령의 일깨워 주심과

주님께 잡힌 바 된 심령으로

무릎에 엎은 자신들을 드려

애국의 기도를 드리고자

이 시간 이 자리에 모였습니다.

이제 신령한 호흡을 가다듬고
주님의 음성을 듣고자 합니다.
주님께서 세우신 종을 통하여
주님의 말씀을 들을 수 있도록
귀를 밝게 하시고
깨닫는 영을 새롭게 하시옵소서.

주님의 종을
주의 곁에 두셨사오니
주님의 손에 붙들려 쓰이는
축복을 허락해 주옵소서.

주님께서 주신 주님의 가슴으로
주님의 말씀을 증거할 종에게 뜨거움을 더하사
듣는 이들의 마음을 녹이고도 남게 하옵소서.
주 예수 그리스도의 이름으로 기도하옵나이다. 아멘.

특송/ ○○○ 선생님이 준비한 특송으로 주님께 영광을 돌리겠습니다.

설교/ '주님의 나라'

우리는 반만년의 유구한 역사와 문화적 전통을 가진 단일 민족이라는 자부와 긍지를 가지고 살아왔습니다. 그러나 그보다 더 중요한 것이 있습니다. 그것은 우리가 살고 있는 이 나라를 누가 세웠느냐는 것입니다. 이런 질문을 하면 어떤 분들은 건국 영웅들을 떠올릴 것입니다. 그리고 그들이 세웠다고 하실 것입니다. 또 어떤 분들은 단군신화를 역사 속으로 끌어들여 단군이 이 나라를 세웠다고 주장할 것입니다.

그러나 이와 같은 견해나 주장은 바른 대답이 아닙니다. 그럼 이 나라를 누가 세웠습니까? 두말할 나위도 없이 주님이 세우신 나라입니다. 그러기에 주님은 이 나라에 대해서 주권을 가지신 소유자입니다.

우리의 자력으로 감당할 수 없었던 숱한 고난과 위기의 때가 있었음에도 불구하고 이 나라의 등불은 꺼지지 않았습니다. 오히려 위기가 기회로 바뀌었습니다. 휘감아 도는 바람과 거센 물살의 소용돌이 속에서도 이 나라의 희망은 주님의 빛이었습니다.

많은 슬픔과 아픔과 두려움과 불행으로 점철되는 역사 속에서 이 나라이 민족은 꺼질 것 같은 등불이었고, 깨질 것 같은 질그릇이었고, 시들어버릴 것 같은 초개였습니다. 그리하여 새하얗게 질린 얼굴을 무릎 사이에 묻으며 수치의 옷을 입고 오욕의 떡을 먹으며 눈물의 음료를 마셔야만 했습니다.

그러나 주님께서는 이 나라와 이 민족의 등불을 꺼지지 않게 하셨고, 이 나라 이 민족을 깨지지도 않고 시들지 않게 해 주셨습니다. 그리고 주님의 생명이 우리의 생명이 되게 해 주셨습니다.

그럼에도 불구하고 우리 민족은 멸망하는 짐승과 같이 무지와 우매의 너울을 쓰고 있었습니다. 그렇기 때문에 주님을 발견하지 못했습니다. 하지만 이러한 나라와 민족에 대한 주님의 사랑과 긍휼은 다함이 없었습니다. 그러기에 이 땅에 복음의 찬란한 빛을 주시고 오천년 동안 드리워 있던 어둠을 제거해 주신 것입니다. 그 결과 한국교회의 선교 역사는 100년 남짓한데도 이만큼 급성장하게 되었습니다.

이러한 한국교회에 속한 우리 교회의 교우들도 싱싱한 믿음으로 아름다운 삶을 꽃피우며 주님께 드릴 의의 열매를 맺어야만 합니다. 그리고 이 나라가 복음화되는 그날까지 선교의 열정을 불태우며 우리의 사명을 감당해야 합니다. 그리하여 과거 일제의 식민지 통치에서 자주독립을 위해 투쟁하던 선조들의 신앙 정신을 오늘에 되살려야 합니다. 그래야만 아직도 이교적 관습과 무속적 굴레와 인본주의적 가치관과 죄악의 풍토에 처한 이 나라와 이 민속을 구원해낼 수 있습니다.

과거에는 독립을 위해서 기도했지만 이제는 영적이고 정신적인 자유와 독립을 위해서 기도하여야 합니다. 그리하면 머지않은 날에 의와 사랑과 평화가 가득한 나라를 이루게 될 줄 믿습니다.

말씀 후 기도/

저희들을 천하보다 귀히 여기시고
사랑으로 감싸 안으신 주님!
저희들의 가슴은 강이 되게 하시고
주님의 말씀은 넘쳐흐르는 강물이 되게 하심을 감사합니다.

저희들이 받은 바
주님의 말씀에 나타난 바

이 나라와 이 민족의 구원을 위한

주님의 소명에 대해

"내가 여기 있나이다. 나를 보내소서"라고

대답하게 하옵소서.

이 나라 이 민족의 높은 산에

주님의 깃발을 휘날리게 하옵소서.

주 예수 그리스도의 이름으로 기도하옵나이다. 아멘.

찬송가/ 주님의 소명에 응답하는 마음으로 찬송가 371장을 함께 부르시겠습니다.

기도/ 지금 이 시간부터는 세 가지 제목으로 합심기도를 드립니다. 그리고 각 제목의 통성기도를 드린 후에는 제가 준비한 기도를 연이어 드리겠습니다.

첫 번째 기도/ 자신들이 저지른 죄악을 참회하지 않고, 교만을 버리지 않는 일본의 참회와 겸손을 위해 기도합시다(2~3분).

(기도가 끝난 후 목사가 드리는 마무리기도)

주여!

아픔의 응어리가

영혼의 멍으로 남아 있습니다.

아픔의 역사가

민족의 가슴에 자욱져 있습니다.

지우고 싶어서 지워보려고 애를 썼지만
저희들의 지우개로는 지울 수가 없습니다.
그러기에 주님께서 말끔히 씻어 주실 날을
아직도 기다리고 있습니다.

그런데 이게 웬일입니까?
일본의 정치인들이 꽂는 망언의 비수가
이 민족의 심장을 도려내고 있습니다.
통분의 분화구에서 폭발하는 분노의 불기둥들이
도처에서 솟아오르고 있습니다.

주여!
오늘의 일본인들을 기억하사
참회의 눈물로 강물을 이루고
그 강물에 몸을 씻으며 겸손의 허리를 굽히며
역사의 진실을 고백하게 하옵소서.

그리고 저들의 참회와 겸손을 받으사 용서하실 때에
저희들의 가슴에 멍지고 자욱져 있는
아픔의 흔적들도 지워지게 하옵소서.
그리하여 일본인들로 인한 우리의 억울함이
원한과 보복으로 바뀌지 않게 하옵소서.
주 예수 그리스도의 이름으로 기도드리옵나이다. 아멘.

두 번째 기도/ 허리 잘린 조국과 이념과 체제로 양분된 민족의 화해와 남북통일을 위하여 합심기도를 드립시다(2~3분).
(기도가 끝난 후 목사가 드리는 마무리기도)

주여!
남북을 가르는 철조망이
비바람에 녹슬어 삭아지고 끊어지게 되었습니다.
이 철조망이 새것으로 다시 이어지기 전에
마음에 쳐진 철조망을 걷어내게 하소서.
그리하여 철조망을 새로 칠 필요가 없게 하소서.

남북을 가로막는 높은 벽은 허물어질 때가 되었고
허물어지는 소리가 들리고 있으며
허물어지는 징후들이 들리고 있습니다.
이 벽이 이대로 허물어지게 하시고
무너질 듯하다가 견고해지는 긴장이 발생하지 않도록
화해의 은총으로 충만케 하옵소서.
그리하여 민족의 화해와 나눔의 축제로 이어지는
통일을 앞당기게 하옵소서.
주 예수 그리스도의 이름으로 기도하옵나이다. 아멘.

세 번째 기도/ 한국교회는 어두웠던 이 나라의 역사 속에서 빛으로 출발하였습니다. 이제 선교 2세기에 진입한 한국교회가 현대사의 이

나라를 위해서 교회적 사명을 감당하는 일과 이 나라의 번영을 위해서 함께 기도하십시다.

(기도가 끝난 후 목사가 드리는 마무리기도)

주님께서 당신의 몸을 홀로 깨뜨려 세우신 한국교회가

이 땅에 세워진 지 100년도 더 되었습니다.

주님께서 흘리신 보혈의 은총이

수난의 역사 속에서도

수난을 이기게 하는 능력이 되게 하셨습니다.

그 은총, 그 능력을 힘입은

한국교회는 폭발적인 부흥을 가져왔습니다.

그러나 아직도 주님을 모르는 동족들과

주님께 대한 어렴풋한 지식을 갖고 있으면서도

나의 주 나의 하나님으로 믿지 않는 동족들이 많습니다.

이제 우리 한국교회가

민족복음화의 선명한 꿈을

실현하게 해 주시옵소서.

그리하여 하나님의 축복이 넘치는 이 나라에

진정한 번영의 문과 길이 열리게 하옵소서.

이러한 축복과 번영으로 전세계에 복음을 전파하여

세계를 돕는 한국교회와 이 나라가 되게 하옵소서.

예수 그리스도의 이름으로 기도드리옵나이다. 아멘.

(매 기도를 시작할 때마다 찬송가 한 절씩 교우와 함께 부른다.)

찬송가/ 이 나라가 주님의 나라, 주님께 복 받은 나라가 되기 원하는 마음으로 찬송가 246장을 부르겠습니다.

광고/ 삼월 한 달을 애국의 기도 기간으로 삼고 기도할 때마다 잊지 말기를 바랍니다. 우리의 기도를 들으시는 주님께서 응답해 주실 줄 믿습니다.

기도/ 다시 한번 기도 드립시다.

아직 보고자 하는 태양은 떠오르지 않고

찬란한 햇살은 보이지 않습니다.

그러나 어둠의 끝을 접기 시작하는 여명에서

저희들의 마음을 밝혀 주시는 빛

삼일절의 햇살은 찬란하기만 합니다.

주여!

저희에게

소망의 빛으로

의의 빛으로

생명의 빛으로

임재하셨사오니 감사하고 찬송하옵나이다.

저희에게 진정한 애국의 마음을 일으켜 주사

주님의 뜻을 받들게 하옵소서.

예수 그리스도의 이름으로 기도하옵나이다. 아멘.

축도/ 이제는 우리 주 예수 그리스도의 은혜와 하나님 아버지의 지고하신 사랑과 성령의 교통하심이 애국의 기도회에 참여하고 진정한 애국을 결심하는 주의 권속들 위에 지금부터 영원토록 함께하시기를 간절히 축원하옵나이다. 아멘.

이렇게 준비된 애국의 새벽기도회는 색다르게 경험하는 은혜의 기회를 제공하고 애국심의 새로운 경지를 일깨워 준다고 믿기에 그 사례를 소개하였다.

사순절을 경건의 기회로

사순절은 그리스도의 부활에 대한 믿음을 확고히 하는 절기라는 점에서 교인들의 신앙 훈련과 영적 성장을 촉진시키는 데 더없이 좋은 기회이다. 그러기에 이 기간을 잘만 활용하면 교회의 질적 성장은 물론이요, 영적 활력을 불어넣는 기회가 될 수 있다. 따라서 목회자인 나자신에게도 영력을 재충전함은 물론, 영적 지도력을 새롭게 하는 데유익하다고 믿는다.

기도의 기회로

많은 교회가 사순절 기간을 기도의 기간으로 삼고 있다. 그러기에 가장 보편화된 것이 특별 새벽기도인 것 같다. 이러한 특별 새벽기도는 새벽기도회에 참여하는 신자들을 늘게 하고 영적 활력을 새롭게할 것이라고 생각한다. 우리 교회 역시 특별 새벽기도회의 명칭은 사용하지 않지만 사순절의 전 기간을 통해 전교인이 특별한 기도의 기회를 갖게 한다.

1. 얼마나

매일 1시간 이상 기도하게 한다. 그리고 고난 주간에는 매일 2시간 이상 기도하도록 권한다. 이렇게 최소한의 기도 시간을 정해 주는 것은 그 자체가 기도의 훈련이요, 주님과의 깊은 관계를 맺게 하는 길이 되기 때문이다.

2. 언제

기도의 최소 시간을 정해 주는 것에 머물면 소홀해지기 쉽고 실효를 거두기 어렵다. 그렇기 때문에 언제 기도하게 하느냐가 중요하다. 국내외 출장을 간다든가 불가피한 일이 생기는 경우를 제외하고 일정한 시간에 기도하게 하는 것이 바람직하다는 것을 염두에 두었다.

그래서 새벽기도는 기본적으로 참여하게 하고, 1시간 이상(고난 주간에는 2시간 이상)의 기도를 새벽기도회에서부터 시작하게 한다. 그리고 새벽기도회에 참여했으나 출근이라든가 집안의 일로 인하여 정한 시간만큼 기도할 수 없는 신자들은 저녁에 와서 나머지의 양을 채우도록 한다. 저녁 시간도 아무 시간에나 하는 것이 아니라 오후 6시부터 9시 사이로 정한다. 이것은 보다 적극적으로 기도하며 기도에 대한 책임감을 갖게 하는 효과가 있다.

사순절 기간 전체를 통하여 기도와 경건을 강조한다. 그러나 보다 구체적으로 관심을 갖게 하기 위해 매주간의 주제를 메시지 중심으로 설정한다(인쇄된 유인물을 배부한다). 이로 인하여 신자들은 매주간 새로운 기대와 경험을 갖게 되고 보다 짙은 은혜에 이르게 된다.

6주간의 강조점

1. 사순절 첫째 주간 - '경건의 길'

월/ 경건에 이르자(딤전 4:6-8)

화/ 경건의 능력(딤후 3:1-5)

수/ 더러움이 없는 경건(약 1:26-27)

목/ 의와 경건(눅 2:25-27)

금/ 경건에서 승리를(벧후 2:9-11)

토/ 경건의 길은 여기에(벧후 3:11-15)

2. 사순절 둘째 주간 - '기도와 은총'

월/ 깨어 있는 자의 기도(벧전 4:7-8)

화/ 기도는 이렇게(마 7:7-8)

수/ 성령 안에서(엡 6:18-20)

목/ 말씀과 기도로(딤전 4:4-5)

금/ 기도 응답의 조건(요 15:7)

토/ 힘을 같이하려면(롬 15:30-33)

3. 사순절 셋째 주간 - '말씀을 따라'

월/ 떡보다 귀한 것(마 4:1-4)

화/ 말씀을 받는 마음(마 13:8-9)

수/ 무너지지 않는 집(마 7:24-27)

목/ 속에서 들리는 말씀(마 10:19-20)

금/ 말씀이신 주님(요 1:1-3)

토/ 말씀의 능력(요 11:39-44)

4. 사순절 넷째 주간 - '회개를 통한 성결'

월/ 왜 회개해야 하나?(막 1:4-8)

화/ 누가 회개해야 하나?(행 17:30-31)

수/ 어떻게 회개해야 하나?(눅 18:9-14)

목/ 무엇을 회개해야 하나?(계 2:21-23)

금/ 언제 회개해야 하나?(행 7:54-60)

토/ 회개의 열매는 무엇인가?(막 3:4-10)

5. 사순절 다섯째 주간 - '빛으로 향기로'

월/ 착한 행실의 빛을(마 5:14-16)

화/ 빛의 자녀들처럼(엡 5:8-9)

수/ 빛이 있을 동안에(요 12:35-36)

목/ 빛을 본 백성(마 4:14-17)

금/ 그리스도의 향기(고후 2:14-16)

토/ 향기로운 제물(엡 5:1-4)

6. 사순절 여섯째 주간 - '고난에서 영광으로'

고난 주일부터 시작되는 한 주간은 경건의 강도를 높이는 데 매우 중요하다. 왜냐하면 이 기간을 통해 그리스도의 고난과 부활의 전 과정을 집중적으로 강조하여 복음의 진수를 경험케 할 수 있기 때문이다.

그러므로 고난 주간에는 복음서에 나타난 대로 수난 주간에 대한 본문들을 읽을 수 있도록 두 주 전에 시작하여 2회에 걸쳐 다음과 같이 주보에 싣는다. 그리고 이번 고난 주간에는 여기에 기록된 본문들을 꼭 읽으라고 권고한다.

일/ 마 21:1-17, 막 11:1-11, 눅 19:28-44, 요 12:12.

월/ 마 21:18-21, 막 11:12-14, 눅 19:45-46.

화/ 마 21:20-25:46, 막 11:20-12:37, 눅 20:1-21:38.

수/ 마 26:1-5

목/ 마 26:17-29, 막 14:12-25, 눅 22:7-23, 마 26:30-35, 요 13:36-38, 요 14:1-16:33, 요 17:1-26, 마 26:36-46, 마 26:47-56, 요 18:1-11.

금/ 마 26:57-27:26, 막 14:53-65, 눅 22:54-23:25, 요 18:12-27, 마 26:69-75, 막 14:66-72, 눅 22:54-62, 요 18:15-18, 막 15:1-15, 마 27:33-56, 막 15:21-41, 눅 23:26-49, 요 19:17-30, 마 27:57-61, 막 15:42-47, 눅 23:50-56, 요 16:38-42.

토/ 마 27:62-66.

부활주일/ 마 28:1-20, 막 16:1-20, 눅 24:1-53, 요 20:1-31.

이상과 같이 읽게 하되 제목들을 붙이지 않은 것은 순수하게 읽는 중에 스스로 알도록 하기 위함이다. 그리고 매일 새벽마다 아래와 같이 말씀을 전한다.

월/ 만민의 기도하는 집(막 11:15-18)

화/ 준비된 신부의 행복(마 25:1-13)

수/ 기름을 부은 여인(마 26:1-5)

목/ 발을 씻어 주신 이유(요 13:1-17)

금/ 배신에도 불구하고(요 19:17-30)

토/ 불의한 자들의 불안(마 27:62-66)

부활주일/ 부활의 승리는(마 28:1-7)

고난 주간의 금요일 저녁에는 별도의 주제를 설정하여 심야 기도회를 갖는다. 이를 위해 간단한 메시지 네 편을 준비하고, 한 편의 기원문, 세 편의 기도문을 준비한다. 이것은 경건한 분위기에 젖어 들게 하는 것은 물론이요, 잡념의 틈을 없이 하고 오직 주님께만 집중하게 하는 데 유익하다. 사례는 아래와 같다.

기도회를 열 때/ 오늘은 주님께서 우리의 죄와 형벌과 죽음을 담당하시고 십자가에 못 박히신 사실을 아픔으로 기억해야 할 고난일입니다. 우리 모두 참회의 심정을 열고 눈물에 젖은 가슴으로 주님께 기도하며 우리 자신을 드립시다.

묵도/ 성령께서 임재하사 우리를 감동하고 계시니 경건한 마음을 모아 묵도하시기 바랍니다.

성구/

"나의 하나님 나의 하나님 어찌하여 나를 버리셨나이까? 아버지 저들을 사하여 주옵소서. 자기들이 하는 것을 알지 못함이니이다. 십자가의 도가 멸망하는 자들에게는 미련한 것이요, 구원을 받는 우리에게는 하나님의 능력이라."

기원/

주여! 저희들이 주님께 다가가려 해도
저희들이 범한 억만 죄악을 인하여
그리할 수 없었습니다.
그러나 주님은 억만 죄악으로 쌓은
죄악의 담을 넘어서 저희들에게 오셨습니다.
그리고 주님의 옥체를 깨트려
죄악의 담을 헐으셨습니다.

이제는 주님께서 길 되신 그 길과
주님께서 문 되신 그 문을 통하여
영생의 주님이시며 영생케 하시는 주님께
담대히 나아갑니다.
저희들을 주의 피로 성결케 하시며
고난일의 기도회를 받아 주소서.
주님의 이름으로 기원하옵나이다. 아멘.

찬송가/

기도/

주님과 함께 죽더라도
주님을 떠나지 않겠다던 제자들의 각오는
갈기갈기 찢겨진 휴지처럼
불의의 바람을 따라 날아갔습니다.

살 길을 찾던 제자들
각자의 길로 흩어졌습니다.

그런데도 빛바랜 제자들을 탓하지 않으시고
땅의 무게보다 더 무거운
죄의 무게가 실린 십자가를 지시기 위해
십자가의 길을 택하셨습니다.

주님께서 평화의 왕으로
나귀를 타고 입성하실 때
"호산나 찬송하리로다.
주의 이름으로 오시는 이여"라며
환호하던 민중들의 소리는
어둠 속으로 사라져 버렸습니다.

그리고 그 어둠 속에서
"십자가에 못 박게 하소서.
십자가에 못 박게 하소서.
십자가에 못 박아야 하겠나이다"라는
분노의 괴성이 터져 나왔습니다.
그런데도 주님은
당신의 진주를 개에게 던지지 않으시려
침묵하셨습니다.

하지만 저희들은 압니다.

침묵으로 의를, 인내로 사랑을

말씀하시기 위해

입의 문을 지키셨다는 것을

주여 이제 저희들은

언제

왜

침묵해야 하는지도 깨닫게 되었습니다.

변명할 일이 있더라도

아픔이 뼈를 녹이더라도

사람들을 향해서

신음하고 절규하기보다

주님을 향해 가슴을 토하며

주님의 변호와 신원하심에서 만족케 하옵소서.

주 예수 그리스도의 이름으로 기도하옵나이다. 아멘.

찬송가/

말씀/ 연속해서 네 개의 본문으로 네 편의 말씀을 전한다. (설교 한 편이 끝날 때마다 찬송가를 부른다).

① 억울한 판결(마 26:57-63, 마 27:23-26)

사람은 누구나 억울한 일을 당할 수 있습니다. 세상에 살면서 억울한 일을 당하지 않고 살아가는 사람은 없을 것입니다. 우리가 억울한 일을 당했을 경우에 그 자체만을 생각한다면 참을 수 없습니다. 그리고 참을 수 없게 된 상태에서는 격노의 분화구가 폭발하여 엄청난 불행을 초래할 수 있습니다.

그러나 우리 그리스도인들은 주님의 인내를 본받아야 합니다. 우리 주님께서는 완전무결한 인간이셨는데도 불의한 교권의 공회와 비겁한 권력자 빌라도에게 억울한 판결을 받으셨습니다. 그래도 주님은 그 판결에 대해 인내하셨음을 마음에 두어야 합니다. 우리가 어떤 억울함을 당했든지 주님께서 당하신 억울함에는 비할 수 없이 경한 것입니다. 억울한 손해나 고난에서 주님을 본받으며 인내로 승리할 수 있도록 기도합시다.

② 배신당한 주님(마 26:69-75)

사람에게 있어서 여러 종류의 아픔이 있습니다만 배신당한 아픔의 상처는 매우 깊습니다. 그래서 그 아픔이 가신 뒤에도 그 흔적, 그 상처는 깊게 남기 마련입니다. 그렇기 때문에 배신감은 복수심으로 이어지는 일이 많습니다. 그러나 배신하는 것보다 나쁜 것이 복수하는 일입니다.

예수님께서는 따르던 민중이 등을 돌리고 강한 의리를 앞세웠던 제자들마저 배신의 길로 흩어졌을 때도 그들을 버리지 않으셨습니다. 그리고 골고다의 길, 곧 십자가의 길을 저들과 우리를 위해 택하셨습니다. 우리 속에 남아 있어서는 안 되는 배신감이나 보복 심리가 있다면 그 모든 것을 지워 버리고 주님의 뜻을 따르는 성도가 되어야 합니다. 그렇게 되기 위해 기도합시다.

③ 십자가에 못 박히심(마 27:32-37)

아픔이라고 하기에는 너무나 혹독했던 지옥과 같은 고난이 주님께서 당하신 십자가의 형벌입니다. 그것은 온 인류가 당해야 하는 모든 고난이 농축된 농도의 고난이며 온 인류가 져야 할 고난의 무게가 실린 고난입니다.

이 고난을 통하여 우리의 죄와 형벌과 죽음을 담당하셨고 우리를 구원해 주셨습니다. 따라서 십자가의 고난은 우리의 삶에서 겪게 되는 곤고를 담당해 주신 것이기도 합니다. 그러므로 우리의 생애가 다하는 그날까지 십자가의 은총과 사랑을 감사하면서 주님의 영광을 높이고 높여야 합니다.

④ 무덤에 장사되심(막 15:42-47)

주님의 영은 떠났지만 주님께서 입으셨던 마지막 몸은 무덤에 장사되었습니다. 그러나 주님은 그 무덤을 비우실 부활의 새 아침까지만 거기에 장사되셨습니다. 주님께서 장사되신 무덤은 영구적인 무덤이 아니라 비워질 무덤이었습니다. 따라서 성도들의 모든 무덤도 주님에 의하여 비워질 때가 옵니다.

기도/

사랑과 용서의 주님!
저희들이 범한 죄악들은
저주와 절망의 죽음에 이르게 하는
앞잡이가 되었습니다.

그러므로 주님의 사랑과 긍휼하심에서 제외된다면
주님의 심판을 받아 마땅하며
영원한 불행을 피할 수 없습니다.

그런데도 불구하고
주님께서 흘리신 그 피로 씻어 주시며
주님의 의를 옷 입혀 주셨사오니 감사합니다.
주님의 홀몸에 지워졌던
그 십자가 위에서 모진 고통과
죽음을 당하신 그 밤의 어둠을 기억합니다.

그리고 그 십자가의 고난과 죽음이
저희들의 죄악과 영원한 형벌과
울고 또 울어도 다 울 수 없는 슬픔과
끝없이 당해야 하는 고통과
피할 수 없는 절망과 죽음에서
구원하심이었음을 믿습니다.

주여, 아직도 회개해야 할 죄악이 있사오니
저희들 모두가 참회의 눈물로 시내를 이루며
씻음받게 하사 맑게 씻긴 영혼으로
새 살 돋은 심령으로
주님께 가까이 더 가까이 나아가게 하옵소서.

우리 주 예수 그리스도의 이름으로 기도하옵나이다. 아멘.

찬송가/

통성기도/ 이 시간의 통성기도는 금요일에 있었던 주님의 고난을 생각하며 그 고난이 나를 위한 것이었음을 감사하고 우리의 죄를 회개하는 기도입니다. 주님께서 용서의 은총과 확신을 주실 줄 믿습니다.

마무리기도/

주님의 음성 잘 들리는 쪽으로

주님의 빛이 잘 비치는 쪽으로

마음을 열고

주님의 손에 잡히기 쉬운 곳

주님의 입김이 가득한 곳에서

기도하게 하심을 감사합니다.

악을 선처럼, 거짓을 진실처럼 꾸미고

교만의 산에 오르며 의심의 늪에 빠져서

불순종하기 쉬운 저희들이오니 겸손하게 하시고

진리의 말씀 위에 굳게 서서 흔들리지 않으며

그 길을 따라 형통하게 하옵소서.

오직 주님의 십자가 아래에서

부활의 아침을 준비하도록

저희들의 악과 거짓과 교만과 의심과 불순종을

주님의 맹렬한 불로 소멸하여 주시옵소서.

저희들의 죄악을 사하시고

저희들을 받으시며

저희들의 기도를 응답하시는

예수 그리스도의 이름으로 기도하옵나이다. 아멘.

찬송가/

개인기도/ 주기도문은 각자가 개인기도를 하고 돌아갈 때 하게 한다. 그리고 개인기도를 하기 전에 목사는 개인기도에 참여하는 성도들을 위하여 다시 한번 기도한다.

주여! 감사합니다.

주님께서 주신 성결의 옷을 이 자리에 깔고

무릎 꿇는 마음으로

각자가 드려야 할 각자의 기도를 드리고자 합니다.

꽃처럼 피어나는 아름다움과 바람도 파도도

잠재우시는 평온의 은총을 따라

꺼지지 않는 사랑의 불길과

주님께서 주시는 마음의 소원을 따라

주님의 보좌에 오르며

주님 마음에 닿는 기도를 드리도록

역사해 주옵소서.

예수 그리스도의 이름으로 기도드리옵나이다. 아멘.

이상과 같은 사례는 고난일의 기도회가 경건의 절정이 되게 하는데 유익하고, 성도들로 하여금 색다른 체험과 확신의 세계로 들게 한다는 것을 느꼈다.

신도시의 교인들을 읽을 수 있어야

처음으로 도시 목회를 시작했을 때는 신자들의 신상이나 그 개성이나 처지를 잘 파악하는 것을 기본으로 여겼다. 그래서 한번 등록하면 가족의 이름은 물론 주소와 전화번호까지 기억할 정도가 되었다. 그리다 보니 신자들의 입에서 '우리 목사님은 기억력이 좋다'든지 '자상하시다'든지 하는 말들이 나오게 되었고, 심지어는 '우리 목사님의 머리는 컴퓨터 같아요.'라는 말도 듣게 되었다. 그때 나는 나도 모르는 사이에 '목회란 이런 것이구나, 내가 신자들을 이렇게 잘 알아주니 신자들이 싫어할 일이 있겠는가.'라는 자위 아닌 자위감을 갖기도 하였다.

미처 깨닫지 못한 것

그러나 그때 두 가지 사실을 미처 깨닫지 못하였다.

하나는 기억의 한계이다. 컴퓨터는 그 용량에 따라 입력을 시키는 것이 어렵지 않다. 그러나 내가 신자들의 모든 것을 파악하고 기억하는 일은 시간이 갈수록 어려운 일이라는 것을 느끼게 되었다.

또 하나는 대단히 결정적인 문제이다. 그것은 신자들에게 있어서 목사의 이런 성의가 적중하는가 하는 것과 목사의 이런 관심을 호의적으로 받아들이고 있느냐에 대한 평가이다. 목사의 관심과 호의가 신도들에게 은혜로 여겨진다면 한계가 있더라도 최선을 다해서 그 한계를 극복하도록 노력해야 한다. 그러나 투자에 비해서 성과가 미미하다면 그것이야말로 고비용 저효율이라는 경제 논리와 다를 것이 없다.

한번은 교인의 가정에 심방을 가서 예배를 드렸다. 예배를 드리고 난 후 다과를 나누면서 이야기의 꽃을 피우게 되었다. 그런데 좀 더 친근한 분위기가 조성될 무렵 나를 초대한 교인이 "목사님, 저 이런 말씀 드려도 돼요?"라고 한다. "무슨 말씀이신데요? 한번 해보세요."라고 했더니 "저는요, 목사님이 무서워요."라고 하는 것이 아닌가.

뜻밖에 튀어나온 말에 "아니, 목사가 무섭다니 그것이 무슨 말씀이신가요? 제가 그렇게 무섭게 생겼어요?"라고 반문했다. "아니 그게 아니구요, 목사님께서 저희들의 사정을 다 알고 계시니까 목사님만 보면 무섭다는 생각이 들어요." 하는 것이다.

처음에는 그 말의 의도를 잘 파악하지 못했다. 그래서 이 목사가 영력이 있고 영감이 특별한 가운데서 자기의 사정을 꿰뚫어 보기 때문에 무섭다고 하는 것으로 해석하였다. 그러나 좀 더 생각하니 그것은 칭찬도 아니요, 목사의 권위를 존중해서 하는 말도 아니라 목사와의 심적 거리, 경계하는 마음을 나타낸 것임을 파악할 수 있었다.

이런 과정을 통해서 목회의 철이 들어가고 있을 때 꿈과 낭만의 도시라는 분당에서 새로운 도약의 기회를 갖게 되었다. 따라서 지금까지는 맛보지 못했던 새로운 기쁨을 맛볼 수 있었다. 주일마다 교인들이 늘어나는 것을 보면 먹지 않아도 배부르고 마시지 않아도 흡족했다.

그러다 보니 교인들을 만나면 반가워서 어쩔 줄을 몰라했다. 그렇지만 신세대들의 개인주의적인 경향 때문인지 목사의 이런 정서와는 거리가 있는 반응을 보여주는 것이 매우 당황스러웠다. 이러한 반응은 목사에게 자신들을 노출시키기 싫어하는 경향을 말해 주는 것이라고 판단하였다.

그래도 교인들을 알아야

그렇다고 해서 교인들을 몰라야 하느냐라고 반문한다면 그렇지 않다고 대답할 수밖에 없다. 어떤 의미로든 교인들을 알아야만 교인들을 위한 목회를 할 수 있기 때문이다. 환자를 모르고는 환자를 위한 치료를 못하는 것과 마찬가지이다. 문제는 교인들의 어떤 것을 어떻게 아느냐가 중요하다는 데 있다. 덮어놓고 교인들의 실상을 속속들이 아는 것보다는 교인들에게 유익을 주기에 합당한 정보를 파악하는 정도에서 자제해야 했다. 교인들을 너무 알다 보면 목사에 대한 자세도 알게 되는데 이때 목사가 몰랐더라면 좋은 것들도 알게 되어 괴로움을 느끼게 된다.

실제로 자기 감정에 솔직한 신자가 약간은 무례한 듯이 내게 말했다.

"목사님, 저는요, 목사님에 대해서 존경하고 칭찬하는 사람만 있는 줄 알았어요. 그런데 알고 보니까 목사님께 대한 칭찬에는 인색하고 비판에는 날카로운 교인들도 있던데요. 그러니 목사님의 사역이 힘드시겠어요."

이런 말을 들을 때 자기의 말을 다른 사람의 말처럼 하는 것이 아닌가 생각하면서 뒤끝이 씁쓸한 표정으로 말을 건넸다. "그래요. 그런 요소는 목사뿐 아니라 누구에게나 다 있는 것 아닐까요?"라고. 사실 교인들을 너무 알려고 하다 보면 알고 싶지 않은 것들, 알면 기분상으로 좋지 않고, 의욕에 장애가 되는 정보에 접하게 되는 경우들도 많다.

그럼에도 불구하고 교인들을 아는 것이 목회의 필수 조건이라는 것은 누구도 부인하지 못한다. 신도시의 경우는 더욱 그렇다. 신도시에 들어와서 목회적 연단을 받게 되는 목회자 중에서 이 문제에 대해 무관심한 채 무책을 대책으로 삼았던 분들이 적지 않은 것을 알고 있다.

내 나름대로 교인들을 알아야 한다는 것은 두 가지 이유에서이다. 하나는 교인들에 대한 바른 처방을 위해서이다. 그러나 보다 중요한 것은 교인들과의 공감대를 형성하기 위해서이다. 그렇지 못하면 교인들에 대한 목회적 관심과 노력이 먹혀들지 않게 되며 실효를 거두기 어렵기 때문이다.

분당에서 목회를 시작했을 때, 제일 먼저 느낀 것은 정서적인 메마름이었다. 적절한 문화시설 공간이 없고, 주거 공간만 있는 미완성 상태의 도시였기 때문이다. 이러한 도시의 구성원인 교인들 역시 정서적으로는 메마를 수 있다는 판단이 섰다. 물론 말씀을 은혜롭게 전하면 된다는 생각도 했지만 그러기 위해서 정서적인 물기, 향기, 울림 같은 것들을 느끼게 해 주는 것이 필요했다.

그래서 주보에 실을 간단한 초청의 글을 쓰게 되었고, 좀 더 진보된 단계에서 목회 시(詩)를 쓰게 되었다. 그랬더니 생각 밖의 좋은 반응을 얻게 되었다. 이러한 반응은 교회에 대한 좋은 반응으로 이어졌다. 이것은 정서적인 공감대가 형성되었기 때문이다.

기도한 후에

이른 아침
기도한 후에
무성한 상념의 숲을 헤치면서
나 혼자만의 길을 걷노라면
촉촉한 주님의 이슬에 젖는다.

이른 아침
찬송한 후에
찬란한 금빛 햇살을 받으면서
나 혼자만의 길을 걷노라면
찬란한 주님의 광채에 나의 어둠이 사라진다.

교인들을 어떻게 알 수 있는가. 이 문제는 그리 쉬운 일이 아니지만 관심과 성의를 갖는다면 어려운 것도 아니다.
교인들을 일부러 알려고 하면 힘들지만 알려지는 것을 아는 것은 자연스럽고 쉽다.

첫째, 첫 심방을 통하여

신자가 등록하면 첫 심방을 하는 것이 보편화되어 있다. 이때에는 두 가지를 파악하는 것을 기본으로 한다.

하나는 그 가정에 대한 간단한 인적 사항이다. 이때 학력이라든가, 직장이라든가, 경력에 대해서는 알려고 하지 않는다. 그러나 최소한의 인적 사항, 즉 가족의 이름, 생년월일, 신급 정도를 확인한다.

또 하나는 신자가 알리고자 하는 것을 파악하는 것이다. 첫 심방을 해 보면 신자가 말하지 않는 것과 말하는 것이 있는데, 말하는 것 속에는 신자가 목사에게 알리고 싶은 내용이 있다. 알리고 싶은 내용은 다양하지만 크게 나누면 자랑하고 싶은 것과 부탁하고 싶은 것이다. 자랑하고 싶어하는 것에 대해서는 그대로 인정하는 반응을 보이고, 기도 제목을 의뢰함에 대해서는 격려의 말과 함께 수용의 반응을 보인다.

신자가 알리고자 하는 것 이상으로 알려고 하면 그만큼 가까워지는 것이 아니라 멀어질 수 있다는 점을 유념해야 한다. 뜻하지 않은 목회적 손실을 입게 되기 때문이다. 그래서 심방하는 교역자나 동행하는 그 교우의 교구장과 구역장들은 묻거나 말하기보다 심방을 받는 교인의 말을 듣고 좋은 반응을 보이며 친밀감을 갖게 하는 데 관심을 두어야 한다.

"목사님, 우리 아이는 대학에서 경영학을 전공했어요. 그런데 앞으로 더 공부하겠대요. 어떻게 해야 좋을지 모르겠어요." 이렇게 말하는 교인에게 자녀가 어느 대학을 나왔느냐고 물으면 곤란할 수 있다. 그럼에도 불구하고 왜 그런 얘기를 하는가를 판단해야 한다. 경영학을 했다는 것이 자랑이다. 그렇다면 거기에 맞는 반응을 보여야 한다. 공부를 더하는 문제에 대해 어떻게 해야 할지 모른다는 얘기는 확신이 덜 섰다는 뜻이다. 그러므로 가부에 대한 말은 할 필요가 없다. 이럴 때는 "그래요? 전공을 잘 선택해서 공부했군요. 더구나 요즈음은 경제학 또는 경영학 분야에 많은 인재가 필요한 것 같아요. 그런데 공부를 더 하겠다는 것은 바람직한 일이지요. 공부도 가능하면 젊고 의욕이 강할 때 하는 것이 좋으니까요."라고 말할 수 있을 것이다.

이런 식으로 말하는 것이 확신과 도움을 주고 격려를 받게 한다는 사실은 목회의 현장에서 경험적으로 확인되었다.

둘째, 상담을 통해서

목회에 있어서 상담은 피할 수 없는 것이며 피해서도 안 되는 분야라고 여기면서 가능한 한 상담에 성의를 보인다. 교육 지수나 생활 정도에 있어서 평균 이상인 신도시 사람들의 경우는 상담의 필요가 적을 줄 알았다. 그러나 막상 이곳에서도 상담해야 할 문제들이 많다는 것을 알게 되었다. 따라서 상담은 목회의 좋은 기회이기도 하다는 것을 마음에 두고 신자들을 대하게 되었는데, 이때 신자들은 자신들의 마음 깊은 것을 말하게 된다. 그래서 신자들을 깊이 알게 되면서 보다 진지한 목회적 애정과 깊은 관심을 갖게 되었다. 많이 들어주고 이해하는 마음가짐으로 신자의 입장에 공감하는 자세로 대하였다.

셋째, 흘러가는 말들을 통해서

신자들이 자기네들끼리 하는 말들에 대하여 일일이 관심을 가질 필요는 없다. 과민하여 정신적인 낭비에 이르기 때문이다. 그러나 흘러

가는 말들인 것 같은데 그렇지 않은 경우가 있다.

한번은 아주 젊은 엘리트 교인이 등록하였다. 예배가 끝난 후 친교의 자리에서 한마디 하는 소리를 듣게 되었다. "적절한 말인지는 모르겠습니다만 어떤 사람이 절에 가다가 그 절에서 떠내려오는 쓰레기를 보고 되돌아 왔다고 합니다. 그 절에서 이런 것이 떠내려가게 한 것을 보니 불결한 것 같고, 그렇게 불결하다면 불공을 해도 소용이 없을 것이라는 생각 때문이었다고 합니다. 그러나 교회는 다르겠지요,"라고 하면서 바닥에 떨어진 휴지를 줍는 것이었다.

나는 그의 말에서 몇 가지를 느끼게 되었다. 그것은 외형적 경건에 관심이 많다는 것, 상당히 비판적이라는 것, 그리고 자기가 등록한 교회에 대해서 문제를 제기하고 있다는 것 등이었다. 이와 같은 나의 느낌은 그의 신앙생활을 통해 사실로 확인되었다.

넷째, 가벼운 대화를 통해서

권위는 거리를 느끼게 한다. 그러나 대화는 관계를 친근하게 한다는 점에서 신자와의 대화를 중시한다. 자연스럽게 어울리거나 길에서라도 만나는 기회가 있을 때 무겁지 않은 대화를 나누게 된다. 물론 대화의 흐름을 이상한 방향으로 돌리려는 이도 있다. 그런 때는 화제를 정상적인 쪽으로 인도하면서 대화의 흐름이 끊기지 않게 한다. "그래요, 그렇군요, 그럴까요? 그렇게도 생각할 수 있겠지요."라고 하면서 더 좋은 화제 쪽으로 방향을 돌린다. 그러면서 신자들을 읽을 수 있게 되고 그들을 위해서 무엇을 어떻게 해야 하는지를 알게 된다.

이때의 대화는 상대의 기분 지수에 맞추는 것이 중요하다. 이와 같이 하는 것은 어떤 기교가 아니라 목사의 목회적 사랑을 나타내는 것이기도 하다. 그리하면 신자는 유쾌한 마음에서 목사를 대하게 되고 몇 마디의 대화에도 자기 자신의 진심을 나타낸다. "늙었다, 힘들어 보인다, 어디가 아프냐, 왜 그러냐, 어디 가느냐, 왜 지난 주일에 안 나왔느냐."라는 식의 말들은 가급적 사용하지 않는다. 오히려 그보다는 "젊어 보입니다. 기도 많이 하시는 것 같아요, 어디 가시나 봐요, 어디 다녀오시는군요, 지난 주일에는 못 뵌 것 같은데 어디 다녀오셨나 보죠." 라는 쪽으로 말을 건넨다. 그러면 상대의 반응이 자연스럽게 나오면서 대화가 이루어질 수 있다. 그리고 그 대화만큼 신자를 알게 된다.

다섯째, 기도제목을 통해서

1년에 1회씩 기도제목 카드를 제출하게 한다. 그리고 그 카드에 나타난 기도제목을 보고 신자들이 무엇을 원하고 있으며, 어떤 문제가 있고, 신앙의 상태가 어떠한가에 대해서 확실하게 파악할 수 있다. 그러나 개인적으로 누가 어떻다는 것을 파악하기보다는 대체적으로 어떻다는 것을 파악한다. 그리고 특이한 사항의 경우에는 마음에 두고 당사자에게 그 문제에 대한 관심을 보이기도 하고 위해서 기도한다.

어느 주일 오전 7시 30분에 드리는 1부 예배가 끝났다. 현관에서 교인들과 인사를 나누고 있는데, 일본에서 활동 중인 한국의 여성 프로 골퍼가 자기 어머니와 함께 나와서 예배를 드리고 가는 것이었다. 그래서 "귀국했군요. 그렇지 않아도 보고 싶었는데 모녀가 나오니까 아주 반가워요."라고 인사했다. 그러나 그의 어머니는 "목사님, 이 애는 프로 골퍼에요."라고 하면서 자기 딸을 소개한다. "저도 알고 있어요.

기도하고 있는 걸요." 그러니 다소 의외라는 듯 "그래요?"라고 하면서도 좋아한다. 아마 이 목사가 자기 딸에 대해서 무관심하거나 모르고 있는 것으로 생각한 것 같았다. 자기가 기도 카드에 자기 딸에 대해서 적어 낸 것을 잊고 있었던 것이다.

"목사님, 우리 애를 위해서 기도해 주세요. 오늘 일본으로 떠나거든요."

"오늘 떠난다구요? 몇 시에 떠나는지 바쁘겠군요."

"오늘 오전 11시 비행기로 떠나요."

"그래요? 그럼 잠깐 목회실로 올라오세요."라고 한 다음 그에게 손을 얹고 기도해 주었다. 그러자 그의 눈가에는 이슬이 맺히고 있었다. 감사하기도 하고 감격하기도 해서 배어나는 눈물임을 느낄 수 있었다.

여섯째, 성실도를 통해서

어떤 신자는 여건상 성실하지 못한 듯하고, 어떤 신자는 모든 여건에 문제가 없는데도 성실하지 못한 경향을 보인다. '약속을 잘 지키는가, 시간은 잘 지키는가, 헌금 생활은 어떤가, 교회 출석은 잘하는가, 교회에 대해 긍정적인가, 자신이 할 일에 대해 얼마나 책임적인가' 등을 보면 객관적인 성실도를 알 수 있다.

여기에서 별문제가 없는 사람이면 교회의 일꾼이 될 재목이라 생각한다. 그런데 어떤 사람의 경우에는 교회적인 생활에는 불성실하면서도 목사에게만 잘하려고 한다. 이러한 때 조심해야 한다. 왜냐하면 그것은 마음에서 우러나서라기보다는 계산된 행위이기 쉽기 때문이다. 그래서 기회 있을 때마다 신앙생활을 잘하는 것이 목사에게도 잘하는 것이 된다고 강조한다.

일곱째, 일반적인 정보를 통해서

일반적인 정보란 보편적이고 객관적인 정보를 뜻한다. 이런 정보는
대략 세 가지 종류로 생각한다.

① 지역 정보이다. 지역 정보를 우선적으로 파악하는 것이 대단히
중요하다. 지역의 인구, 주택, 교육, 문화, 종교, 주요 시설, 연령층, 성
향, 특징, 문제점 같은 것들을 파악해야만 한다. 이런 것을 파악하게
되면 일반적이고 보편적인 지역적 현실과 그 현실 속에서 살아가는
사람들의 성향이 신자들에게 있어서도 예외일 수 없다는 것을 알게
되고, 이에 상응하는 목회를 실현하는 데 유익하다.

일례를 든다면 '공휴일' 같은 때는 대부분 사람이 가족적인 계획을
갖고 즐기려 한다. 이러한 것을 무시하고 교회 행사를 하면 그 자체가
뒤떨어진 목회 감각으로 드러날 수도 있다. 물론 특별한 사정에 따라
예외가 있기는 하지만 그런 경우를 제외하고서는 공휴일은 가족끼리
즐기도록 하기 위해 교회 행사를 자제하는 것이 좋다는 생각이다.

② 시대적인 흐름에 대한 정보이다. 이를 파악하는 것은 시대에 맞
는 목회를 하는 데 있어서 필요하다. 서초동에서 목회할 때의 일이다.
목회를 시작한 지 몇 년이 지났을 때 짓궂은 여집사 한 분이 "목사님,
목사님은 서울하고도 서초동에서 몇 년을 계셨는데도 그대로예요. 그
저 촌스러운 모습이 변치 않으신 것 같아요."라고 하는 것이 아닌가.
이것을 좋게 들으면 순수하다는 말로 들을 수 있다. 그렇지만 달리 생
각하면 서초동에는 어울리지 않는다는 의미일 수도 있다. 아마도 시

대적인 흐름과 도시의 현실에 어두웠던 탓이 아니었나 생각된다.

시대를 읽을 수 있어야 교인을 읽을 수 있고, 교인을 읽을 수 있어야만 교인들을 존중하고 호흡을 같이하는 목회가 가능하다. 이를 위해서 신문, 텔레비전, 잡지, 베스트셀러가 된 책이나 문학 작품에도 관심을 갖는다.

③ 교회들에 대한 정보이다. 목회 정보는 우리의 목회 현장과 유사한 경우와 우리 교회 규모와 비슷한 교회들의 것을 우선 찾고, 크게 성장한 교회들의 것들도 입수하여 성장의 목표에 응용하는 지혜가 필요하다고 생각했다.

이를 위해서 각 교단의 교계 신문이나 목회와 교회성장에 관한 서적을 섭렵하는 것도 필요하다고 생각하면서 전문지의 선택을 중요시하였다. 나의 경우는 이론적인 정보도 중요하지만 실제적인 현장 정보가 더 중요하게 여겨졌다. 내가 〈월간 목회〉를 가까이한 것과 신도시 목회의 중간보고를 기고한 것도 이러한 이유에서이다. 그리고 앞선 목회자들의 충고나 실상을 듣는 일도 게을리하지 않는다. 어찌 생각하면 교회에 대한 정보는 목회 정보이기 때문에 교인들과는 무관한 것처럼 생각된다. 그러나 목회나 교회성장은 곧 신자들이 그 대상이요, 그 실상이다. 그러므로 다른 교회들에 대한 정보는 내가 목회의 대상으로 삼고 있는 신자들에 대한 넓은 의미의 정보라고 할 수 있다.

이와 같이 하여 직접 간접의 교인들에 대한 정보를 갖게 되면 교인들이 무엇을 좋아하고, 무엇을 싫어하며, 무엇을 원하고, 무엇을 원치 않으며, 무엇이 필요한가를 알게 된다. 그리하면 교인들의 필요에 적합한 목회를 할 수 있다고 생각한다.

미니 프로그램의 효과는 이렇다

지난 3월 30일 부활절 새벽 5시에 분당지역의 교회들이 연합해서 부활절 연합예배를 드렸다. 영하 5도의 날씨에 바람까지 만만치 않아 영하 10도 이상의 체감온도를 느끼게 하였다. 예배는 정시에 시작되었지만 걱정이 먼저 앞섰다. 날씨도 추운데 순서가 길어지면 어쩌나 하는 노파심이 들었기 때문이다. 그런데 전체 예배 시간이 57분 정도밖에 걸리지 않았다. 얼마나 다행인지 몰랐다. 이튿날 아침에 교구교경협의회 목회자들이 한자리에 모였다. 그리고 목회자들로부터 어제의 부활절연합예배에 대한 교인들의 반응을 들었다. 한마디로 매우 긍정적인 평가였다.

신자들의 긍정적인 평가를 몇 가지로 요약하면 "참 좋았어요. 아주 간결하고 빠르게 진행되어 인상이 깊었어요. 역시 신도시 목사님들답게 하시더군요."라는 것이었다. 여기서 "역시 신도시 목사님들답다."라는 말이 크게 들렸다. 이 말을 좀 더 새겨서 이해한다면 신도시 신자들을 이해하고 그들의 정서와 취향에 맞게 처신할 줄 아는 목사님들이라는 뜻이 된다. 신자들의 이런 반응이나 평가에 대해 가볍게 생각할 수도 있다. 그러나 중요한 것은 그것이 현실이라는 점이다. 그래서 필자는 역시 현실을 현실대로 이해하고 중시해야 한다고 생각하게 되었다.

지루하면

급속한 속도를 가장 먼저 실감할 수 있는 곳이 신도시라고 생각한다. 그것은 젊은 세대들이 주층을 이루고 있어 현대 문명의 첨단을 가장 먼저 이해하고 수용하며 생활화하고 있기 때문이다. 지루한 것에 대해서는 인내하려 들지 않는 경향이 있다. 우리 교회에 신세대 교육 전도사 한 사람이 새로 들어왔다. 그는 우리 교회에 대한 첫 소감을 묻는 질문에 주저없이 "목사님의 설교에 은혜받았습니다. 특별히 짧음에서 더 은혜를 받았습니다."라고 했다. 이것은 그 전도사의 생각이나 소감만은 아니라고 생각된다. 신세대가 많은 신도시 교인의 보편적 경향이라고 보아야 옳다. 설교, 성경공부의 경우도 내용적으로 지루하지 않아야 하지만 시간적으로도 지루하지 않아야 한다. 공감대를 형성하지 못하기 때문에 비효과적인 결과를 가져올 수 있다.

도시 목회 초기에 주제별 성경공부를 시작했다. 그것을 4년간에 걸쳐서 열심히 했는데 그 결과는 매우 씁쓸했다. 왜냐하면 끝까지 완주한 사람이 10명에 불과했기 때문이다. 그나마 어떤 때는 3~4명을 놓고 가르쳐야 하는 경우도 적지 않았다. 좋은 면으로 생각하면 목사의 성실함을 내세울 수 있을지 모른다. 그래도 끝까지 포기하지 않았으니까 과히 틀린 평가는 아니라고 할 수 있다. 그러나 문제점이 무엇이었는지를 점검했을 때 발견한 것은 너무 오랜 시간이 소요됨에 따른 지루함이었다. 내용적으로는 지루하지 않다 하더라도 시간을 너무 끌면 그 효과가 그만큼 감소되는 것이 사실이다.

이러한 경험을 염두에 둔 나는 지루함을 덜 느끼게 하거나 못 느끼게 하는 목회를 해야겠다는 생각을 갖게 되었다. 그것이 생각만큼 쉬운 것은 아니지만 신도시 목회에 있어서 매우 중요하다고 판단했기 때문에 지금도 노력하는 중이다.

교인들에 대한 이해를

어떻게 보면 신도시의 젊은 교인들에게 문제가 많은 것으로 평가하기 쉽다. 그러다 보면 교인들을 부정적으로 대하게 된다. 따라서 그런 시각의 목회는 긍정적이고 능률적이기보다는 부정적이고 비능률적이다. 현대인들은 참을성이 없다느니 요즈음 세대는 너무 조급하다느니 하면서 탓하기 시작하면 한도 없고 끝도 없다. 그러나 이해에서 관용에 이르기까지 폭넓은 아량을 갖고 신도시 성도들을 대하면 그들을 위한 참다운 목회가 성립된다고 생각한다.

신도시 교인들에 대해 비판적인 시각을 갖게 될 때 그것이 옳을 수도 있지만 틀릴 수도 있다. 특히 참을성이 없다는 것은 현대적인 속도감 때문이요, 문화적인 패턴 때문이다. 이것을 이해하고 될 수 있으면 지루하지 않도록 관심과 노력을 기울이고 있다.

얼마 전에 K 목사님으로부터 들은 이야기가 있다. 그것은 현대기업에 있어서 중요한 것이 세 가지가 있는데, 첫째는 새로운 아이템의 개발이요, 둘째는 사람이 바뀌는 것이요, 셋째는 새로운 기술이라는 것이다. 그러면서 덧붙이기를 "우리의 목회에도 이 점을 염두에 두는 것이 중요하다."고 강조했다. 나는 K 목사님의 말에 크게 공감하였다. 변화를 목말라하는 현대 교인들을 위해 목회자 자신이 새롭게 됨을 통하여 교인들에게 보다 새로운 이해로 접근해 가는 것이 지혜이며, 주님의 뜻이라고 느껴졌기 때문이다.

그러면 어떻게 할 것인가? 사실, 분당이라는 특수 여건에서 목회하게 된 나는 너무나 해야 할 것과 하고 싶은 것이 많았다. 그러나 그 모든 것을 한순간에 다 할 수는 없는 노릇이었다. 좀 더 시간을 갖고 연구하며 이해하면서 실현해야 할 일들은 뒤로 미루고, 실행의 시간이 빠르면 빠를수록 좋은 것은 지체 없이 실천하자고 마음을 정리했다.

우선 교회에서 하는 모든 행사를 길지 않게 하면서 군더더기를 붙이지 않는다는 원칙을 세웠다. 그리고 예배에서 행사에 이르기까지 간결하고 짧게 하되 긴 것보다 나은 효과를 지향하는 쪽으로 방향을 잡았다. 교회 행사에 시간을 많이 잡는 것은 신도시 지역 교인들의 정서에 맞지 않는다. 계획에 따라 정해 놓은 일정한 시간이 있는데, 거기에다 물 타듯 하면 길어질 수 있고 그렇지 않으면 짧아질 수 있다. 어떤 것을 택하는 것이 옳은가? 짧아도 긴 것보다 효과가 있다면 그것을 택하는 것이 옳다고 생각하였다.

특히 신세대 신자들은 목회자인 내가 주고자 하는 것만큼 받는 것이 아니라 받고 싶은 시간에 받고 싶은 만큼 받는다는 것을 헤아려야 했다. 예배나 설교 그리고 성경공부는 일상화된 것이다. 그렇다면 교회의 프로그램은 어떤 것을 어떻게 하는 것이 좋은가?

미니 프로그램

우리 교회의 경우는 공간적으로 문제가 있다. 장소가 교인들의 수

와 하고 싶은 프로그램에 비해서 너무나 협소하기 때문이다. 그래서 너무 크거나 복잡한 프로그램은 어울리지 않을뿐더러 노력에 비해 유익이 적다. 기본적으로는 주님께서 세우신 우리 교회가 주님의 뜻과 성령의 역사 가운데서 자연스럽게 유지, 성장되고 있지만 신자들에게 신선한 맛을 느끼게 하고 자기의 맡은 직분을 잘 감당하게 하는 '미니 프로그램'을 다양하게 갖추는 것이 좋겠다는 것에 착안하였다. 그것이 짧은 시간 안에 효과를 극대화할 수 있는 프로그램이라고 판단했다. 그래서 실시하고 있는 미니 프로그램들 중에 두 가지의 사례를 소개하고자 한다.

1. 성가경연대회

우리 교회에서는(예음부가 주최) 성가경연대회가 연 2~3회 정도 실시된다. 이 대회의 참가는 교구 단위가 되고 예선을 거치지 않는다. 각 교구장의 책임 아래 구역예배를 마치고 난 후 정해진 시간, 정해진 장소에 모여서 연습을 하게 한다. 이 과정에서 친교와 협력이 이루어지며 서먹서먹했던 어색함도 해소되는 것은 물론, 교회에 대한 소속감과 애정을 갖게 된다.

성가경연대회에 참가하는 교구에서는 단순히 성가만 준비하는 것이 아니다. 복장을 색다르게 하고 장기를 곁들이며 배우들을 방불케 하는 분장을 하는가 하면, 율동을 겸한 성가와 기발한 아이디어로 다양한 성가 기법을 도입하고 악기까지 동원하여 참가한다. 이때 성가대의 재목들과 교회의 친교행사에 활력소가 될 수 있는 신자들을 발굴하기도 한다.

성가경연대회라고 하지만 전문성을 갖고 하는 것은 아니다. 그저 축제의 분위기에서 친교를 도모하는 가운데 주님께 영광을 돌린다. 그래도 상은 주어야 분위기를 고조시킬 수 있다. 그런데 어떤 상을 주느냐 하는 것보다 어떤 명분으로 어떻게 주느냐가 더 중요하다. 처음 얼마 동안은 1등에서 몇 등까지 상을 주기도 하였다. 그러다 보니 평가에 대해 불만을 나타내거나 뒤끝이 씁쓸한 경우가 적지 않았다. 그래서 상을 주는 방식을 바꿨다. 등위에 따라서 상을 주는 것보다 특성에 따라서 상을 주기로 하되 대상 한 팀만 선정하여 그 우수성을 인정하여 주었다. 그랬더니 아주 좋은 분위기가 되고 뒤끝이 개운했다.

2. 두 시간짜리 수련회

다른 교회들과 마찬가지로 강사를 초빙하여 실시하는 수련회 프로그램도 있다. 그러나 두 시간짜리 미니 수련회를 교구장들과 구역장들을 대상으로 연 4회 정도 실시했는데 예상보다 높은 공감을 얻었고 새로운 힘을 불어넣는 계기가 되었다.

늘 모여서 예배하고 기도하며 친교를 나누던 본 교회당에서 실시해도 좋지만 그보다도 지방에 있는 교회의 예배당을 빌려서 하는 것이 좋았다. 그 이유는 본당에서 할 때보다 관심도가 높았기 때문이다. 새로운 기분이 들기 때문이기도 하겠지만 그보다도 새로운 장소에 대한 기대감 때문일 것이다. 게다가 다른 교회에 대한 이해를 넓히고 교류의 기회를 갖는 것이 또 하나의 유익이다. 또한 다른 생각을 하지 않고 수련회에 집중할 수 있기 때문에 짧지만 작지 않은 성과를 갖게 된다.

마지막으로 오가는 시간의 즐거움이다. 수련회 장소로 갈 때나 집으로 돌아올 때 차 안에서 이루어지는 대화의 꽃은 교회를 아름답게 하는 길 중의 하나이다. 교구장이나 구역장이 어떤 말을 어떻게 하느냐에 따라 교회의 분위기가 좌우될 수 있다는 것을 감안하면 저들의 대화는 중요하다. 그래서 여러 대의 차량으로 이동할 경우 오갈 때 차를 바꿔 타거나 좌석을 바꾸어 앉는 것에 유의하고 출발하기 전 이 사실을 지시해 둔다. 그리고 오늘의 대화는 하나님께 영광이 되고 교회에 유익이 되도록 하되, 특히 긍정적이며 우호적으로 할 것을 주문한다. 이러한 목사의 지시와 주문은 신자들에게 자연스럽게 수용된다. 그 이유는 이렇게 오가는 것도 수련회의 과정이기 때문이다.

수련회 장소가 너무 멀면 지루하고 힘들다. 그렇다고 해서 너무 가까우면 싱겁게 느껴질 수 있다. 그래서 멀지도 않고 가깝지도 않은 곳을 정하는 것이 바람직하다고 생각하였다. 시간적으로는 왕복 4시간 이내에 오갈 수 있는 곳으로 하되 거리로는 150km 전후로 정하였다. 가고 오는 길에 휴게소에 들리면서 간식을 먹을 수 있기 때문에 식사는 햄버거 또는 김밥으로 간단하게 준비하여 식사 시간이 오래 걸리지 않도록 하였다.

2시간짜리 미니 수련회이기 때문에 여유가 없다. 그래서 내가 준비한 계획에 의해서 진행하게 되는데 인도하는 목사나 참석한 교구장, 구역자들에게는 잠깐인 것같이 느껴지게 하는 것이 중요하다. 그것은 통상적인 수련회의 틀에서 벗어났다는 점과 다음으로 넘어가는 단계가 길지 않게 진행되어야 한다.

① **도착예배** : 현지에 도착하면 예배당 사용절차를 정리한 후 목적

지에 도착하게 하심과 수련회를 갖도록 하신 하나님께 감사하는 예배를 드린다.

예배의 부름 - 묵도 - 찬송가 - 통성기도 - 찬송 - 성경봉독 - 설교 - 기도 - 송영 - 축도의 순서로 진행되며 주요 예배순서는 다음과 같다.

· **예배를 시작할 때**/ "오늘 이 시간 여기까지 인도하시고 은혜와 축복 가운데서 수련회를 갖게 하신 주님께 감사드립니다. 그리고 이 예배당을 주님의 이름으로 사용하게 해주신 목사님과 교회에게 감사를 드립니다. 그리고 바쁜 일과 어려운 사정들이 있음에도 불구하고 이 수련회에 참석하느라 열 일과 열 사정을 제쳐놓으신 여러분에게 성령의 충만을 기원합니다. 이제 다 함께 묵도하심으로 오늘 수련회를 시작합니다.

'야곱아, 너를 창조하신 여호와께서 지금 말씀하시느니라. 이스라엘아, 너를 지으신 이가 말씀하시느니라. 너는 두려워하지 말라. 내가 너를 구속하였고 내가 너를 지명하여 불렀나니 너는 내 것이라'(사 43:1).

참사랑의 근원이신 주님, 오늘 이 시간 이곳까지 인도하시고 주님께서 성별하신 성전에서 수련회의 시간을 갖게 하시오니 감사합니다. 저희들이 드리는 이 예배를 받으시고 영광을 거두시옵소서. 주님의 이름으로 기원하옵나이다. 아멘."

· **통성기도**/ 은혜 충만한 수련회가 되기 위해서, 수련회를 인도하는 목사를 위해서, 이 교회 담임목사와 교우들을 위해서 기도하게 한다.

· **성경말씀**/ 마태복음 8:1~10

· 제목/ '있는 것을 주님께'

　내게 무엇이 얼마나 있느냐 하는 것보다 나를 포함해서 내게 있는 것을 주님께 드려 주님의 도구가 되게 하는 것이 중요하다는 것, 주님은 우리의 없는 것을 요구하시지 않고 있는 것을 요구하신다는 것, 주님의 요구가 있을 때는 내게 있는 것이 크든 작든 많든 적든 간에 순종해야 한다는 것, 우리의 있는 것을 주님의 요구에 따라 드리면 그것이 주님의 도구가 되어 큰 역사와 기적을 이루게 된다는 것, 지금이 바로 주님께서 우리에게 있는 것을 요구하시는 시간이라는 것을 설교의 요지로 해서 약 5~6분간 설교한다. 그리고 간단한 목회 시(詩) 한 수를 낭송한다.

주님의 음성을 듣습니다

주님의 음성
들리지 않아
침묵하신 것 같을 땐
사람들의 소리
들리지 않는 곳으로
자리를 옮깁니다.

나는 거기서
숨소리마저
평상성 아래 두고

영혼에 울려 오는

침묵의 언어

주님의 음성을 듣습니다.

기도로 타오르는 가슴

태양처럼 이글거리는데도

듣고 싶은 주님의 음성

들려오지 않을 땐

주님의 음성

잘 들릴 곳으로

자리를 옮깁니다.

그리고

거기서 나는

나를 녹이는

주님의 음성을 듣습니다.

· 기도/ 목사가 기도한다.

주여 저희들에게 주신 유형, 무형의 은총을 인하여 감사합니다. 주님
께서 주신 것들 가운데 그 무엇이든 그 얼마든 간에 주님께서 요구하시는
때에, 요구하시는 장소에서, 요구하시는 만큼 드릴 수 있게 하옵소서. 그
리하여 주님의 위대한 영광이 나타나게 하옵소서. 예수 그리스도의 이름
으로 기도하옵나이다. 아멘.

② **휴식과 친교(친교는 준비한 바에 따라)** : 예배가 끝난 다음에는 약 25분간의 휴식과 친교의 시간을 갖는다. 그리고 휴식시간이 끝나면 정확하게 모여 다음 시간에 임하도록 한다.

③ **성경 읽기** : 디도서 2장을 10분간에 걸쳐서 읽고 묵상하게 한다. 특히 디도서를 읽게 하는 것은 교회 안의 각 계층에게 주는 교훈들이 기록되어 있기 때문이다. 교구장이나 구역장은 이런 여러 계층을 대상으로 자기의 임무를 수행해야 한다는 것과 그들에 대한 바른 태도를 일깨워 주기 위해서이다.

④ **교육** : 교육은 교구장, 구역장의 역할과 자세와 보람 그리고 경계해야 할 일 등을 주 내용으로 한다.

교구장의 역할은 거시저 관점에서 구역들을 돌보는 일, 구역상을 격려하는 일, 구역들을 확장하는 일, 교구 내 구역들 간의 우호를 증진시키는 일, 교회로부터 전달받은 수임 사항을 각 구역에서 수용하게 하는 일, 타교구와 연합해서 협력하며 교회를 섬기는 일 등이다.

구역장의 역할은 자세하게 구역식구를 돌보며 구역예배를 인도하는 일, 구역식구들의 문제를 놓고 구체적으로 기도하는 일, 구역을 교회 중심으로 가꾸는 일, 구역 내에 불순함이 용납되지 못하도록 경성하는 일 등이다.

또 교구장과 구역장은 믿음, 순종, 겸손, 긍정적, 봉사적, 모범적(기도, 생활, 헌신), 분별, 전도자의 자세를 가져야 할 것을 일깨운다. 따라서 이단자, 반교회적인 언행, 군림하는 자세, 나쁜 소문, 비밀 누설, 불평과 불만, 게으름, 무례함을 경계해야 함을 강조한다.

⑤ **평가와 보완** : 그동안의 구역 실정을 간단히 점검하고, 격려와 보

완의 기회가 되게 한다. 이때 상대에 대한 비판의 기회가 되게 하기보다 자기 평가를 하게 하고 혹 다른 교구나 구역에 대한 비판이 나오는 경우에는 긍정적이고 우호적인 자세를 하도록 감싸준다.

⑥ **기도회**

·통성기도/ 교구장의 구역들을 위한 돌림기도, 은혜와 축복을 기원하는 목사의 축복기도를 한다.

⑦ **결단의 시간** : 지난날을 되돌아보면서 무엇을 어떻게 해야 하는지를 생각하고 충성스럽게 일할 것을 결단하게 한다. 그러므로 모두 자리에서 일어서게 한 다음, 옆사람의 손을 잡고 찬송가 347장 1절을 부르게 한다. 그리고는 목사를 따라서 함께 기도하도록 한다. 이를 위해 기도문을 준비하고 기도가 끝난 다음에는 충성에 대한 성경구절을 따라서 읽도록 한다.

저희들을 부르시고 주님의 일꾼으로 삼아 주심을 감사합니다. 미력하고 나약한 저희들을 주님을 위해 드립니다. 주님께서 받으시고 도구로 삼아 주시옵소서. 능력 주시는 주님 안에서 주님의 도구가 되게 하옵소서. 결단의 기도를 드리옵나이다. 아멘.

'그리고 맡은 자들에게 구할 것은 충성이니라'(고전 4:2)

'죽도록 충성하라. 그리하면 내가 생명의 관을 네게 주리라'(계 2:10).

이상의 모든 순서가 끝나면 "지금까지 성령의 인도하심 가운데 수련회가 진행되었습니다. 이 은혜에 따라 우리 교회의 각 교구 안에 속한 구역들이 푸르고 아름답고 건전하게 가꾸어질 수 있게 될 것으로 기대됩니다. 여러분 모두에게 주님의 크신 은총과 사랑이 넘치기를 다시 한번 기원합니다."라고 한다.

이러한 미니 프로그램을 통해 화합의 일체감을 강화하고, 새로운 사명감과 자신감을 심어주게 된다. 그러므로 미니 프로그램은 준비하는 데 크게 어렵지 않으면서도 효과가 크기 때문에 조금씩 늘려나가며 다양화하려고 한다.

기도의 목회로 농도 짙은 은혜를 끼치려고

얼마 전의 일이다. 평소 알고 지내던 몇몇 목사님들과 자리를 같이 했다. 그리고 목회에 관한 이런저런 이야기들을 주고받았다. 그런데 B 교회의 P 목사님이 "나는 울산에서 목회하다가 서울로 올라왔어요. 그리고 개척할 곳을 물색해 봤지만 마땅한 곳을 찾지 못했어요. 그러다가 이 지역(송파)에 있는 한 건물의 지하실 25평을 마련하고 개척을 시작했지요. 그리고 열심히 기도했어요. 기도만 열심히 하면 사람들이 몰려들고 교회가 성장할 것이라고 생각했지요. 그렇게 2년 반 동안 했는데도 불과 몇십 명이 모이는 교회의 처지를 벗어날 수 없더군요. 그래서 '목회란 기도만 하면 다 되는 것이 아니구나' 생각을 하게 되었어요."라고 했다.

나는 P 목사님의 말을 듣고 "목사님, 물론 목회에 있어서 기도가 전부일 수 없다는 데는 저도 동감입니다. 그러나 목사님께서 땀과 눈물에 젖으면서 기도하셨던 일이 결코 헛된 것이 아니라고 생각합니다. 그때부터 이어져 온 기도의 응답에서 이만한 교회로 성장케 된 것이 아닐까요?"라고 했다.

모든 목회자가 그렇듯이 나 역시 예외는 아니어서 할 일이 많은 것만큼 바쁘다. 부목사도 있고, 남녀 교역자의 조력이 있지만 그것으로 채워질 수 없고 담임목사의 목회에서 감당해야 할 일들만으로도 너무나 바쁜 것이 사실이다. 그러다 보니 기도에 소홀할 수도 있고 그 소홀함을 정당화하고 싶어지게 된다.

그러나 그것은 일종의 유혹이라는 것이 나의 생각이다. 물론 내가 원하는 만큼의 기도를 다하지 못한다는 자책감이 있겠지만, 그렇다고 해서 그 자책감을 외면하는 변명은 목회자의 진실일 수 없다고 생각하기 때문이다. 따라서 나의 작은 목회에서 목회와 기도를 분리할 수도 없고, 분리해서도 안 된다는 점에 유의한다. 왜냐하면 목회는 곧 기도이며 기도는 곧 목회이기 때문이다.

기도가 부족한 이유

1. 시간

새벽기도 시간을 줄이면 다른 일을 할 시간이 그만큼 늘어나게 된다는 생각은 새벽부터 시작되는 목회에도 불구하고 시간이 모자란다는 데 근거를 둔다. 이것은 어쩌면 모든 목회자의 현실이다. 그러나 이러한 입장이 기도를 줄여야 할 이유가 될 수는 없다. 목회의 사역과 기도는 별개의 일이 아니라 하나이기 때문이다.

2. 체력

나는 선배 목사님들로부터 '체력은 곧 목회'라는 말을 많이 들어왔다. '체력을 잃으면 목회를 잃는다. 그러니 건강에 유의하라'는 충고다. 실제로 목회의 격무를 감당하노라면 체력이 따르지 못할 때가 있다. 그럴 때마다 기도하기가 힘들다. 기도를 쉬고 싶은 마음이 든다. 그때의 기도는 이렇게 시작한다.

"주여, 지금 이 시간 체력이 진하여 기도하기조차 힘듭니다. 주님은 모든 것을 아시지요. 지치지 않게 하시며 새 힘을 더하여 주옵소서."

3. 나태함

영진교회가 분당에서 시작하여 성장하고 있을 때의 일이다. 서울에서 목회하는 L 목사가 "이 목사, 친구로서 하는 말인데 교회가 성장할 때 조심해야 돼요. 왜냐하면 그때가 가장 위기일 수도 있으니까 말이야!" 하는 충고를 해주었다.

나는 왠지 그 소리가 크게 들렸고 목회현장에서 그 소리를 자주 떠올리게 되었다. 때로는 안이한 생각을 하거나 나태해지는 감도 있다. 그리고 성취감이라든가 긍정적인 평가들이 주어질 때 순간 자위감을 갖게 된다. 이러한 자위감은 나태로 이어지고 기도를 등한히 하는 것으로 이어지면서 그만큼 목회도 등한히 하는 결과를 초래한다는 사실을 깨닫게 되었다. 그리고 그 결과는 신자들의 신앙적 열의에 직결되는 것을 보았다. 그러면서 깨달은 것은 '성공에 대한 자만이 실패의 시작이라면 나태는 자만의 시작'이라는 것이다.

기도의 실패는 목회의 실패이며 기도의 성공은 목회의 성공이라고 믿고 기도의 목회를 중요시한다. 그러므로 신자들에게 기도의 교육과 실제적인 기도 훈련을 시키는 것이 중요하다. 그런데 기도의 목회는 어디서부터 시작해야 하는가.

기도의 목회는 어디서 시작되는가?

그러나 그보다 앞서 어디서부터 기도의 목회를 시작할 것인가. 목사인 나에게서부터 시작해야 함을 명심하고 있다. 기도에 대한 만 마디의 이론을 들려주는 것보다 한 번의 기도를 보여주는 것이 더욱 효과적이라고 믿기 때문이다. 물론 나 자신이 기도생활을 할 때 신자에게 보여주기 위해서 하는 것은 아니다. 그러나 목사의 기도생활이 곧 본이 된다는 것은 부인할 수 없다.

작년의 일이다. 영진교회가 있는 바로 앞의 아파트에 나를 잘 아는 다른 교회의 신자 가족이 이사를 왔다. 그리고 그가 이사 온 집의 이웃에는 영진교회 교구장이 살고 있었다. 그런데 그가 그 교구장에게 말하기를 "예전에 이현수 목사님은 기도를 많이 하시는 분이셨어요. 아주 무섭게 했어요. 제가 보기에는 목숨 걸고 하시는 것 같았어요."라고 하더란다. 이 말을 들은 나는 기도에 대해 무거운 책임감을 느끼면서 큰 부담을 안게 되었다.

그때와 지금은 사정이 다르다. 그때는 신학을 하기 전이었지만 지금은 그때같이 많은 시간을 내서 기도할 수 없기에 얼굴이 붉어진다. 하지만 이것만은 분명히 해야 한다. 신자들로부터, '목사님은 기도를 못하신다'든지, '기도를 안 하신다'든지, '기도가 모자란다'든지 하는 말은 듣지 않아야 한다는 것이다.

언젠가 K 목사님에게 어떤 젊은 목사가 찾아와서 목회를 성공적으로 하려면 어떻게 해야 하는지 한 가지만 가르쳐 달라고 부탁했다고 한다. 그때 K 목사님은 그에게 "새벽기도 때 신자보다 먼저 나와서 신자보다 가장 늦게 일어나면 된다."고 하셨단다. 그래서 신도시의 교회에서 목사 자신이 먼저 기도의 사람이 되어서 기도의 목회를 해야 한다고 믿고 있으며, 그런 방향으로 마음을 두고 노력하는 중이다. 그리고 기도의 목회는 목사 자신의 기도생활에서 시작해야 한다는 것을 잊지 않는다.

교인들에 대한 기도 훈련

"교인들에게 기도 훈련을 어떻게 시킬 것인가?"라는 질문을 받게 되면 대답할 말이 넉넉하지 못하다. 왜냐하면 특별하게 '기도 훈련'으로 명목 지은 프로그램이 없기 때문이다.

우리 교회는 '특별기도'라는 타이틀을 쓰지 않는다. 그것은 특별하다고 여기기 싫어서가 아니다. 이유는 간단하다. 특별하지 않기 때문이다. 특별하지 않은 것을 특별하다고 한다면 그만큼의 진실성을 잃거나 의심받게 될 것이다. 작은 목회의 경험 속에서 가장 괴로웠던 때는 진실성에 대해 의심을 받았던 경우이다. 그럼에도 신자들로 하여금 기도하게 하는 일은 목회의 중요한 측면이라고 확신한다.

1. 새벽기도

새벽기도는 한국교회의 전통이며 자랑이다. 새벽기도를 자랑할 수는 없지만 자랑스러운 새벽기도가 되게 하는 것은 나의 기도 목회에 있어서 중요하다고 생각한다.

새벽기도회는 5시 정각에 시작해서 5시 25분 내지 30분에 정확히

끝맺고 자유기도 시간을 갖게 한다. 신도시는 다른 도시들과 마찬가지로 서울이나 인근 도시로 출퇴근을 하기 때문이다. 아침 일찍 출근해야 하는 가정의 경우에는 미리 준비해 놓고 나온다 하더라도 시간적인 여유가 없다. 그래서 새벽기도를 정확하고 짧게 인도하면 계획성 있게 참여시키는 효과를 가져온다. 또 하나의 이유는 학생들이 있는 가정을 위해서다. 학생들이 있는 가정 중에서 대학생이나 고3 학생들이 있는 경우에는 그들을 위한 준비 때문에 매우 바쁘다.

새벽기도회는 그리 오랜 시간이 필요치 않다고 생각한다. 이런 기도목회의 단면들이 신자들에게는 자신들에 대한 배려로 인식된다. 어떤 집사님은 "목사님, 저는 새벽기도 나오기가 힘들어요. 그것은 나오기 싫어서가 아니라 시간 때문이에요. 그래도 제가 새벽기도회에 나올 수 있는 것은 정확하게 시작하고 짧게 끝나기 때문이에요. 늦게 끝나면 어쩌나 하는 불안이 없거든요."라고 했다.

새벽기도회의 순서는 간단하다. 타종과 함께 성구 낭독과 기원이 있다.

"때를 따라 돕는 은혜를 얻기 위하여 은혜의 보좌 앞에 담대히 나아가자. 주여, 주님의 은총을 이불 삼아 덮고 안식의 수면에 들게 하셨다가 일깨워 주시오니 감사합니다. 오늘 이 아침에도 주님의 음성을 듣게 하시며 맑고 순결한 호흡으로 주님과 교제하게 하옵소서. 주님의 이름으로 기원하옵나이다. 아멘."

찬송가는 설교 전과 설교 후에 한 장씩 부른다. 새벽기도의 제목이 되어야 할 메시지는 욥기에서 시작했다. 기존의 도시들에 비해서 젊은 세대들이 많고, 별로 힘들거나 아쉬운 것이 없기 때문에 고난이 무엇인지, 고난당했을 때 어떻게 대처하며 어떤 신앙의 자세를 가져야 하는지를 일깨워 주기 위해서다.

지금은 시편을 계속 설교하고 있다. 시편은 기도 시이며 체험 시이기 때문에 기도하고자 하는 성도들의 마음에 시편을 이어주면 그만큼 뜨거운 기도를 드리게 할 수 있다고 판단했기 때문이다. 계속 이어지는 본문이지만 그 범위를 많이 잡지 않았다. 1절만 하든지 많아야 5절 이내로 한다. 본문이 길면 그만큼 할 말이 많아지고 그만큼 설교가 길어질 수 있다는 생각에서이다. 그러다 보니 새벽기도회에 참여하는 신도의 수가 늘어가고 있다.

또한 우리 교회만의 색다른 면이 있다면 일상화된 새벽기도회에다가 주제를 달리하는 새벽기도회를 접목하는 것이다.

매년 1월 첫 주간이나 둘째 구간에 신년의 새벽기도회를 갖는다. 이때는 1년 동안 기도할 일과 하고자 하는 일, 얻고자 하는 것들을 중심해서 기도하게 한다. 그리고 메시지의 초점을 거기에 맞춘다. 첫 주간이 좋지만 목사가 기도원에 들어가서 기도하게 될 경우에는 둘째 주간으로 한다. 사순절이 시작되기 전 사순절 새벽기도회를 준비하여 준비한 바를 따라 인도한다. 광고를 하면서 "이 기간의 기도를 통하여 여러분의 영성이 새로워지고 경건해지며 고난의 문제들이 해결되기를 바랍니다."라고 강조한다.

그리고 5월이 되면 한 주간을 가족 새벽기도회로 실시한다. 온 가족이 다 나올 수는 없으니까(공간 때문에) 한 가정에서 한 사람 이상 새벽기도회에 입문하게 하는 효과도 있다. 그러나 더욱 중요한 것은 가족에 대한 관심을 기도로 이어지게 한다는 점이다.

입시가 임박했을 때는 입시에 대한 새벽기도회를 한 주간 동안 갖는다. 이 지역은 입시에 있어서 매우 민감하다. 중학교에서 고등학교에 들어가는 데도 경쟁해야 하기 때문이다. 그러므로 이런 문제에 목회적 관심을 가지면 새벽기도회의 기간을 설정하는 데 몇 가지 유익이 있다.

첫째는 하나님의 뜻을 깨닫게 한다. 입시에서 다 합격하면 좋지만 그렇지 못하다. 이때 시험에 들기 쉬우므로 이 기간 동안에 하나님의 뜻을 깨닫게 하고 신앙적으로 대비케 한다. 둘째는 입시생들에게 격려가 된다. 셋째는 교회가 입시생과 그 가족의 어려움에 동참함으로써 공동체 의식을 갖게 한다. 연말이 되면 마지막 한 주간은 한 해를 정리하고 감사하는 새벽기도회로 인도한다. 물론 이때도 메시지의 내용은 회고와 정리를 중심으로 한다.

2. 삼일기도회

삼일기도회는 2회로 한다. 오후 4시 30분과 7시 30분에 각각 인도하는데 4시 30분에는 노약자나 젊은 주부들이 주로 나온다. 많은 숫자는 아니지만 그래도 그 시간이 아니면 삼일기도회에 나올 수 없는 분들이나 그 시간에 나오지 못하면 믿지 않는 남편의 퇴근시간과 맞물려 있어 기도회에 참석할 수 없는 여신도들에게 좋은 반응을 얻고 있다.

삼일기도회 순서에는 두 개의 기도제목을 수록한다. 하나는 고정적인 기도제목으로 '구원받는 이들의 수가 줄 잇고 떼 짓게 하소서'이고, 또 하나는 매주간 바뀌는 기도제목이다. 그리고 저녁 7시 30분 삼일기도회 후에는 구역예배 인도자들을 모이게 한 후에 구역예배 인도를 위해 기도하고 준비하게 한다.

삼일기도회 설교는 주로 구약의 역사서를 본문으로 하는데 지금은 역대상을 하고 있다. 내용상으로 보면 딱딱하여 듣기에 어려울 수 있기 때문에 난해하거나 어려운 본문에서는 범위를 짧게 하여 짧게 설교함으로써 준비의 어려움과 듣는 교우들의 어려움을 극복해 간다.

3. 금요 심야기도회

우리 교회도 다른 교회들과 마찬가지로 밤새워 철야기도회를 가졌던 때가 있었다. 그러나 통금 규제가 풀리고 난 후에는 심야기도회를 갖게 되었다. 그러던 중 이곳 신도시 지역에 와서는 금요일 밤 9시부터 9시 30분까지 기도회를 인도한다.

찬송가 세 장 정도 부르고, 통성기도 3분 정도 하고, 15분 정도 말씀을 전한다. 그리고 자유로운 기도 시간을 갖는다. 이때의 설교는 평소에 잘 다루지 않는 성경의 본문을 선택해서 하는데 지금은 아가서를 설교하는 중이다.

이러한 기도회는 참여도를 높이고, 생활의 리듬을 깨지 않으면서 기도생활에 젖어 들게 한다는 의도에서이다. 따라서 보다 깊이, 보다 많이 기도할 사람들에게는 그렇게 할 수 있는 기회를 제공하게 된다는 데 장점이 있다.

4. 산 기도회

목사 자신이 1년에 몇 번 기도하기 위해 산 기도를 한다. 이는 산에서 기도한다는 데 특별함이 있어서가 아니라 기도에 장애가 되는 환경을 벗어나서 기도에 전념하기 위함이다. 나는 기도의 일상화를 위해 온 성도들의 숨이 배어 있는 예배당이 가장 좋은 장소라고 믿는다. 그러나 장시간의 기도를 하고자 할 때는 찾아오는 이도 없고, 전화를 걸거나 받을 일도 없고, 심방을 요청받을 일도 없는 곳에 묻혀 기도하는 것이 효과적이다. 따라서 교인들과 함께 가는 경우도 있는데 몇 가지의 경우로 구분된다. 각 여전도회와 함께, 전·현직 여전도회 회장단과 함께, 권사들과 함께, 교구장들과 구역장들과 함께, 교역자들과 함께 간다.

교역자들만 가는 경우에는 문제가 없지만 신자들끼리 산 기도를 자주 가는 경우에는 일상적인 기도생활을 도외시하는 문제와 함께 불건전한 신비주의에 빠져들 위험이 있다. 그렇기 때문에 목사의 인도와 지도하에 산 기도를 하는 것이 바람직하다고 생각한다. 기도의 불이 붙게 하는 기도회 1시간, 개인기도 2시간, 마무리 기도회 1시간의 계획으로 실시한다.

기도 시(詩)를 쓴다

신자들의 영적 정서를 함양하기 위해 목사로서 쓸 수 있는 목회시를 쓰고 그것을 주보에 수록한다. 그 시들 가운데는 기도의 시들이 많다. 기도 시라는 시문학적 장르가 인정되는지의 여부에 구애받지 않고 기도문을 시로 쓰는데, 이것이 신자들에게 적지 않은 감동을 주는 것 같다.

모든 목회자가 기도의 중요성을 인식하고 기도의 목회를 하고 있다는 사실을 염두에 두면서 내가 하는 기도의 목회를 소개한 것이 매우 쑥스럽다. 다른 목회자들에 비해서 특별하다고 할 만한 것이 없기 때문이다. 그럼에도 불구하고 이러한 사실을 있는 그대로 소개하는 것은 일상적인 기도의 목회를 착실하게 해야 한다는 것을 강조하기 위해서다.

기도하게 하소서

주여!
닫힌 문이 열리기를 위해
기도하되
문이 열려 있더라도
기도하게 하소서.

장애물이 장애되지 못하기를
기도하되
장애물이 없더라도
기도하게 하소서.

무거운 짐이 가벼워지기를
기도하되
무거운 짐을 벗었더라도
기도하게 하소서.

경영하는 일이 성공되기를
기도하되
성공하고 있더라도
기도하게 하소서.

어둠이 물러가기를
기도하되
빛의 아침에도
기도하게 하소서.

늘 푸른 호흡의 기도를….

기도의 목회는 기도하는 목회요, 기도하게 하는 목회라고 믿는다. 어느 곳에서 목회를 하든지 기도의 목회는 피할 수도 없고 피해서도 안 된다. 그러므로 겉보기에는 평범하지만 그 질적 농도에 있어서는 은혜가 많은 기도의 목회를 갈망하면서 지금도 노력하고 있다.

신도시 교인들과 절제된 대화를

목회자의 한 사람인 나는 어떤 말을 어떻게 하느냐가 대단히 중요하다고 생각한다. 그것은 어떤 목회를 어떻게 하느냐의 문제이기도 하기 때문이다. 그럼에도 불구하고 지난날들을 돌이켜보면 내가 했던 수많은 말 중에서 실수가 적지 않았음을 깨닫게 된다. 내보일 것이 변변치 않은 목회였지만, 말의 실수만 적었더라도 그보다 나은 목회를 했을 텐데 하는 아쉬움이 가슴 한구석에 남아 있다.

"목사님께서 함부로 말씀하시면 안 되죠."

말 많은 세상에서 살고 있지만 교회만큼 말도 많고 일도 많은 곳이 없으며, 교회만큼 많이 탈 나는 곳도 없다고들 한다. 상당히 일리가 있는 말임을 부인할 수 없다. 만일 목회자의 말이 문제가 되면 그 문제는 매우 심각해질 수 있다는 사실을 인식한다면 의외의 손실을 피할 수 있다.

영진교회가 서초동에 있을 때의 일이다. JR. 주식회사에 다니는 집사님이 내게 시무룩한 표정으로 말했다.

"목사님, 저 다른 파트로 옮겼어요. 제가 지금까지 일해 오던 파트에서 생수 파트로 옮겼는데 맘에는 안 들어요."

나는 이 말을 받아서 말했다.

"집사님, 오히려 잘됐어요. 영진교회 집사님이 주류를 담당하는 상무 자리에 있는 것보다는 생수 파트에서 일하는 것이 낫지요. 아마도 하나님께서 그렇게 해 주신 것이라고 생각됩니다."

내 생각에는 목사로서 집사에게 할 말을 한 것인데, 그 집사님이 얼마 후 교회를 나오지 않는 것이었다. 몇 주일을 기다려 봤지만 계속 결석을 했다. 그래서 어느 주일 오후에 그의 집으로 심방을 갔다.

예배를 드리고 나서 다과를 나눌 때 "집사님, 그동안 바쁜 일이 많으셨나 봐요. 여러 주일 못 뵙게 된 것을 보니 말이에요."라고 하며 말을 건넸다. 내가 이 말을 하는 것은 그가 교회에 결석한 이유를 알고자 하는 것과 다음주일에는 꼭 나오겠다는 약속을 받기 위해서였다. 그런데 그 집사님은 지나가는 말처럼 한마디 한다.

"목사님께서 말씀을 조심하셔야죠."

그때 나는 그의 말이 무슨 뜻인지 감을 잡지 못했다. 후에 알게 된 일이지만 내가 할 말을 했다고 생각한 그 말이 그에게 문제가 되었던 것이다. 그 집사님 자신의 믿음이 좋아서 술 파트보다는 생수 파트가 좋다고 생각하면 문제 될 게 없었을 것이다. 그러나 본인은 그것이 좌천이라고 생각하고 매우 착잡해 보이는데, 그런 심정을 헤아리지 못하고 말한 것이 잘못이었다. 이때부터 목회자의 말이 얼마나 중요한가를 새삼 실감하게 되었고, 말에 대한 관심이 높아지기 시작했다.

해서는 안될 말을 절제한다

어떤 설교를 어떻게 하느냐, 어떤 기도를 어떻게 드리느냐에 못지않게 어떤 말을 어떻게 하느냐가 중요하다는 것을 인식하였다. 이러한 차에 신도시 목회를 하게 되었다. 신도시에서 목회의 대상으로 만난 사람들은 대부분이 평균 이상의 공교육을 받았고 웬만큼 생활 여건을 갖춘 젊은 세대들이다. 이런 사람들을 상대로 해서 깨닫게 된 것 중의 하나가 말의 절제였다.

말을 절제하지 않으면 많은 말을 하게 되고, 많은 말을 하게 되면 실수를 면할 수 없다. 어떤 말을 어떻게 절제해야 하는가는 단순하지 않지만 그래도 나름대로의 원칙을 정했다. 말이 문제가 되는 경우는 내가 한 말에 대해서 상대방이 오해했을 때와 해서는 안 될 말을 절제하지 않았을 때이다. 후자의 경우에는 수습이 무척 어렵다.

내가 해서는 안될 말로 생각하는 것은 어떤 말들인가.

1. 격한 감정의 말

목회의 현장에서 제일 극복하기 어려운 것은 바로 자기 자신이라는 것이 작은 목회의 경험에서 얻은 결론 중의 하나이다. 자기 자신을 극복한다고 할 때 가장 어려운 것이 격한 감정을 절제하는 것이다. 모든 교인은 하나님의 자녀이고 주님의 양들이기 때문에 착하다는 시각을 갖는 것이 바람직하다.

그럼에도 불구하고 간혹 목회자를 화나게 하고 속상하게 하며 섭섭하게 하는 신자들의 무례함에 직면하게 된다. 이때 자극적이고 감정적인 말로 표현하면 그 말은 곧 실수로 이어지게 된다. 그런데도 말하고 싶고 전화하고 싶고 심지어는 공격적인 설교로 분풀이를 하고 싶어진다. 그때야말로 말의 절제가 가장 필요한 때다.

서초동에서 개척 후 몇 년이 지났을 때의 일이다. 삼일기도회를 마치고 귀가하려고 하는데 평소에는 삼일기도회에 나오지 않던 남자 집사 두 분이 들어섰다. 그들을 보는 순간 뭔가 이상하다는 낌새를 읽을 수 있었다. 그래도 그들에게 말을 건넸다.

"늦으셨군요. 지금 막 끝났는데……."

그러자 그들은 약간 굳은 표정으로 말했다.

"목사님, 차나 한잔 하시지요. 드릴 말씀도 있고 해서요."

나는 그들과 함께 커피숍에 갔다. 그리고 차를 시킨 다음에 내가 먼저 말을 건넸다.

"하실 말씀이라는 게 뭔지 말씀해 보세요. 바쁜 시간을 내서 오신 것을 보니 긴요한 말씀인가 보네요."

그러자 두 집사 중의 한 분이 입을 열었다.

"저 목사님. 지난 주일에 예산 제직회를 했잖아요. 그런데 좀 문제가 있는 것 같습니다."

나는 그 집사님들이 무슨 말을 하려고 하는지를 직감하면서도 "그래요? 은혜스럽게 잘된 것 같은데 무슨 문제가 있는 걸까요?"라고 했다.

그러자 약간 망설이는 듯하더니 "목사님, 목사님의 사례금이 교회의 규모나 예산에 비해 너무나 많습니다. 목사님이 그것을 다 받으시게 되면 교회가 큰 시험에 들 거예요. 그러니까 목사님께서 오는 주일 공동의회에서 선언하세요. 사례금을 내려 받겠다고 말입니다. 그러면 교인들은 목사님을 존경하며 본받게 되고 교회는 크게 부흥될 것입니다."라고 하는 것이 아닌가.

참으로 어처구니없는 말이었다. 당시에 우리 교회의 예산 규모를 기준해서 볼 때 내가 받는 사례는 평균 이하였기 때문이다. 그럼에도 불구하고 '아무 말 하지 않고 감사하면서 목회하는 목사를 이렇게 몰라주나, 목사를 이렇게 무시해도 되는 것인가.' 이런 집사들은 버릇을 단단히 고쳐서 다시는 머리를 들지 못하게 하고 싶다는 충동이 강하게 일어났다. 그러나 절제해야만 한다고 자신을 억누르고 한숨마저도 들이마시면서 마음을 가라앉혔다.

"집사님들이 무슨 말씀을 하시는 건지 알겠습니다. 그런데 집사님들이 모르시는 게 있군요. 목사가 교회로부터 받는 사례는 그것이 적든지 많든지 하나님께서 주시는 겁니다. 그러므로 적어도 적지 않고 많아도 많지 않은 것이 목사의 사례입니다. 제가 말씀드린 이 말의 뜻이 무엇인지 깊이 생각해 보시고 말씀하시는 게 좋겠군요."라고 하였다.

그 후 그들은 더 이상 그 문제를 거론하지 않았고 목사에 대해 미안해하는 눈치였다. 원래 내가 하고 싶었던 말은 그게 아니었지만 격한 감정의 언어를 절제하지 않았더라면 문제의 불씨를 크게 했을 것은 너무나 자명한 일이었다.

2. 신자들의 사생활 정보

신도시의 일반적인 경향 중의 하나는 정보에 민감하다는 것이다. 그래서 얻어야 할 정보에 대해서도 관심이 높은 반면에 보안해야 할 사생활 정보에 대해서도 예민한 편이다.

며칠 전 크로스웨이 성경공부를 하는 중 커피를 마실 때 60여 세 된 여집사님 한 분이 다정한 음성으로 "목사님!" 하고 불렀다. 그래서 그에게로 다가갔다.

"목사님, 저는 목사님에 대해서 궁금한 게 있어요. 여쭤봐도 괜찮을까요?"

"그럼요. 말씀해 보세요."

"목사님의 설교를 듣다 보면 예화를 드시는데요, 그런 정보를 언제 어디서 어떻게 입수하시나요? 그게 늘 궁금해요."

나는 이러한 질문을 받는 순간 60여 세나 되는 여집사님도 저 정도니 보다 젊은 세대는 어떨까 하는 생각을 하면서, 그 집사님에게 "글쎄요, 정보원이 따로 있다기보다 보고 듣고 읽고 느끼고 경험히는 것들이 다 정보지요, 뭐."라고 말했다.

그는 내 말을 듣고서는 "아, 그래요. 목사님은 역시 감각적인 센스가 탁월한 것 같아요." 하면서 추켜 준다. 그가 나에게 놀란 것보다 내가 그에게 놀란 것이 더욱 컸던 순간이었다. 그러나 보다 마음을 써야 할 것은 신자들이 갖고 있는 사생활 정보이다. 그것을 알기 위해서가 아니라 알게 된 것에 대해 비밀을 지켜주는 일이다.

처음에 신도시 목회를 시작했을 때는 신자들의 사생활에 대해서 거의 알지 못했다. 그러나 시간이 흐르면서 목사에 대한 신뢰도가 높아지게 되니까 마음을 여는 일이 많아지게 되었다. 그래서 목사에게 상담하는가 하면 기도의 제목을 내놓으면서 다른 사람이 알면 안 되기에 목사님에게만 말씀드린다는 식의 말을 한다. 이쯤 말하면 나는 무슨 말인지 알아듣게 된다.

'목사에게 비밀 지켜 달라고 할 수 없으니까 우회적으로 표현하는구나'라는 판단에서 "그럼요, 목사에게만 말씀하시는 걸 보니 저는 꼭 알고 기도해야 할 일이네요. 그래서 저는 저만 알고 기도해야 할 비밀이 많아요."라고 대답한다.

그리고 실제로 누구에게든지 보안이 필요한 사생활의 비밀을 말하지 않는다. 심지어 아내에게까지도 그렇다. 아마 대다수 목회자에게 공통된 원칙이 아닌가 생각한다. 이것을 지키는 일을 신자를 지키는 일로 여기기 때문에 신앙 양심에 근거하여 중요하게 생각하고 있다.

3. 내가 하고 싶은 만큼의 말을 절제한다.

간혹 말을 하다 보면 필요 이상 말을 많이 하게 된다. 이때 나도 모르는 사이 절제를 하지 못하는 경우가 적지 않다. 엄밀한 의미에서 목사만큼 말을 많이 하는 사람도 없을 것이다. 내가 말의 절제에 있어서 원칙으로 삼는 것 중의 하나가 내가 하고 싶은 만큼 말을 절제하는 것이다. 내가 하고 싶은 말이 꼭 해야 할 말도 아니고 상대방에게 유익한 것도 아닌데 계속 말을 하는 것은 어리석음을 드러내는 일이라는 마음에서이다.

많은 말을 하고 싶더라도 적게 말하며, 길게 말하고 싶더라도 짧게 말하는 것이 효과적이다. 그러면 신자들이 목사의 말을 듣는 데 부담을 갖지 않게 된다. 오히려 더 듣고 싶어하는 경향을 보이게 된다. 만일 신자들이 나의 말에 부담을 느끼게 되어 목사의 말을 피하도록 만든다면 그만큼의 역효과를 가져오게 된다고 믿는다. 이러한 원칙에서 주고받는 대화가 아니라면 말하고 싶은 것이 많더라도 절제하는 것을 목회의 한 방법으로 삼고 있다.

4. 전문가 앞에서의 말

신도시의 특성상 신자 중에 여러 분야에서 일하는 전문가들이 많다. 그들과 이야기할 때는 그들의 이야기를 듣기 위해서 나의 말을 절제한다. 어떤 이의 전문분야에 대해 나에게 약간의 상식이 있더라도 그것으로 대화하면 전문가인 상대방의 입장을 난처하게 만드는 것일 수 있다. 그의 전문성에 비추어 볼 때, 나의 상식은 수준 이하일 수 있기 때문이다.

나는 각 분야의 전문가인 신자들에 대해서 신앙문제가 아니라면 듣는 편이 말하는 것보다 낫다는 점을 유의한다. 그러다 보니 그 분야에 대해 궁금한 것을 질문하고 대답을 듣고 참고한다.

종종 신앙 연륜이 있는 신자들에게서 신학이 어떤 것이고, 목회란 이러이러한 것이라는 식의 이야기가 나오면 왠지 부자연스럽고 유치하게 느껴진다. 그렇다면 나에 대한 전문가의 생각도 이와 같지 않을까!

목회적인 말은 어떤 것인가?

목회적인 말을 나름대로 정의하자면 '목회자가 신자들의 신앙과 생활에 유익되게 하는 말'이다.

목회에서 말이 차지하는 비중은 80% 이상이라고 봐야 한다. 설교의 문제도 따지고 보면 말의 문제이다. 어떤 말을 어떻게 하느냐는 어떤 설교를 어떻게 하느냐의 문제이기도 한 것이다. 그런데 무심코 아무 생각 없이 말을 하게 되면 그것은 목회적 효과를 감소시키거나 목회적 노력에 찬물을 끼얹는 것이 될 수도 있다.

1. 정확한 말

정확한 말을 쓴다는 것은 곧 표준어를 쓰는 것이다. 표준어를 쓰는 것은 의미전달을 정확하게 할 뿐 아니라 불필요한 거부감을 방지하는 효과를 가져온다.

나는 충청도에서 자라났기 때문에 충청도 사투리를 구수하게 느끼는 사람이다. 그래서 전에는 충청도 사투리를 사용하는 것이 설교나 대화에 유익한 줄로 여기고 자주 사용한 적이 있었다. 그런데 얼마 후에 이것이 나의 실수라는 것을 알게 되었다. 아주 순수한 믿음을 가진 제직 중의 한 사람이 "목사님의 충청도 사투리가 영 이상해요. 그리고 어떤 말은 잘 이해하지 못하겠어요."라고 했다. 이 말을 들은 나는 그 후로 되도록 표준어를 쓰려고 노력한다.

2. 상대방의 입장에서

목회자의 설교가 일방적으로 하는 것이다 보니까 일상적인 대화에서도 일방적으로 주는 식의 말을 하기 쉽다. 특히 젊은 세대들은 일방통행식 말이나 지시를 수용하기 싫어한다. 상대방의 입장에서 말하는 것이 상대방을 유익하게 하는 것이 되고 목회적 효과를 더하는 일이 된다.

5월의 어느 주일에 한 집사님이 노골적으로 내게 불만을 토로했다.

"목사님, 나는 5월만 되면 너무 마음이 아파요. 남편과 사별한 아픔도 아직 남아 있는데 목사님의 설교에서 남편 이야기를 너무 많이 하시니까 말이에요."

이 말을 곁에서 들은 다른 집사님들이 목사를 감싸느라고 거든다. "남편 있는 사람들에게 남편 있을 때 잘하라는 말씀이지 뭘 그래. 그렇게 생각하지 말아요."라고 한다. 그러자 화를 냈던 집사님은 머쓱해하며 "하기는 그런 줄 알지만……"이라고 하면서 말꼬리를 흐린다. 그러나 나는 그에게 다소 미안한 표정으로 멋쩍은 웃음을 지어 보였다. 그리고 설교에서도 가급적 그 집사님의 처지에 있는 사람들을 최대한 감안하는 것이 더욱 은혜스럽겠다는 생각을 했다.

상대방의 입장을 읽고 그의 입장에서 말씀을 전하면 더욱 효과적이다. 그만큼 목사와 신자 사이는 친근해질 것이기 때문이다.

3. 예의를 지키는 말

신자들이 목사를 따르고 목사가 신자를 가까이하다 보면 격의가 없을 만큼 친근해진다. 그러다 보면 어떤 격식에서 벗어나 자유스럽게 말해도 괜찮을 분위기가 된다. 그럴 때 실수하기 쉽다. 가까운 사이일수록 충분한 예의를 지켜서 말하는 것을 습관화해야 한다. 왜냐하면 예의는 상대방을 그만큼 존경하고 존중하는 표현이기 때문이다.

신자들과의 관계가 친근하다 보면 연하의 신자에 대해서 존대어를 안 쓰게 되는 경우가 있다. 그래서 아무개 장로님, 권사님, 집사님이라고 부를 것을 아무개 장로, 권사, 집사라고 호칭하기 쉽다. 이것은 목사의 입장에서는 친근함이지만 상대방에게는 거리감을 갖게 하는 것일 수 있다. 말이란 나만 좋으면 되는 것이 아니라 상대방이 듣기에도 좋아야 하는 것이다.

어느 주일이었다. 예배를 마치고 돌아가는 집사 중 한 분에게 존칭을 빼고 친근한 말로 안부를 물었다. 그랬더니 그 집사님은 얼굴이 벌게지면서 매우 언짢은 표정을 보이며 말없이 갔다. 순간 내가 실수했다는 생각이 들었다. 평소에는 그 정도 말은 잘 받아넘겼을 것이다. 그런데 의외의 반응을 보인 것은 두 가지 이유에서 비롯된 것임을 알았다. 하나는 여러 사람이 있는 곳이었기 때문에 쑥스러웠던 것과 또 하나는 교회에 오기 전에 집에서 언짢은 일이 있었다는 것이었다. 예의를 잃은 말에는 상대방의 이해가 필요하기 때문에 백에 하나만 탈이 난다 해도 문제가 될 수 있음을 잊지 말아야 한다.

4. 정서적인 말

신도시의 젊은 세대들은 정서적인 말에 대해 공감하는 경향이 단편적으로 자주 나타난다. 내가 말하는 정서적인 말이란 상대방의 감정에 어울리는 말이요, 감정의 흐름을 중시하는 말이다. 젊은 세대들이 정서적인 말에 공감적인 반응을 보이는 것은 도시 환경과도 관계가 있다. 이곳 분당은 도시를 둘러싸고 있는 자연조건이 너무나 좋다. 그럼에도 불구하고 집단화된 주거공간은 콘크리트 구조물로 만들어진 아파트가 거의 전부다.

이런 공간은 아무리 넓어도 넓게 생각되지 않는다. 그래서 아파트에 사는 대부분 사람이 보다 큰 평수로 옮겨가는 것을 선호하고 있다고 생각한다. 그래서 나는 뜻만큼 표현하기는 어렵지만 계절이나 자연환경이나 만들어진 분위기 그 자체를 대화의 소재로 삼거나 그 현상을 대화의 방법으로 도입하는 경우가 많다.

오가는 길에 화사하게 차려입은 집사를 만났다. 그 집사는 목사에게 "목사님, 안녕하세요? 심방 다녀오시나 보죠?"라고 인사를 한다. "그래요. 집사님을 보니까 완연한 봄을 느끼겠는데요." 그러자 그 집사는 "목사님은 참 감성이 풍부하셔요."라고 말한다. 나는 그 집사의 말을 받아서 "내가 감성이 풍부하기 때문이 아니라 집사님께서 봄을 입으셨기 때문이에요. 집사님이 입으신 옷이 집사님과도 어울리고 봄과도 어울리거든요."라고 했다. 짧은 시간의 대화지만 정서적인 즐거움을 주고받았다는 느낌이 들었고 그런 느낌이 목회적 즐거움을 더해 주었다.

5. 아름다운 말

말은 그 사람의 아름다움을 나타내는 것이기도 하다. 그러나 말솜씨는 일정하지가 않다. 그래서 어떤 사람은 말솜씨가 있는가 하면 어떤 사람은 말솜씨가 없다. 나 역시 말솜씨에 능한 편이 아니다. 그러나 목회를 하면서 깨닫게 된 것은 말을 솜씨 있게 못 하는 것이 문제가 아니라 생긴 대로 말하고 아무런 자기 검토 없이 말해온 것이 더 큰 문제라는 것이다. 하나님께서 말씀을 전하게 하셨는데, 하나님의 말씀을 아름다운 언어의 그릇에다 담아서 전한다면 더 은혜롭게 받아들여질 것이다. 그런데도 상당 기간 이 사실을 깨닫지 못하고 느끼지 못함이 나의 둔함이기도 하다. 설교나 대화에 있어서 아름다운 말을 쓰는 분들을 보면 '어떻게 저렇게 할까'라고 생각하면서 내 나름대로 노력해 왔다.

수필이나 시를 쓸 수는 없다 하더라도 수필을 쓰는 마음과 시를 쓰는 마음으로 말하고자 하는 노력이 필요하다고 생각했다. 그리고 혼자서 기도할 때 떠오르는 아름다운 생각들과 느낌들을 자연스럽게 기도의 언어로 표현하였다.

그것이 쉽지는 않았지만 시편을 많이 읽으면서 아름다운 표현에 대한 영감들을 얻을 수 있었다. 뿐만 아니라 문학작품들에서, 아나운서나 취재현장에서 보도하는 기자들의 말에서, 유창한 언변으로 아름다운 말을 구사하는 사람들의 말에서, 그 말들의 전개와 물기와 울림과 향기와 아름다움을 접할 수 있었다.

그런 과정에서 보다 아름다운 말에 대한 강한 집념을 가지게 되었다. 그러나 그렇다고 해서 내가 아름다운 말을 잘한다고 자부할 수는 없다. 다만 그런 의도를 가지고 말하기를 힘쓴다는 것이다. 그러다 보니 푸석하게나마 글을 쓸 수 있게 되었고, 목회 시(詩)도 쓸 수 있게 되었다. 그리고 그 시는 목회자의 가슴에 담긴 것을 반영하는 것이라는 점에서 신자들에게 적지 않은 영향을 미치고 있다. 요즈음 세대들이야 많은 문학작품과 높은 수준의 시들을 얼마든지 대할 수 있고, 실제로 그리했을 것이다. 그럼에도 불구하고 목사의 시는 자신들이 읽었던 여러 작품과는 다르게 생각하고 은혜롭게 받아들이는 것이 고맙게 여겨졌다.

그는 누구인가!

힘든 일을 마다 않고
주님의 오른손에 이끌려

일하는 이

어두울 때를 두려워 않고
주님의 진리로
빛을 내는 이

풍랑 이는 것을 염려하지 않고
풍랑 위의 주님을
바라보는 이

그는 누구인가
의로 어둠을 이기는 사람
기도로 평안을 얻는 사람이라…

6. 치료의 말

말은 약이 될 수도 있고, 독이 될 수도 있다. 실패나 어려움이나 질병이나 사별 같은 일들로 인하여 깊은 상처나 심리적 질병 상태에 있는 신자들에게 치료의 말 한마디는 그 어떤 명약에도 비할 수 없을 만큼 가치가 있다.

외형상으로 볼 때 분당이라는 신도시는 매우 좋은 조건을 갖추고 있는 도시인 것을 부인할 수 없다. 그럼에도 불구하고 다른 모든 곳의 신자들과 마찬가지로 위로받아야 할 문제의 신자들을 피할 수 없는 것이 사실이다. 이런 신자들에게는 감정의 리듬을 따라서 적절하게 위로의 말을 하는 것이 매우 중요하다. 슬픈 자에게는 덜 슬프게 하는 말을 해야 하는데, 그것은 소망을 주는 말이다. 아픈 자에게는 덜 아프게 하는 말을 해야 하는데, 그것은 아픔을 아픔으로 이해하는 말이다.

"집사님, 뭐라고 말씀드릴 수 없군요. 그러나 집사님의 슬픔을 주님만이 씻어 주실 수 있다는 것을 믿습니다. 그리고 이 슬픔을 기쁨으로 바꾸어 주실 날을 맞이하게 될 거예요."

"제 마음도 몹시 아프군요. 그러나 집사님이 아픈 만큼이야 아플 수 있겠어요. 하지만 꼭 기도할 테니 은혜의 힘으로 승리하세요."

나는 이런 짧은 말들이 성령의 도구가 되어 생각 밖의 은혜로 나타나는 것을 적지 않게 경험하였다.

위에서 언급한 것들 외에도 목회적인 말에 대한 이야기들이 많지만 여기서 줄이고자 한다. 목회는 인격이라고도 한다. 그 인격은 말로도 표현되기 때문에 항상 이 점을 간과하지 말아야 한다. 말 때문에 많은 것을 얻을 수 있는 목회를 하고, 말 때문에 문제 되지 않는 목회를 해야겠다는 결의에서 목회에 대한 말의 보고를 드린다.

주민들과 친숙해지는 길을 따라

지역 주민들과의 바람직한 관계를 도모하고 친숙해지는 일은 목회에 있어서 매우 중요하다고 생각한다. 특히 집단 주거 환경인 아파트 목회의 과정에서 주민들과의 관계를 좋게 갖는 것은 선교적 과정이라는 것을 잊지 말아야 한다. 그럼에도 불구하고 신흥 지역에서 개척 교회를 시작하다 보면 그럴 경황이 없는 탓에 지역 주민들과의 좋은 관계는 고사하고 마찰을 빚게 되는 일이 적지 않다.

"거, 목사 좀 바꾸쇼!"

내가 서초동에서 아파트 목회를 처음 시작할 때만 해도 매우 흥분되어 있었다. 하나님께서 도시 목회의 기회를 주셨고 여건을 주셨으니 누가 가로막으며 누가 말리겠는가! 그런데 뜻하지 않은 때에 말리는 일과 가로막는 장애물이 생겼다.

새벽기도를 마치고 난 이른 시간인데, 전화벨이 울렸다. 이른 아침부터 웬 전화가 걸려오나를 생각하면서 수화기를 들었다.

그러자 퉁명스럽고 불쾌한 어투로 다짜고짜 말한다.

"거기 교회요?"

"네, 맞습니다만……."

"거, 목사 좀 바꾸쇼!"

"목사를 바꾸라고요? 죄송하지만, 누구신가요?"

"누구란 건 알 것 없고 어서 목사나 바꿔요!"

"무슨 일이신데 그러시나요?"

"거, 바꾸라면 바꾸지 뭐 그리 말이 많아! 나 교회 옆에 사는 주민이야. 어서 빨리 목사나 바꾸란 말이야!"

"저, 하실 말씀이 있으신가 본데 말씀하세요."

"당신이 목사야?"

"네, 그렇습니다."

"당신말야, 이래도 되는 거야?"

"무슨 말씀이신지, 제가 뭐 잘못한 것이라도 있나요?"

"당신이 목사라고 했지? 당신말야 교회를 하려면 똑바로 해, 주민들은 무시하고 당신 마음대로 해도 되는 거야?"

"무슨 말씀이신지……."

"몰라서 그러는 거야? 당신말야 새벽종을 치는데 그 종소리 때문에 잠을 잘 수가 없잖아. 새벽종을 치지 말든지, 교회를 그만두든지 알아서 해. 알았어?"

"뭐, 뭐라고요? 말씀이 너무 과격하신 게 아닙니까? 제가 분명히 말씀드리지만 새벽종을 치는 일만큼은 절대로 포기할 수 없습니다. 저희 교회가 세워진 것도, 새벽종을 치는 것도 모두가 주민을 위하고 선생님을 위한 겁니다."

"뭐? 주민을 위한다고? 당신 말 잘했어. 그렇다면 새벽종을 치지 말란 말이야!"라고 소리친 후에 일방적으로 전화를 끊었다.

전화가 끊어진 후 하루 종일 마음이 울적하여 견딜 수 없었다. 그리고 그 전화를 걸어 온 사람이 사탄의 앞잡이처럼 생각되었다. 시골에서 목회할 때는 새벽 종소리가 근면한 농부들에게는 도움을 주는 것이 되기도 했는데, 이럴 수가 있나!

좀 더 눈을 뜨게 되었을 때

그러나 도시 목회를 시작하여 얼마의 시간이 지나고 이런저런 시행착오를 하면서 도시와 농촌의 문화적 차이를 인정하게 되었고, 그 차이를 이해하며 극복하는 것이 목회의 과제라는 점을 현실적으로 수용하게 되었다. 본질적인 문제만 아니라면 지엽적인 문제는 양보하며, 주민들의 입장을 최대한 이해하는 것이 필요하다는 것을 인식하게 된 것이다.

시골에서 목회할 때는 그때의 목회 철학이 있는 것이고, 도시에서 목회할 때는 도시 목회의 철학이 있는 것인데도 불구하고 이것을 무시했던 나 자신이 보이기 시작한 것이다. 종을 치느냐 안 치느냐의 문제가 본질적인 것이 아니라면 군이 주민들과 마찰을 빚을 필요가 있는지를 질문하기에 이르렀다. 이러한 자각이 있은 다음부터 주민들을 위한 교회이기 위해서는 주민들을 존중하고 주민들에게 친숙해질 수 있는 길이 무엇인가를 생각하게 되었고, 친화력을 발휘하려고 노력하였다.

신도시에서

신도시 분당에서 영진교회가 새롭게 시작될 때 마음으로 이런 결심을 하였다.

'무슨 일이 있어도 주민들과의 관계를 잘 가지며 주민들에게 좋은 인상을 주어야지. 그리고 영진교회가 대지를 마련하여 새로운 예배당을 지어 옮기고 입당 예배를 드릴 때는 주민들의 축하를 받는 교회가 되도록 해야지!'

이런 마음과 결심을 실현하고자 하기까지는 어려움도 없지 않았다. 그렇지만 일상적인 생활 속에서 쉬운 것부터 실현하는 것이 바람직하다고 생각하였다. 너무나 쉬운 것이지만 무심코 지나쳐 버리기 때문에 실현하지 못하는 일들이 많다. 그렇다면 어떻게 하는 것이 좋은가? 누구에 대해 목회적 관심을 우호적으로 나타낼 것인가? 이러한 자문을 했을 때 떠오른 대상은 아파트 경비원이었다.

아파트 지역에서는 경비를 하고 있는 이들의 역할이 매우 중요하다. 이들이 아파트의 문을 지키고 있기 때문만이 아니라 주민들과의 관계에 있어서도 중요한 임무를 감당하고 있기 때문이다. 아파트 경비원들 대부분이 아파트가 서 있는 지역에 대해서 잘 알고 있다. 그렇기 때문에 주민들이 이사 와서 교회를 선택하고자 할 때 이들에게 묻는 일도 많다. 가장 보편적인 질문은 이 지역에 교회가 얼마나 있는가, 어느 교회가 좋다고 하는가 등이다. 이러한 질문에 경비원들은 몇 가지의 대답을 할 것이다.

먼저 아주 무관심하거나 기독교에 대해서 반감을 가지는 사람의 경우에는 모른다고 할 것이다. 그리고 무종교이거나 교회에 대해서 약간의 관심이 있는 분들은 어느 교회가 어디 어디에 있다고 가르쳐 줄 것이다. 따라서 어느 교회는 좋다고 하고 어느 교회는 평판이 좋지 않다는 것을 말해 줄 것이다.

이런 점에서 아파트 경비원들의 말 한마디가 신도시에 첫발을 내딛는 목회에 큰 영향을 끼칠 수 있다는 사실을 명심해야 한다.

그럼 어떻게

1. 존중함으로

등록 심방을 하다 보면 아파트 경비원 때문에 기분이 좋은 경우와 기분이 언짢을 경우가 있다. 이럴 때 적절하게 태도를 취한다.

1) 까다로운 분에 대해

경비원이 원리 원칙대로 한다면 방문자 입장에서 볼 때는 까다롭게 느껴진다. 게다가 성격이 무뚝뚝한 사람을 만나게 되면 매우 불쾌한 감정을 갖게 된다. 이럴 때 불쾌감을 표시하거나 기분 나쁜 언사를 쓰지 않는다. 그저 그의 임무에 충실하고 있으니 당연하다는 생각으로 그의 입장을 이해하고 인정해 준다. 그리고 이렇게 말한다.

"아저씨는 참으로 철저하게 일하시네요. 이 라인에 사는 주민들은 안심이 되겠네요. 수고하세요. 감사합니다."

그리고 심방을 받는 가정에서도 경비원 앞에서 했던 말로 경비원을 높여 준다. 그러면 심방을 하고 난 후 그 라인에 사는 신자가 경비원에게 "우리 목사님이 칭찬하시던데요."라고 칭찬의 말을 전달하게 된다.

그러면 자연히 경비원의 마음이 열리면서 목사에 대해 호감을 느끼는 것은 물론이고, 다음 심방 때에는 반가운 표정으로 대해 주는 것을 경험하게 된다.

2) 부드러운 경비원에 대해

경비원들 가운데는 자기의 집을 방문하는 손님을 맞이하듯 친절과 예의로 대하는 분들이 있다.

"어서 오세요. 몇 호에 가시나요? 죄송합니다만 방문자 기입란에 적어 주시겠어요? 제가 인터폰으로 연락해 놓겠습니다."라고 하면서 방문자의 인격을 존중해 준다. 이런 경우에 방문하는 목사로서는 기분이 좋다.

이럴 때 목사는 "아저씨, 정말 감사합니다. 아저씨께서 이렇게 친절하시니 저희 집에 들어가는 것 같아서 좋네요. 그럼 저희는 심방하고 나오겠습니다."라고 하면서 교인 가정을 심방한다. 그러고 나면 교인이 먼저 경비원을 칭찬하는 말을 건네온다.

"목사님, 우리 경비원 아저씨 참 친절하지요?"

"너무나 친절하고 자상하시며 한 식구같이 대해 주시더라구요. 이곳에 사시는 분들은 좋겠어요."

이런 목사의 반응 역시 곧바로 경비원에게 전달된다. 그리되면 아주 친근한 관계를 갖게 되어 목회나 선교적인 면에서 유익을 가져오게 된다. 실제로 우리 교회에는 아파트 경비를 하시는 분들 중에 여러 분이 출석하고 있다.

2. 먼저하는 인사

아파트 신자를 심방할 때가 아니더라도 경비원들을 만나는 곳에서 먼저 인사를 하는 일을 몸에 익힌다. 혹 경비원들 중에는 목사를 몰라보는 일이 있더라도 그것을 생활화하고 체질화하게 되면 결국 친구처럼 가까워진다.

인사를 할 때는 그냥 목례만 할 경우도 있지만, "평안하세요. 무더위에 수고가 많으세요."라는 식으로 인사한다. 인사성으로 인하여 목사와 경비원의 관계는 그만큼 가까워진다.

3. 마음의 선물로

매년 성탄절에 즈음하여 300여 명의 아파트 경비원들을 위해 선물을 마련한다. 그리고는 각 지역 교구장이나 구역장들로 하여금 돌리게 하고 축하의 마음을 전한다. 이 일은 매년 하기 때문에 이제는 익숙해져 있는 상태다. 그러한 결과로 나타나는 경비원들의 반응은, "우리들까지 기억해 주시니 고맙습니다. 매년 잊지 않고 관심을 보여주시니 감사합니다."라는 것으로 요약된다.

양보의 생활로

주민들은 선교의 대상임과 동시에 사랑의 대상이다. 이들과의 관계를 바로 갖는 일이야말로 교회 성장의 지름길이요 바른길이다. 이러한 사실을 염두에 두면서 골몰해 왔다. 그러나 모든 주민을 일시에 만날 수 없고 그렇다고 일일이 찾아다닐 수도 없으니 어찌하면 좋은가.

일부러 접근하려고 애쓰기보다는 가장 쉬운 데서부터 접근해 가기로 하였다.

어느 지역에서든지 목회의 시작 단계에서는 주민들에게 여유를 갖기가 어려울 것이다. 그럼에도 불구하고 목사의 여유는 목회적인 실제 행위에 우선할 정도로 중요하다. 그러면 어떻게 주민들에게 여유 있는 태도를 보일 것인가. 특별한 태도를 보이기보다는 일상적인 생활에서 실천하는 것이 효과적이라고 생각했다.

1. 엘리베이터를 탈 때

분당에는 고층 아파트들이 많다. 심방 중에 엘리베이터를 탈 때면 기다리는 사람들이 많다. 이때 그곳에 살거나 그곳을 방문한 사람들에게 양보한다. 한두 번 사양하듯 하다가 우선 탑승하게 되는 경우가 대부분이다. 별것 아닌 것 같은 작은 양보에서 큰 호감을 얻게 되며 마음의 거리를 좁히는 계기를 갖게 된다.

2. 길을 건널 때

분당은 다른 신도시에 비해서 최적의 도로 여건을 갖추고 있다. 그러다 보니 평균으로 치더라도 1세대당 1대 이상의 승용차를 보유하고 있다. 단지 내 도로는 물론 일반 소도로에는 신호등 없는 건널목들이 많다. 길을 건너려고 하면 많은 차들이 왕래한다. 이때는 보행자 우선이라는 것을 앞세우기보다는 멈춰 서면서 수신호를 해서 가고자 하는 차량으로 하여금 먼저 지나가게 한다.

3. 자동차를 운전할 때

목사는 그 지역에서 노출도가 심한 처지에 있다. 그러다 보니 목사의 차량만 봐도 저것이 목사의 차라는 것을 알아차리는 경우가 많다. 양보의 정신을 생활화하지 않으면 의외의 실수를 하게 되고 그 결과는 목회적 손실로 이어지게 된다.

4. 건널목에서

차를 몰고 다니다가 보면 건널목에 서야 할 때가 많은데 사람이 건너지 않을 때는 멈추는 듯하다가 통과하면 된다. 그러나 사람이 건널 경우에는 여유 있게 정지하며 건널까 말까 망설이는 보행자에 대해서는 뒤차가 오는 여부를 확인한 후에 안심하고 건널 수 있도록 손짓을 하면서 건너가게 한다.

5. 우선 진입할 수 있는 경우

도로 자체가 우선 도로일 경우 목사인 나의 차가 우선 진입하는 것은 당연하다. 그러나 가급적이면 진입하고자 하는 차를 먼저 진입시킨다. 물론 내 차의 뒤를 따르는 차들이 많을 때는 예외가 된다. 도로 조건이 똑같은 곳에서의 경우에 굳이 먼저 가려고 하지 말고 먼저 가고자 하는 차를 보낸다.

6. 주행할 때

난폭 운전은 절대 금물이다. 지킬 것을 제대로 지키는 것을 생활화해야 한다. 이곳의 도로 여건은 고속으로 달리기에 좋은 곳이 많다.

그러다 보면 난폭 운전을 서슴지 않고 하기 쉽다. 특히 주행시에는 앞 지르고자 하는 차에게 먼저 가도록 하는 것을 습관화해야 한다.

7. 사고가 났을 때

운전자는 자신의 잘못에서나 상대방의 잘못에서 사고를 경험한다. 상대방의 실수가 아니고 나의 실수인 경우에는 신속하게 인정하고 상대방에게 손해가 없도록 해야 하겠지만 상대방이 잘못해서 가벼운 사고를 당했을 경우 약간의 손해가 되더라도 양보할 자세를 갖고 있다. 내가 손해 본 것은 몇만 원에 불과하지만 목회적으로 얻은 이익은 돈에 비할 바가 아니라는 것을 염두에 둔다.

관심으로

주민들은 긍정적이든 부정적이든 간에 그 지역에 있는 교회에 대해 관심을 나타낸다. 대개 비판하는 사람들의 말은 '교회는 이래야 되는데 이러하지 않으니 잘못한다'는 식이다. 이것이 곧 관심과 기대라고 볼 수 있는 점이다. 이러한 주민들에 대하여 목사는 목회적 관심을 갖는 것이 중요하다. 보다 중요한 것은 어떤 관심을 어떻게 표현하느냐의 문제이다. 이곳 신도시 사람들은 우리나라의 보편적인 기준 이상의 생활을 누리고 있다. 개개인에게 돌아가는 이익을 주려 하기보다 주민들의 전체적인 필요에 맞는 일을 알아내어 협조해야 한다.

1. 체육행사에 대해

1년에 두어 차례씩 각 동별 또는 아파트 단지별 체육행사를 하게 될 경우가 있다. 이때 동 단위 대회에는 동에, 아파트 단지 단위일 경우에는 교회와 인접한 단지에 찬조금의 명목으로 금일봉을 전달한다. 이때 봉투 겉에다가 '주민의 화합과 건강을 위한 체육대회에 주님의 축복이 있기를 기원합니다'라는 문구를 쓴다. 표면상 대수롭지 않은 것이지만 결과는 매우 좋은 것으로 나타났다. 체육대회가 끝난 후 목사에게 고마움을 표해 오는 것은 물론이요, 좋은 여론과 분위기가 조성되는 것이 더욱 흐뭇하다.

2. 경로당에 대해

우리 교회는 '순회 경로학교'라는 프로그램을 진행한다. 그러나 그 외에도 무더운 여름날에 한두 차례라도 수박이나 참외 같은 과일을 제공하면서 격려한다든지, 추운 겨울날 갓구워 내어 김이 무럭무럭 나는 빵과 따끈한 음료수를 제공한다든지 하는 것은 노인들에게 매우 친근해지는 일임과 동시에 교회와의 관계를 가깝게 하는 길이기도 하다.

3. 관리사무소에 대해

아파트 관리사무소에서는 관리인들을 격려하기 위해 봄과 가을을 맞이하게 되면 야유회를 실시한다. 이때 비용은 아파트 관리 운영위원회나 부녀회 등에서 담당하게 된다. 이럴 때 교회의 이름으로 협조금을 전달하고 동 대표나 부녀회장에게 인사의 뜻을 전한다. 교회 형편이 넉넉하면 넉넉한 대로, 어려우면 어려운 대로 많고 적음에 구애받지 않고 형편에 맞게 관심을 보인다는 생각에서 성의를 표시하고 있다.

4. 각종 문화행사에 대해

대부분 사람이 서울에서 왔거나 기존의 주변도시로부터 이사 왔다. 그러므로 그들의 문화적인 욕구가 큰 데 반하여 여건은 열악하다. 지금은 체육관도 짓고 있으며 음악당도 건축 중에 있다. 그러나 아직까지는 주민의 문화적 욕구를 충족시켜 주기가 어려운 상태에 있다. 그렇기 때문에 각종 백일장이나 야외 음악회나 합창대회 같은 행사 등에 교인들로 하여금 적극 참여케 하고, 가능하다면 주최측과 참여하는 측의 대표자에게 전화를 걸어 인사를 하고 작은 협조의 뜻을 전한다.

5. 복지관이나 병원에 대해

우리 교회는 다섯 개의 여전도회가 있는데 교회의 이름으로 하는 봉사는 봉사부가 임무를 관장한다. 그리고 각 여전도회에서는 자발적 참여를 기본정신으로 하여 복지회관이나 지역에 있는 병원에 가서 자원봉사를 하도록 권유한다. 매주 화요일은 자원봉사의 날로 정했다. 처음에는 참여도에 대해서 의구심을 가졌다. 그러나 시간이 지날수록 참여 분위기가 확산되는 추세에 있다. 앞으로는 복지회관이나 병원뿐 아니라 지역사회에서 필요로 하는 모든 자원봉사에 앞장서게 하려는 계획을 품고 있다.

6. 불행을 당한 주민에 대해

뜻밖의 사고로 입원을 했거나 가족의 사망으로 슬픔을 당한 가정에 대해서 관심을 갖고 그들에게 소망과 위로를 주는 일이야말로 할 수만 있으면 주민과 친숙해지는 길임과 동시에 전도의 길이 된다고 믿는다.

이해와 인내로

목사가 그 지역의 주민들에 대해 아무리 우호적이라 해도 때때로 예기치 않은 긴장 관계에 처할 때가 있다. 이런 경우에 난감해지기도 하고 분노의 불길이 타오르기 쉽다.

1. 집단행위에 대해

우리 교회에서 교육관을 확장한 일이 있었다. 그 자리는 슈퍼마켓이 있던 자리인데 그곳을 교육관으로 쓰게 된 것이다. 교회로서는 좋은 일이었지만 주민들은 이것을 문제시하여 집단행위의 움직임을 보였다. 집단행사도 문제이지만 이런 일이 있고 난 후에 초래될 후유증을 생각하니 심각하게 느껴졌다. 문제를 최소화하는 대책을 강구하였다.

1) 먼저 대화를

문제의 실마리는 대화에서 풀 수 있다는 생각에서 주민대표들과 대화를 시도하였다. 주민대표는 동대표, 부녀회장, 통·반장, 관리소장까지 포함되었다. 그리고 교회 쪽에서는 목사와 장로 2인이 동석했다. 주민대표들은 매우 굳은 표정으로 교회 사무실에 들어왔다.

"아이구, 이렇게 오시게 해서 죄송합니다. 좀 앉으시지요. 늘 뵙던 분들이라서 낯설지 않군요, 그런데 본의 아니게 불편한 마음을 갖게 한 것이 무척이나 안타깝습니다. 아 참, 너무 죄송한 마음을 갖다 보니 깜빡 잊었군요. 저희들을 먼저 소개해 드리겠습니다. 저는 영진교회를 담임하고 있는 이현수 목사입니다. 그리고 제 옆에 계신 두 분은 저희 교회 장로님들인데 아무개 장로님입니다."라고 인사의 말을 건넸다. 그러자 상대편에서도 누구라는 것을 소개해 주었다. 그들로부터 주민들이 문제로 삼고 있는 부분이 무엇인지에 대해 자세히 들었다. 그리고 우리의 입장을 충분히 전달하였다. 그런 다음에 우리가 양보할 수 있는 것에 대해서는 양보의 뜻을 표하고 그렇지 못할 문제에 대해서는 양해를 구했다. 우리가 제시한 양보안은 그 건물을 교회행사 외의 시간에는 주민들을 위한 문화공간으로 제공하겠다는 것이었다. 그러나 입장 차이는 좁히지 못하였다. 왜냐하면 주민들은 철회가 전제 조건이었기 때문이었다. 저들이 철회를 요구한 것은 교회가 불법적으로 건물을 확장하고 있다는 이유에서였다.

나는 불법이 아니라 합법이라는 사실을 알고 있었지만 감정적인 대립을 피하기 위해 아무 말도 하지 않았다. 무방비 상태에서 일방적으로 얻어맞기만 한 기분이었다. 중요한 것은 대화를 했다는 것과 입장의 차이를 알았다는 것과 문제해결의 길을 실제적으로 모색하는 데 도움이 되었다는 것이었다.

2) 입의 문을 지키며

대화한 후에 주민대표들의 반응은 부정적인 여론으로 돌아섰다. 목사에 대한 평가에서부터 교회에 대한 평가에 이르기까지 꼬리에 꼬리를 물고 들려오는 소리들은 감당하기 어려울 정도였다. 이때 입을 열면 좋은 말을 하기가 어려웠다. 그래서 무슨 말이 들려와도 입을 꼭 다물었다. 들려오는 소리는 있어도 들려지게 하는 소리는 없도록 한 것이다. 아무리 좋은 소리를 한다 해도 좋은 소리로 받아들여지지 않을 주민들에 대해서는 침묵이 웅변보다 나을 수 있기 때문이다. 또 다른 면에서 본다면 감정이 고조된 주민들 중에는 목사에게서 무슨 소리가 나오는가 보자는 식의 태도로 지켜보는 경우도 적지 않을 것이라 판단했다.

3) 기도하러 산으로

스트라이크가 일어날 징후들이 보이기 시작했다. 현수막을 아파트 벽에 붙이는가 하면 몇몇 사람들이 그룹을 지어 몰려와서는 항의하기도 하고 협박을 하기도 하며 목사의 이름을 부르면서 '나오라'고 하기도 하였다. 이때 직접 마주치면 아무리 처신을 잘한다 해도 이로울 게 없다.

그러나 교회에 있으면서 주민들 앞에 나타나지 않으면 그만큼 반감이 증폭되거나 격한 사람들에 의해 감금당할 우려도 있었다. 그래서 생각하게 된 것이 산 기도였다. 위기의 때에 목사가 기도하러 가는 일은 신자들에게는 신앙의 안정에 유익을 주고, 목사인 자신에게는 새로운 힘을 얻는 길이 되며, 주민들에게는 공격의 표적을 잃게 하는 일이 된다고 판단했기 때문이다.

결국 예측은 적중하였다. 내가 기도원으로 가던 날 밤 주민들이 집단으로 몰려와 연좌데모를 했기 때문이다. '영진교회 확장 결사반대'라는 현수막을 내걸고 '목사는 나와서 사과하고 확장을 즉각 중지하라'는 등의 구호를 외치는 등 시위가 몇 시간 동안 계속되었다고 한다. 결국 목사를 만날 수 없자 스스로 해산하게 되었다.

4) 법적으로 대응하려 할 때

주민들은 자신들의 요구가 받아들여지지 않자 합법적인 투쟁방식을 택하였다. 그래서 법률적으로 자신들에게 유리하다고 판단되는 것들을 찾아내어 행정당국에 진정을 한 것이었다. 그러자 행정당국에서는 집단 민원이라는 이유로 계고장을 발부하여 불법을 중지하고 원상을 회복하라는 명령을 내리기에 이르렀다.

나는 먼저 건축법에 대한 공부를 했다. 그리고는 그 적법성을 정리했다. 좀 더 철저히 하기 위해 건설교통부에 찾아가서 적법성 문제를 확인한 후 변호사의 자문을 거쳐 공문을 작성하였다. 그리고 그것을 행정당국에 제출하였다. 그랬더니 우리의 진정서가 적절한 것으로 인정되었고, 행정당국에서는 적법성을 내세워 민원인을 대했기 때문에 문제는 잠잠해지기 시작했다.

2. 집단행사 이후

잠잠해지기는 했으나 문제의 불씨는 여전히 남아 있었다. 일부 약한 신자들은 시험에 드는 일도 있고, 어떤 가정에서는 교회에 어린이를 못 나가게 하며, 교회에 대한 나쁜 소문들이 나돌기도 하였다. 참으로 어처구니없는 일이었다. 그러나 희망을 버리지 않았다. 그리고 생각했다. '이것까지 포함해서 유익하게 되리라.' 이때 이야기를 하면서 아직도 축하해 줄 기회는 남아 있다는 기대를 저버리지 않았다. 그래서 멀어지는 듯한 주민들에게 더욱 우호적인 감정으로 대하려고 노력했다.

1) 원망하지 아니하려는 노력

주민들의 집단행동으로 인해 교회가 입은 피해는 컸다. 그렇지만 원망한다고 이익될 것이 없었다. 오히려 주민을 이해하려는 성의를 기울였다. 그러다 보니 주민들의 감정이 점점 바뀌는 것이 보이기 시작했다.

2) 희미한 신자들의 실수에 대해

연좌데모를 할 때 그 데모에 가담했던 신자들이 있었다는 보고를 받았다. 이들에 대한 감정 정리를 어떻게 해야 옳은가를 생각하였다. 그러던 중 아무 일도 없었던 것처럼 평시적으로 대해 주었다. 야단을 칠 일도 아니고 공격을 할 일도 아니며 다만 그 자신들의 신앙 양심에 의해 해결할 문제라고 생각했다. 그러사 그들 중에서 회개하고 더욱 열심 있는 신앙생활을 하는 신자들이 생기기 시작하였다.

다가오는 주민들

가장 가까이 있으면서 가장 멀리 달아난 듯한 낯선 모습의 주민들이 다가오기 시작했다. 집단행동이 있고 난 수개월 동안에는 등록하는 사람이 거의 없었다. 그러나 점점 상황이 호전되어 등록하는 사람들이 생기게 되었다. "그때는 우리가 너무했어. 영진교회는 조용하게 예배드리는데 뭐. 교육적으로도 유익하잖아."라는 말들이 들려오기 시작했다. 어느 날 주민대표가 찾아왔다.

"목사님, 우리 아파트에서 체육대회에 나가게 됐어요. 목사님께서도 협조를 해 주시지요."

때는 왔다는 생각에서 쾌히 협조를 약속하고 협조금을 보냈다. 그 후 아주 좋은 관계를 유지하고 있다. 그리하여 주민들도 교회의 유익을 위해 마음을 써 주었다. 영진교회의 주차장 사용세를 받자는 이야기가 나왔을 때도 주민들의 반대가 많아서 무산되었다는 것만 보아도 교회로 다가오는 주민들의 마음을 읽을 수 있었다. 이런 것을 염두에 두면서 쓴 시를 주보에 싣고 신문에 삽입하여 인근 아파트에 돌렸다.

다가가야 할 이유

낯설지 않은 사람들이다.
그런데
낯선 사람들처럼
수줍은 모습으로 다가오고 있다.

만난 지 오래서도 아니다.
멀리 떨어져 있기 때문도 아니다.
그래서는 안 되는 줄 알면서도
언제부터인가 생겨난
마음의 거리가 있기 때문이다.

그러나 이제는
더 이상의 거리를 두어서는 안 된다.
이유야 어떠하든

지금은 다가오고 있으니
다가가기를 주저하지 말아야 한다.

설령
다가오지 않아도
다가가야 하는 건데
다가오는 데도
다가가지 않는다면
그것이 사랑이라 하겠는가!

연합활동, 그것은 목회의 연장이다

    우리 교회가 분당에서 시작되었을 때 분당은 미완성의 도시였다. 많은 아파트와 건물들이 세워지고 있었으며 구청은 가건물에서 업무를 수행했고, 경찰서는 기초 공사를 하고 있는 상태였다. 이미 들어와 있는 30여 교회들도 신도시에 뿌리를 내리고 새로운 현실에 적응하며 각각의 교회들을 키우느라 여념이 없는 듯 했다.

    그러다 보니 기존의 도시들에서처럼 교회의 연합체가 형성되지 못한 채 상호 교류는 물론이고, 행정당국과의 관계에 있어서도 접촉점을 갖지 못하였다. 나 역시 다른 목회자들처럼 연합체나 협의체를 구성하는 일에 별 관심을 두지 않았다. 왜냐면 그것이 그리 필요하다고 느껴지지 않았기 때문이다.

    그러나 얼마의 시간이 지난 후에 새로운 자각이 생겼다. 교회들은 많이 들어오고 있는데 기독교의 연합체 내지 협의체 하나 없는 상태로 둔다면 이단 종파나 사이비 기독교에서 기독교의 이름으로 연합체를 구성할 수도 있겠다는 생각이 들었다. 또한 교회와 교회 간의 유대, 교회와 행정당국과의 적법한 관계를 갖는다는 차원에서, 지역 발전에 기여하는 측면에서, 선교의 공동 관심사를 하나로 모은다는 관점에서라도 연합체를 구성하는 것이 필요하다는 결론에 이르렀다.

신도시의 기독교 연합체 구성을 위해

이 문제를 구체화하기 위해 여러 교회의 의견을 타진해 본 결과 긍정적인 목회자들이 있는가 하면 부정적이고 무관심한 목회자들도 적지 않았다.

1. 연합체 구성에 무관심한 이유는 무엇인가?

무관심한 반응은 여러 가지였지만 네 가지로 요약할 수 있었다.

1) 교회가 작기 때문에

연합활동은 큰 교회들이나 하는 것이지 작은 교회는 그런 일에 눈을 돌릴 여유가 없다는 것이었다. 사실 몇몇 교회들을 제외한다면 그리 큰 교회는 없는 형편이었다. 이런 반응을 보이는 목회자에 대해서는 좀 더 시간을 두고 이해시켜 나가야 하겠다는 마음을 가졌다.

2) 목회에 바빠서

심방이나 전도는 물론이요, 새로운 목회 프로그램을 가지고 그것을 실행하려니까 통 시간이 없다는 것이었다. 엄밀한 의미에서 본다면 신도시 교회를 담임한 목회자들의 공통된 경향 중 하나이기도 했다. 성과가 있든 없든 간에 그만큼 바삐 움직여야 하기 때문이다.

3) 취미가 없어서

그런 것에 취미가 없다며 '목회나 열심히 하겠다. 그런 모임에 참여하기보다 성경을 연구하고 기도 생활을 하는 것이 더 낫다'는 것이다. 목회자가 성경을 연구하고 기도하는 일이야 백 번을 강조해도 옳다. 그러나 연합활동은 단순한 취미로 하는 게 아닌데 하는 아쉬움이 있었다.

4) 신학적인 문제 때문에

신학적으로 맞지 않는 교단의 교회들과는 뜻을 같이할 수 없다는 입장에서 연합체 구성을 경시하는 목회자들도 있었다. 이는 성경대로 믿는 정통 보수주의 신학에 입각한 교회의 목회자들과만 교류한다는 입장이다.

2. 관심을 가져야 할 이유는 무엇인가?

이러한 반응 가운데서 긍정적인 반응을 연합체 구성을 위한 실현의 동기로 삼았다. 연합체 구성의 필요성을 네 가지로 제시하였다.

1) 작은 교회도 작지 않기 위해

교회는 하나라는 큰 틀 속에서 각 지교회를 이해할 때 작은 교회라 하더라도 작지 않다는 생각이다. 각 지교회의 규모에 따라 크고 작음의 차이가 있지만 연합체 안에서는 커도 크지 않은 것처럼 되고, 작아도 작지 않은 것처럼 될 수 있다는 장점을 생각한 것이다.

2) 목회의 연장이기 때문에

연합활동을 목회와 분리해서 생각한다면 그것처럼 손해보는 일이 없을 것이다. 그러나 우리가 목회하는 현장에서 목회자들이 벌이고 있는 연합활동은 목회의 연장이라는 사실로 받아들여지는 것이 중요하다. 목회라는 것도 어떤 의미에서 본다면 봉사라는 말로 설명될 수 있을 것이다. 그렇다면 연합활동에 참여하는 것도 봉사라는 점에서 이해되어야 하는 문제이다.

3) 취미를 넘어서야 하기 때문에

큰일이든 작은 일이든 가치 있는 일을 하는 것이 일하는 자의 보람이다. 자신의 취미에 따라 자신이 좋아하는 일도 해야겠지만 취미와 상관이 없고 힘들더라도 가치 있는 일이면 하는 것이 바람직하다. 연합활동에 참여하는 것은 개인의 취미를 넘어서야 한다는 점에서 이해하고 수용해야 할 문제이다.

4) 교회의 일치와 협력을 위해

교회의 본질이 그리스도의 몸이라는 사실에 공감한다면 각 교단별, 각 지교회별 차이가 있더라도 그것은 몸 된 교회의 다양성으로 이해하고 일치와 협력의 장을 열어 가야 한다는 필요성을 절감하였다.

연합의 길

연합활동의 필요성을 절감하면서도 나 개인에게 있어서 그것을 주도할 만큼 권한이 없기 때문에 신중히 생각하고 자연스럽게 추진하여 '내'가 주체이기보다는 '우리'가 주체가 되는 방법을 강구하기 시작했다. 그러나 적절한 생각이 떠오르지 아니했다. 그러던 끝에 생각한 것이 구청과의 관계였다. 구청과 교회와의 협력 관계를 맺는 협의체 구성을 고리로 하여 연합하면 좋겠다는 아이디어를 갖기에 이른 것이다.

1. 구청장과의 첫 만남에서

구청장과의 첫 만남은 매우 어색했다. 그러나 영진교회 담임목사임을 밝히고 면회를 요청했을 때 어렵지 않게 만날 수 있었다. 구청장을 만나자마자 그는 반갑게 맞아 주었다.

"목사님, 목사님께서 저희 구청에 협조해 주셔서 감사합니다."

"뭐, 제가 협조해 드린 게 있나요. 이곳에서 교회를 시작하고 한참 지났는데도 인사도 못 드려 죄송할 뿐입니다."

"목사님께서 저희 미화원들을 위해 그리도 좋은 선물을 하셨기 때문에 저희 구청으로서는 얼마나 감사했는지 모릅니다."

"뭐, 저 개인이 한 것이 아니라 교회가 한 것입니다. 무엇을 해야 좋을지 몰라서 임의로 선택했는데 마음에 드신다니 감사하군요."

이렇게 말하자 구청장은 자연스럽게 묻는다.

"목사님, 저희들이 뭐 협조할 사항은 없나요? 있으시다면 말씀해 보세요."

나는 구청장의 말을 이어받았다.

"특별하게 부탁하거나 건의할 사항은 없습니다만 꼭 필요한 사안은 있습니다."

"그게 뭔데요?"

"다름이 아니라 교회와 구청과의 관계를 이어주는 협의체를 '교구협의회'라는 이름으로 구성했으면 좋겠어요. 청장님께서 좋게 여기신다면 이 지역의 목사님들과 의논해서 추진하겠습니다."

"목사님들과 우리 구청이 만나는 협의체를 구성한다면 찬성입니다. 그렇지 않아도 교구협의회가 다른 데는 있는데 우리는 없다는 생각을 했습니다."

"청장님이 그렇게 말씀하시니 감사합니다. 다음에 또 뵙고 진행사항을 말씀드리겠습니다. 건강하시고 편안하시기 바랍니다. 안녕히 계십시오."

2. 교구협의회 결성

좀 외람된 면이 있었지만 내친김에 속히 추진해야 하겠다는 생각을 갖고 각 교회에 초청의 글을 띄어 영진교회로 모이게 했다. 그리고 첫 모임에 참석한 목회자들을 중심으로 발기위원회를 구성하고 발기위원장으로 추천된 목회자가 초대 교구협의회장이 되면서 공식적인 협의회가 구성되었다.

추진할 때는 그럴 만한 명분을 갖고 출발했지만 이제는 초대교구협의회 위치에 이르게 되니까 무거운 책임감을 느끼게 됐다. 그러나 나 혼자 하는 일이 아니기 때문에 임원들과 함께 청장실을 방문하였다. 그리고 협의회가 구성된 것을 알린 다음 공식화하였다. 그 후 구청에서 협의회 산하 목회자들과 구청장과 간부 직원들이 합석한 가운데 조찬기도회를 갖고 교구 간의 협력을 다짐하였다. 목회자들은 물론이고 구청장을 비롯한 간부 직원들도 긍정적이고 우호적인 표정이었다.

3. 경찰서가 개서되면서

서울에서는 교구협의회와 교경협의회로 구분되어있는 것이 보편적이다. 그래서 나 역시 그러한 경우를 염두에 두고 초대 분당경찰서장 김기영 총경을 면담하였다.

그는 이미 경목실을 마련한 상태에서 경목위원회가 만들어지기를 기다리는 눈치였다. 그래서 교구협의회처럼 교경협의회도 구성되어야 할 시점에 와 있으니 적극적으로 협조해줄 것을 부탁하였다. 그러자 서장을 쾌히 응낙하면서 경목실로 쓰게 될 장소를 보여준 다음 하루라도 빨리 경목위원회가 발족되었으면 좋겠다고 주문하였다.

4. 교구교경협의회로

경목위원회 구성과 교경협의회 설립 문제를 임원들과 의견을 나눈 다음, 목회의 대선배이신 김우여 목사님과 이 문제에 대해 의논했다. 김 목사님은 이곳 대부분 목회자에게 알려져 있고 지명도가 높을 뿐 아니라 교회의 규모로도 가장 큰 상태였으며, 목사님 자신이 지역교회와 목회자들의 협력 관계를 중시하고 계셨기 때문이다.

목사님은 전례를 거울로 삼아 제언을 해 주셨다. 교구협의회와 교경협의회로 나누어지는 것은 장점도 있지만 좀 보완되어야 할 점이 있으니 우리는 좀 다르게 시도해 보자는 것이었다. 그리고는 교구협의회와 교경협의회를 하나로 만들면 어떻겠느냐는 의견을 제시하였다.

나는 상당히 공감하면서 총회를 소집하고 이 문제를 논의하였다. 그러자 대다수 회원이 이에 동의했다. 이러한 뜻을 모아 교구교경협의회를 결성함과 아울러 김우영 목사님의 사양에도 불구하고 통합된 초대 교구교경협의회 회장은 김우영 목사님으로 선출하였다. 그래서 둘을 한 협의체의 이름 아래 두게 되었다.

5. 경목위원회

교구교경협의회 소속 목사님들 가운데서 교단별 안배를 염두에 두고 33명의 경목위원을 경찰서장에게 추천하고 경목으로 위촉받는 절차를 거치게 되었다. 그리고 나는 경목실의 실무를 위해 경목실장으로 추천되고 위촉을 받았다.

6. 2년이 지난 지금

그동안 교구교경협의회는 그 뿌리를 확실하게 내렸고 구청과 경찰서에 대한 우호적인 관계를 발전시키면서 협력의 장을 넓혀 왔다. 매년 선출되는 회장은 협의회를 위해 많은 노력을 기울이고 있으며 그때그때 야기되는 사안들에 대해 신속하면서도 신축성 있게 대처해 나가고 있다.

교단의 벽을 허물고 지역이 하나 되는 교구교경협의회 활동

협의회는 교회와 교회 간의 불필요한 경쟁을 지양하고 이해와 양보의 정신을 존중하며 사이비 종파나 이단, 불건전한 교회를 견제하는 데 성과를 거두고 있다.

1. 두 기관장의 모습

목회자들이 덕을 세워가는 가운데 구청장과 경찰서장은 교구교경협의회에 적극 협조할 뿐 아니라 구청과 경찰서가 화합된 모습의 협력관계를 유지하고 있다. 이 두 기관장은 신도시에 사는 시민들의 정서에 맞는 행정을 펴고 있는데, 경찰서장은 시민과 함께하는 경찰상을 정립하고 예방치안에 각별한 관심을 기울이고 있어서 좋은 성과를 거두고 있다. 그런가 하면 구청장은 정이 넘치는 분당건설을 내세우고 정 주기 운동을 대대적으로 벌이면서 각종 문화행사와 서로 돕는 풍토를 조성하는 데 힘쓰고 있다. 그러면서 만날 때마다 "목사님들의 협력 때문입니다. 협력이 꼭 필요합니다."라는 말을 잊지 않았다.

2. 예배 및 기도회

여러 가지가 있겠지만 선교적 차원에서 말한다면 먼저 예배를 들 수 있다.

1) 경찰서 주일예배

경목실에서 주관하고 각 교회의 목회자들이 돌아가면서 매주일 오후 1시 30분에 경찰서 대강당에 모여 경찰 예배를 드린다. 이때는 그 주일의 예배를 담당한 교회에서 성가대까지 동원하며 참가경관들을 위해 간식과 음료수를 준비하여 제공한다.

2) 구청 조찬기도회

절기를 따라 하되 청장이 참석하는 가운데 계장급 이상의 간부들과 협의회 목회자들이 참석하여 드린다. 그리고 조찬을 나누면서 교제의 시간을 갖는다.

3) 경찰을 위한 간부 조찬기도회

매월 1회씩 서장과 함께 각 파출소장 이상 전 간부가 모여 기도회를 갖고 교제하며 격려한다.

3. 잦은 만남과 대화

구청과 경찰서에 대한 선교적 과제를 실현하기 위해서 자주 모이다 보니 목회자들끼리의 만남이 잦아지게 되었고 이로 인하여 서로를 이해하며 협력하고 격려하기에 이르렀다. 따라서 양대 기관장들과도 수

시로 접하면서 행정 문제뿐 아니라 신앙문제에 대해서도 많은 이야기를 주고받을 수 있게 되었다. 협력을 의뢰받기도 하지만 건의사항도 많아졌다. 그러나 적법성을 우선 전제로 하고 무리한 요구로 난처해지게 하는 일이 없도록 주의한다.

4. 창구를 하나로

교회들 가운데는 꼭 해결해야 하는 민원사항 때문에 고심하는 경우가 있다. 이런 때에 저마다의 문제를 가지고 구청이나 경찰서를 방문하고 민원을 제기한다면 혼란스러워질 우려가 있기 때문에 교구교경협의회를 하나의 창구로 함과 동시에 경목실로 연락하게 하였다.

5. 목회적인 유익

앞에서도 잠깐 언급했지만 연합활동이 연장목회라는 측면에서 볼 때 유익함을 부인할 수 없다.

1) 올바른 교회관의 정립

교회는 하나다. 그러므로 크든 작든 간에 주님께서 세우신 교회는 다 함께 귀하다는 인식을 심어주고 있다.

2) 우호적인 협력

서로가 마음을 터놓을 수도 있고, 협력을 받을 수도 있고, 줄 수도 있다. 교회의 어떤 문제는 목사끼리만 도움이 되는 일도 있기 때문이다.

3) 교회끼리의 정보교환

정보화 시대의 목회자에게 새롭게 요구되는 것이 새로운 시대에 대한 목회 정보이다. 협의회에 속한 목회자들끼리 좋은 정보를 교환하기도 한다.

4) 목회자 상호 간의 친교

목회자는 교인들에게 존경을 받는다는 것이 일반적인 견해다. 그러나 그 반면에 목회적 유익을 위해 더 이상은 접근하기 어려운 한계가 있다. 그런데 목회자끼리는 동질 의식으로 서로에게 공감하고 친교하면 순수한 기쁨과 위안이 될 수 있다.

5) 교파의 벽을 헌다

처음에는 교파의 벽이 높게 느껴지는 경향도 있었다. 그러나 이제는 그 벽을 헐게 되었고 그리스도 안에서의 연대에 문제가 되지 않는다.

6) 경쟁심에서 벗어남

목회가 스트레스를 받는 일이라고 생각하기도 한다. 목회 스트레스 가운데 하나는 교회와 교회 간의 경쟁 때문이라고 할 수 있다. 시기하고 질투하고 대립하면서 각기 다른 그리스도를 믿는 사람들처럼 교회가 교회를 대하고 신자가 신자를 대한다면 얼마나 큰 문제이겠는가. 원래부터 비경쟁적인 목회를 표방하였다. 그러나 연합활동에 참여하면서부터는 더욱더 경쟁심의 유혹으로부터 적극적으로 벗어나게 되었다. 이러한 사실은 목회의 올무 중 하나를 벗는 것이라고 생각한다.

7) 축하할 일

이웃 교회로부터 초청장이 오면 그 내용에 따라 우리 교회의 이름으로 축하의 뜻을 표한다. 그리고 행정기관의 경축행사는 협의회가 참여하기도 하지만 협의회가 주관하는 별도 축하행사도 갖는다.

지난번에도 경찰의 날에 즈음해서 축하예배를 드리며 격려했다. 사회는 김용실 목사, 설교는 김우영 목사, 기도는 최종천 목사, 특송은 여완 목사가 담당했고, 축시는 필자가 자작으로 낭송했다.

경찰서장을 비롯하여 간부들이 매우 흡족한 반응을 보였다. '목사님들께서 이렇게 해 주시니까 우리들이 힘을 얻는다'면서 고마움을 표시하였다. 제52회 경찰의 날에는 아래와 같은 축시를 써서 축하의 마음을 전하였다.

영광이 있기를

어둠의 장막이
짙게 드리워져
지척을 분간할 수 없을 때
그대들의 눈빛은
별빛이었소.

역사의 대 지진으로
엄청난 지각 변동이 일어날 때에
그대들의 의지는 반석이었소.

모진 광풍이 휘몰아쳐
크고 작은 나무들을 흔들며
휘어지라 꺾여지라 할 때에
그대들의 정의감은 철벽이었소.

칭찬에 자만하지 않고
질타에 분노하지 않으며
공은 국민에게
과는 자신에게 돌리는
그대들의 의연함은
우리의 자랑이었소.

백년의 허리를 넘어서
정보화의 21세기를 준비하는
민중의 지팡이들이여!

그대들의 탄생 52주년을
산소 같은
가을의 숨결로 축하하오.

국민과 함께
영욕을 같이한
그대들의 길에
영광이 있기를….

신도시 목회
그 비전과 도전

·**초판 1쇄 발행** 1998년 4월 15일
·**개정 1쇄 발행** 2023년 7월 25일

·**지은이** 이현수
·**펴낸이** 민상기
·**편집장** 이숙희
·**펴낸곳** 도서출판 드림북
·**인쇄소** 예림인쇄 **제책** 예림바운딩
·**총판** 하늘유통

·**등록번호** 제 65 호 **등록일자** 2002. 11. 25.
·경기도 양주시 광적면 부흥로 847 경기벤처센터 220호
·Tel (031)829-7722, Fax(031)829-7723